动手动脑快乐学习丛书

青少年
航天模型制作

葛介康　编著

海峡出版发行集团 THE STRAITS PUBLISHING & DISTRIBUTING GROUP | 福建科学技术出版社 FUJIAN SCIENCE & TECHNOLOGY PUBLISHING HOUSE

编者的话

“5、4、3、2、1，放！”在孩子们一片倒计数的叫喊声中，一枚枚模型火箭腾空而起，喷射出火焰，直冲云霄。看着火箭打开一朵朵美丽的伞花，悠悠飘荡在蔚蓝色的天空，孩子们又发出了一片兴奋的欢呼声。这激动人心而壮观的场景，编者经历无数，时时萦绕在心头。不论是在茫茫的呼伦贝尔大草原上，还是在葱郁的大别山区，或在椰树成林的海南岛上，来自城市和乡村的孩子们，在模型火箭放飞的时刻，都会情不自禁，心驰神往。一个小小航天模型真有这么大的魅力吗？是的！它已不再是简单意义上的竞技模型，仅供观赏。它浓缩了现代科技的智慧，给青少年动手动脑更广阔的探索空间。它还给青少年一个火箭精神，“好好学习，天天向上”。火箭急速上升，象征着祖国经济建设飞速发展。通过这项活动，也可对青少年进行潜移默化的爱国主义教育。

人类进入了太空时代，中国航天科技得到了迅速的发展，神舟九号载人飞船即将发射升空，新一代运载火箭已经突破众多关键技术。航天科技活动是青少年科技教育很好的一个园地，它加强了青少年的科学素质，树立了一丝不苟的科学态度，拓宽了视野，提高了动手动脑的能力，培养了创新意识和进取精神。而航天模型活动恰是青少年航天科技教育的重要环节。它符合青少年身心发展的特点，可以丰富的材料资源和知识技术资源，激发起青少年浓厚的兴趣和爱好，提供了制作、玩赏、探索的空间。

航天模型虽小，但“五脏俱全”，制作的难易程度适合青少年。在知识方面，它涉及许多基础学科领域，如数学、物理、计算机应用等。在技术上，它同其他模型制作一样，有绘制图样、选择材料、使用工具、实验调试等几个步骤。不论是简单的气动火箭、水火箭，还是各种高难度的仿真航天模型，都贯串一条主线：知识、实践和创新。组织寓德、智、体、美、劳于其中的一系列航天科技活动，设立红领巾火箭俱乐部、科技探索和研究小组，组织模型比赛等等，并将其渗透到青少年学习的课堂、少先队活动的范畴，具有重要的历史性意义。今天，青少年航天模型活动不再仅仅是课外科技活动，它衍生扩展出一种“青少年航天文化”。

编者从事校外科技教育工作多年，对青少年航天科技活动有深厚的感情，想为青少年提供比较综合的学习和实践的素材。本书把航天知识和制作相结合，在介绍模型制作内容的同时也介绍有关航天器的基本知识。另外，由于所制作的材料容易找到，甚至废旧东西也可再利用，因此开展这项活动并不难。航天模型有专业的体育竞技内容，但本书着重从青少年航天科技普及角度考虑。

由于编者水平有限，因此本书难免有疏漏和错误的地方，敬请模型行家和青少年朋友批评指正。

编者感谢上海少年宫系统三模教研组老师们的大力支持，其中特别感谢上海宇航学会袁乃新先生、中国福利会少年宫蒋敏老师、井冈中学张康年老师，上海市第五中学王光一老师等提供丰富详实的资料。

编　者

2012 年 6 月

目 录

第一章 概 述

一、航天史话

自古以来，人类向往着飞向太空，遨游宇宙，探索那无垠的天际。中国古代流传着许多美丽的传说，如：嫦娥奔月等。有一个真实的传说故事：在明朝，有一位名叫“万户”的人，把几十支火箭捆绑在椅子后面，自己坐在椅子上，手拿两个大风筝，让人点燃火箭，希望使自己能够飞上天。万户的飞天实验虽然失败了，但他却成为世界上“火箭载人”的先驱。20 世纪 50 年代，前苏联宇航员加加林乘坐东方号宇宙飞船绕地球飞行一圈；随后，美国宇航员乘坐阿波罗号飞船登上了月球；今天，中国人也已乘坐自己的神舟号宇宙飞船飞向广阔无垠的太空，人类的理想一一得到实现。

图 1-1 万户飞天

我们伟大的祖国是古代火箭的发源地。飞向太空，火箭是必不可少的。中国是世界上研制火药推进火箭最早的国家。

火箭，最早出现在三国时期（220－280）。诸葛亮进攻陈仓（现在的陕西省宝鸡县）时，用云梯攻城，魏国守将把火箭射在云梯上，烧断梯子，诸葛亮攻城失败。当时的火箭是用容易点着的艾草，裹着麻布、油脂、松香等材料做成的。将它点着后，用弓箭射出，可产生较大的杀伤力。隋朝时期（581－618），中国发明了火药，将火药缚在箭头上，用引火线点着后发射出去，它又快又猛，杀伤力很大。

真正称得上用火药推进的火箭作为武器是在南宋时期（1127－1279）。火箭的推进系统，实际上是在竹筒或纸筒中装满了火药，筒的上端封闭，下端开口，筒侧小孔引好火药线。点火后，火药在筒中燃烧，产生大量的气体，并高速向后喷射，产生向前推力。这就是现代火箭发动机的雏形。古代火箭的箭杆顶部都装有箭头，起到杀伤作用，尾部装有箭羽，起到稳定作用。

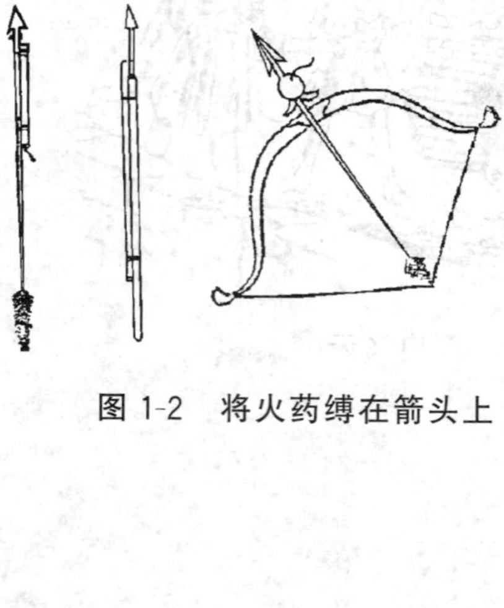

图 1-2　将火药缚在箭头上

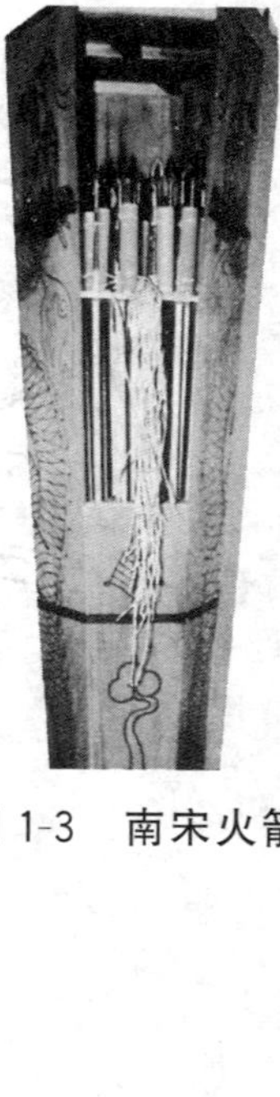

图 1-3　南宋火箭

明朝时期（1368—1644），发明了杀伤力很大的武器“一窝蜂”和用于水战的“火龙出水”。前者能一次发射 32 支火箭。后者由龙头、龙身、龙尾组成。龙身内装有火箭数枚，龙身外装有 4 个火药筒。发射时，先点燃龙身外的 4 个火药筒，推进“火龙”飞行，继而点燃龙身内的数枚火箭再度加速。通过多枚火箭的连用和两节火箭的接力，火箭可在水面上飞行数里远。这就是中国古代的多级火箭，它很具有创造性。四百多年后，俄国科学家齐奥尔科夫斯基才提出多级火箭的理论原理。这说明在人类漫长的航天征途中，中国古代火箭占有重要的历史地位。

图 1-4 “火龙出水”

13 世纪之后，火药、火箭技术传入欧洲。20 世纪初，在欧美科学家的努力下，火箭技术的理论和实践有了重大的突破。1926 年，美国科学家高达把液体燃料应用到火箭上，成功地发射了世界上第一枚火箭。火箭飞行时间为 2.5 秒，升空高度达 12 米，水平距离为 56 米，这个实验，对宇宙航行有特别的纪念意义。从此以后运载火箭的动力全都采用

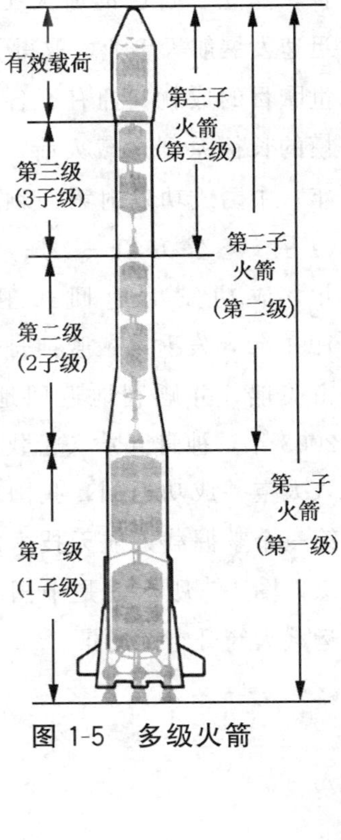

图 1-5 多级火箭

了威力强大的液体燃料。20世纪40年代，德国研制了世界上第一枚弹道式V-2导弹。第二次世界大战后，前苏联、美国建立起了航天工业。1957年，前苏联成功地发射了第一颗人造卫星。其后美国发射了宇宙飞船，人类首次进行登月等一系列重大航天活动。

图 1-6　世界上第一枚火箭

中国自1956年以来，坚持自力更生和艰苦奋斗的精神，建立了自己的航天工业，迅速发展航天事业，取得了举世瞩目的成就，拥有了各种规模的长征系列运载火箭。1970年，中国成功发射第一颗人造卫星——东方红一号；1978年，成功发射返回式卫星；1999年，发射第一艘神舟号宇宙飞船，并顺利地返回地面；2003年，神舟五号飞船载人进入太空并成功返回，我国成为第三个掌握载人航天技术的国家。图1-7所示的是中国长征运载火箭升空的场景。

图 1-7　火箭升空

二、漫话航天器

20 世纪 50 年代以来，世界航天技术发展突飞猛进。统计至 1998 年底，已有 30 多个国家或组织向太空发射各种航天器 5000 多个。其中，在轨工作航天器的有 400 多个。这些航天器为人类探索太空奥秘、促进社会进步作出了巨大贡献。

1. 航天器的种类

航天器种类繁多，其分类方法也有多种。分类依据两条原则：一是看航天器是环绕地球运行，还是飞向其他天体，前者称卫星，后者称空间探测器；二是看航天器上是否有人，如有人，称宇宙飞船、航天飞机，无人称为卫星或空间探测器。我们把航天器分成三大类：人造地球卫星、载人飞行器、空间探测器。卫星也可概括为科学卫星、技术试验卫星、应用卫星 3 类，其中应用卫星还可细分为十多种。不过，同一个航天器有的身兼多种任务，故机械地、绝对地分类是不可能的。

2. 航天器的用途

航天器的用途十分广泛。下面根据常见的飞行任务进行分类，并介绍各类航天器的用途。

（1）科学卫星。发展科学卫星的目的主要有 3 个：一是研究近地空间环境和日地关系，为载人飞船、应用卫星和战略武器的发展提供资料；二是进行天文观测；三是研究地球科学，例如对地球磁场、电离层与磁层的关系、地壳力学、海洋动力学等方面进行研究。

（2）技术试验卫星。这类卫星在航天技术发展中发挥了重要作用。技术试验卫星是针对某些航天器的特殊工艺或某项系统技术而设计的，其目的是进行预先的飞行试验。有的试验卫星还用来验证运载火箭的性能。

(3) 应用卫星。利用星载仪器设备，以应用为目的，在轨道上完成某种任务的卫星，统称为应用卫星。它包括通信卫星（图1-8)、气象卫星（图 1-9)、导航卫星、测地卫星、地球资源卫星、照相侦察卫星、电子侦察卫星、导弹预警卫星、海洋监视卫星以及太空武器系统等，共十余种。其中一些卫星，特别是通信、气象、导航、资源类卫星，在国民经济各个领域中都有广泛的应用。如地球资源卫星可以用来找矿，监视和协助管理农、林、牧业，预报自然灾害，拍摄和绘制各种专用图，经济效益很高。另外，一些卫星，如侦察卫星，则是为军事服务的。

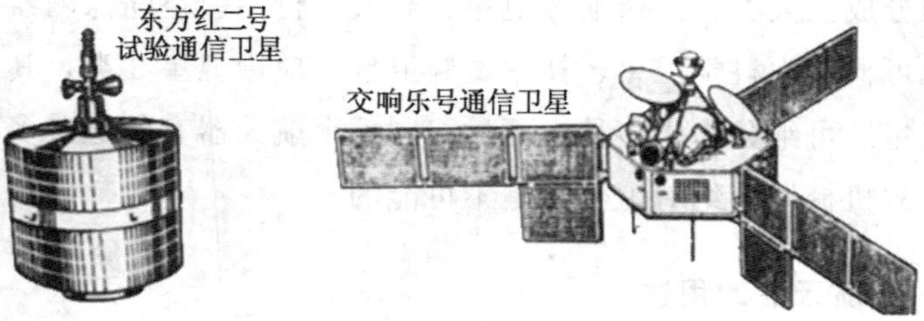

图 1-8 通信卫星

(4) 载人飞行器。载人宇宙飞船和空间站都属于载人航天器。载人飞行的基本目的是借助于宇航员深入进行太空探索和各种实验。目前拥有载人飞行能力的国家只有美国、俄罗斯和中国。自美国阿波罗号宇宙飞船（图 1-10）载人登月飞行成功以来，有 6 艘飞船的登月舱着陆于月球，12 名宇航员先后登上月球，完成了各项预定任务。俄罗斯的和平号空间站工作了多年

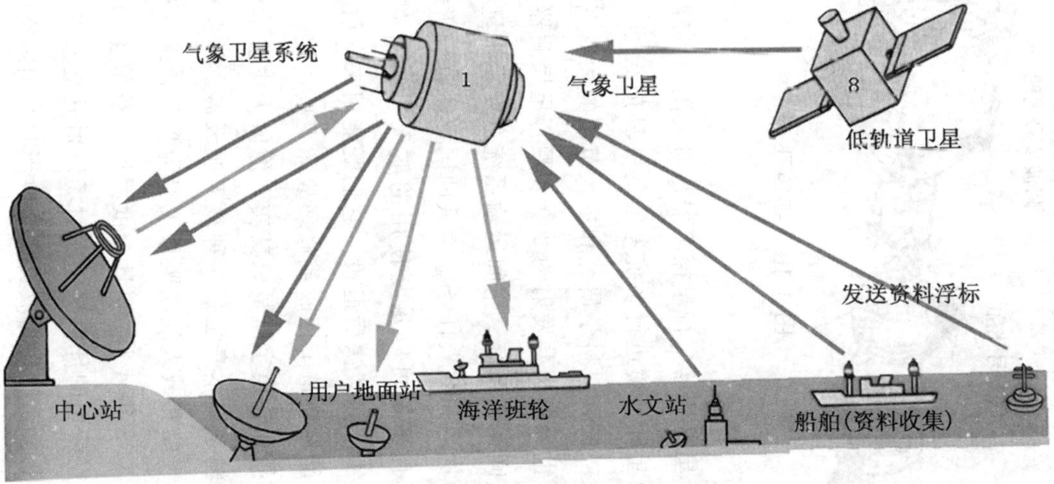

图1-9　气象卫星

后回落地球，新的国际空间站正在组装之中。图 1-11 所示为前苏联礼炮 1 号空间站。

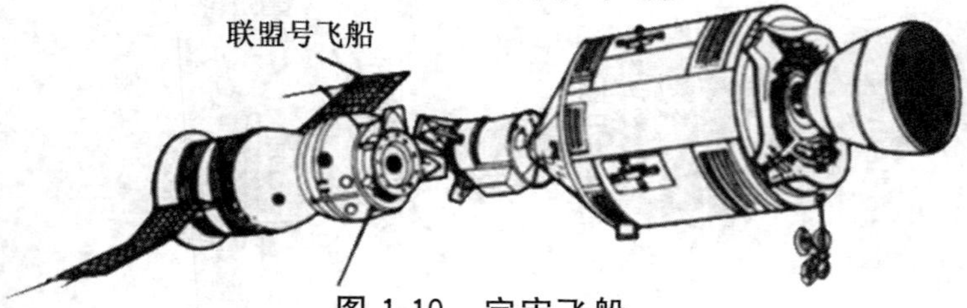

图 1-10　宇宙飞船

（5）行星探测器。行星探测器是对太阳、月球、各大行星等天体，以及星际环境进行系统考察的一种航天器（图 1-12）。它和科学卫星一样，对科学研究和更大范围的太空飞行具有重要意义。目前，世界各国共发射约 200 多颗行星探测器。

（6）空间运输系统。空间运输系统主要承担星与地之间、星与星之间的货运和载人任务。美俄两国都建有完善的空间运输系统。美国拥有多架可以重复使用的航天飞机（图 1-13），2012 年，在飞行 100 多架次后退役。它们既能用来发射卫星和进行科学实验，又能在轨道上回收或修理故障卫星，此外，还能给空间站运送补给品和轮换宇航员。其实，像航天飞机这样能够运送宇航员空间运输系统本身也是一种载人航天器。俄罗斯以不载人的进步号货运飞船和载人的联盟号飞船为骨干，组成运输系统，支援空间站。2003 年 4 月 26 日，俄罗斯一艘联盟-TMA2 号载人飞船从哈萨克斯坦的拜科努尔发射场发射升空。飞船上搭乘的国际空间站第七长期考察团成员将替换当时在国际空间站上工作的宇航员。这是 2003 年 2 月美国哥伦比亚号航天飞机失事以来，人类首次发射载人航天器。

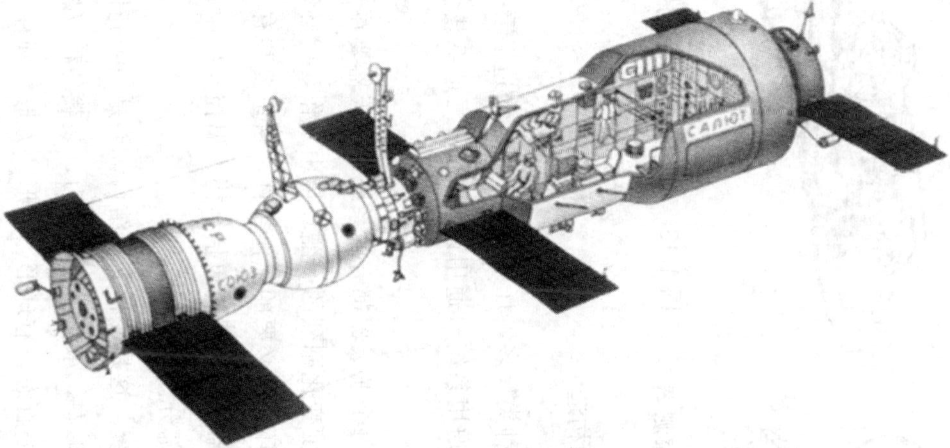

图1-11　礼炮1号空间站

图 1-12　金星号探测器

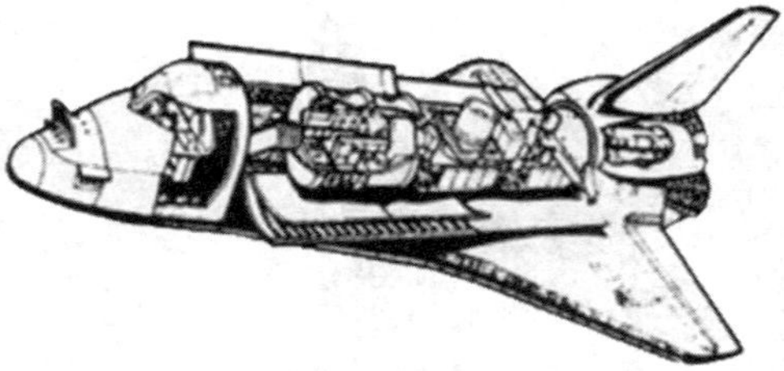

图 1-13　航天飞机和空间实验室

3. 航天器的构造

尽管航天器种类繁多，任务各异，但从构造上看，都由两大部分组成。一是通用系统（通用设备舱），二是星载仪器（专用设备舱）。

通用系统是每个航天器都有的系统。航天器要在高真空、强辐射、失重、温度变化剧烈的严酷环境中工作，就必须在航天器内部创造适宜的环境和必要的工作条件，这里要装有功能相同的通用系统。航天器的通用系统包括结构、温控、控制、能源、无线电和天线 6 个部分。

（1）结构系统。这是一种支承结构，或是一个壳体。它使航天器保持一定的形态，承受一定的外力，装载各种仪器设备。结构系统的外形千姿百态，有球形、锥形、方形、圆柱形，还有不规则形状的。所用材料必须既坚固，又轻巧，如铝合金、镁合金、钛合金、玻璃钢，泡沫塑料等。

（2）温控系统。它的作用是使航天器内部温度维持在规定的范围内。航天器在太空运行，受太阳照射时，向阳面温度可高达 100℃，背阳面则可低至－100℃。温差达 200℃。这种冷热交替温度变化如不加以适当控制，星载仪器就无法正常工作。现在科学家已创造多种温控方法。被动式温控是采用温控涂层热管和多层绝缘，主动式温控是采用百叶窗、电加热器、相变材料和对流控制等进行温控的。

（3）控制系统。这涉及姿态控制和轨道控制。姿态控制借助传感器确定航天器的姿态，发现偏差就点燃姿控发动机给予纠正；轨道控制包括轨道的维持和变轨机动飞行，这靠星载小发动机来完成。

（4）能源系统。星载仪器要工作，必须有能源不断供给能量。现有的航天器能源有三种：化学能源、物理能源和核能源。化学能源有：镍镉蓄电池和燃料电池等；物理能源有：太阳能电池，被多数卫星使用；核能源有：核反应堆电池和核放射同位素电池，深空探测器由于要远离太阳，常使用核能源作动力。

（5）无线电系统。它是遥测、遥控、跟踪三系统的通称。遥测就是远距离测量，即在地面通过星载传感器了解航天器各系统的工作状况。遥控就是远距离控制，即从地面发出指令让航天器按要求行动。跟踪即由地面站台精确测定航天器轨道，并作轨道预报。

（6）天线系统。星载天线系统要与无线电系统配合起来才能发挥作用，是星与地通信所不可缺少的。

4．航天器的发射、运行与返回

（1）发射——借助外力。登天可不是一件容易的事。航天器要挣脱地球的强大引力，飞向太空，必须依靠力大无比的运载火箭或航天飞机，在专用发射台上发射。

运载火箭是垂直发射的，航天器装载在火箭的顶端。火箭点火升空，把航天器推入轨道，而自身所带燃料消耗殆尽，其使命便完成了。航天飞机也是垂直发射的，航天器放置在航天飞机的货舱内，一起进入太空，然后，由宇航员用机械臂把航天器抓出货舱，施放入轨。

（2）运行——有“轨”可循。航天器进入太空后，乍看起来，自由自在，似乎不受约束，其实都得在指定轨道上循规蹈矩地运行。

航天器采用的轨道种类很多，有绕地球飞行的，也有绕月球飞行的，还有飞往其他星球的。大多数航天器属于地球卫星。这些航天器距离地球近则几百千米，远则几万千米，距离地球只有几百千米的卫星可称低轨卫星。而距离地球赤道平面 36000 千米以上的卫星则叫静止卫星，因为它们运行时，相对地球是静止不动的。

航天器的工作寿命有长有短，短的只有几天，甚至几个小时，长的可达几年，甚至一二十年。航天器的轨道寿命也有长有短，轨道越低，寿命越短。静止轨道上的航天器失效后，能在太空飘游上万年。

（3）返回——比登天难。在各类航天器中，有少数几种是需要返回地面的，如载人飞船、生物实验卫星和携带胶卷的照相侦察卫星。返回的方式通常极少采用整体返回，多半只是返回其中一小部分，如胶卷舱。航天器的发射是一个加速过程，而返回则是一个减速过程。减速主要靠两点，一是火箭制动，二是大气阻力。在 15 千米以下高度，一般用降落伞作进一步减速。降落伞系统必须十分可靠，否则可能前功尽弃。1967 年，联盟一号飞船着陆时，因主伞被伞绳缠绕而无法打开，导致飞船坠毁，宇航员科马罗夫以身殉职。

航天器再入大气层时，会产生巨大的热量，如不采取防热措施，回收装置就会被烧毁。因此，回收装置从外形到结构设计上都要考虑防热问题。航天飞机的防热，主要靠在机身表面粘贴的近 3 万块陶瓷防热瓦，最高能抗 1260℃的高温。

返回技术是人类征服宇宙的一项重要技术，技术难度大。拥有发射技术也不等于拥有返回技术。目前世界上只有美国、俄罗斯、日本和中国等少数几个国家掌握这种技术。图 1-14 所示为航天飞机飞行全过程。

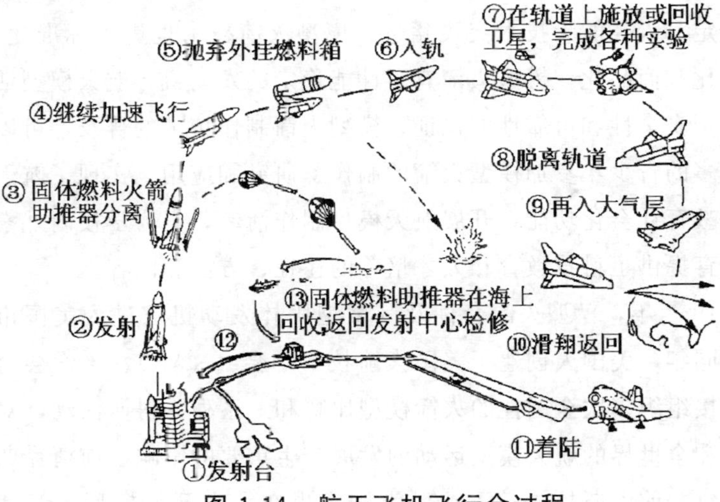

图 1-14 航天飞机飞行全过程

三、航天模型活动的发展

随着航天技术的飞速发展，青少年航天模型活动也得到日新月异的发展，以模型火箭为主体的航天模型活动，引起广大爱好者浓厚的兴趣，也成为现代科技教育的重要的工具。青少年科技活动所涉及航天实体仿真模型日益增多，如人造卫星、宇宙飞船、空间站等各种各样的模型，形成丰富的航天模型活动体系，不仅提供了丰富的航天科普教育的内容，还为体育活动增设了竞技项目，让世界各地的模型运动员在新科技领域中角逐。

古代的中国人利用火药燃烧的喷射和爆炸作用，制作了“高升”、“起火”等种类繁多的爆竹、烟花，烘托了娱乐活动和节日欢快的气氛。这些爆竹和烟花是现代模型火箭的雏形，这些习俗在民间流传广泛和悠久，直到现在。现代模型火箭技术源于20世纪50年代中期的美国，并在随后40余年时间里不断地发展和完善。模型火箭的概念及其应用意义逐步在世界范围内得到认同和肯定。人类航天技术突飞猛进，模型火箭技术也进入标准化、系统化和商品化，模型火箭有了性能稳定的发动机，航天模型活动有了安全性和可靠性的保证。模型火箭制作技术的普及，可以让更多的青少年参加模型火箭的制作、研究和应用，实现了航天科普教育社会化功能。开展航天模型制作活动，也为学校内外素质教育提供了科技教育和人才培养的途径、方法和内容。

1957年，模型火箭套件及其微型固体发动机已进入美国市场。同年，美国人创建了美国火箭技术学会（NAR）。该学会每年直接组织多次全国性的火箭模型比赛和一系列的科研活动，对美国和全世界的航天模型运动的发展产生重要的影响。前捷克斯洛伐克、前南斯拉夫等不少欧洲国家也在大力开展模型火箭活动，普遍采用商品化的微型固体火箭发动机。青少年爱好者运用已掌握数学、物理以及有关工程技术的知识，在专业工程师的辅导下，使模型火箭的应用技术得到不断完善和发展。1960年，国际航空模型联合会（FAI）正式通过了模型火箭运动竞赛规程，并将其正式列为国际性比赛项目。1966年5月，在前捷克斯洛伐克举行首届模型火箭国际比赛，有波兰、前捷克斯洛伐克、前民主德国、罗马尼亚、保加利亚、前南斯拉夫和美国等国家参加。1972年，前南斯拉夫举办首届世界航天模型锦标赛，共有15个国家参加。以后每两年举办一届世界航天模型锦标赛，曾在十多个国家举办此类赛事。由于模型火箭活动有其独特的魅力，因此对青少年和不少成年人有一定的吸引力，美国和欧洲的一些国家建立几千个航天爱好者俱乐部，美国 NAR 建立模型火箭技术服务部门以及教师指导工作室，免费培训和辅导学生进行模型火箭的试验活动，并组织各种比赛。

在前苏联和东欧国家几乎所有学校均开设模型活动课，拥有大量的学生和爱好者，有专职老师进行模型设计和制作的指导，定期举办各个级别的模型比赛，鼓励青少年学生参与航天模型的研制和实践活动，培养了不少科技人才。

航天模型活动不仅是一项体育竞赛运动和科技普及教育活动，而且对科学研究也起到辅助作用，在航天技术研究和开发应用中发挥作用。科学家和工程人员使用模型火箭来进行大量的科学实验，对航天技术进行了最初的探索。目前，国际航天模型技术正在向仿真型和大型化方向发展。

我国在 20 世纪 50 年代就开始研制模型火箭的发动机产品，由于考虑到安全因素，到 20 世纪 90 年代才开始进行规模生产。西安四凯公司配套生产的模型火箭套件和各种规格的固体微型发动机，已在全国范围内推广，并在北京、上海、陕西等地结合航天科技教育活动，组织夏令营和举办各种竞赛，使航天模型活动逐步得到普及并具有一定的规模，受到学校师生和广大模型爱好者的欢迎。1994 年，我国派出运动员参加在波兰举行的第十届世界航天模型锦标赛，取得了单项亚军的好成绩，以后又连续参加第十一届和第十二启世界航天模型锦标赛。在第十三届锦标赛上，我国取得了单项团体总分世界冠军。目前，我国每年都举办“希望杯”青少年航天普及模型全国比赛和专业航天模型锦标赛。在全国各地不少学校以及校外科技机构，如少年宫、少体校，都组织有关模型火箭活动，促进青少年航天科技活动的发展。

四、航天模型活动的意义

世界各国之所以对青少年的航天模型活动给予关注，其主要原因在于它对航天事业和高科技人才的培养，以及现代教育的发展起到十分重要的作用。

1. 航天模型可应用到现代航天技术

航天模型活动是探索和研究航天技术发展的重要途径之一。20 世纪 40 年代，模型火箭作为运载工具和一种特殊意义的飞行器，完成了航天探索初期诸多的著名实验，如液体燃料发动机模型火箭，火箭助推滑翔机，火箭汽车、火箭载荷实验等等。在航天技术发展的进程中，模型火箭占有一席重要的地位，即使是在航天技术日趋成熟和完善的今天，作为小型探空火箭试验模型，它仍有着广泛的使用价值和使用意义。如使用模型火箭进行气象探测、高空拍摄、遥控遥测、生物实验等，在现代人类社会的环境保护、工农业生产、科学文化等方面发挥积极的作用。在各种航天模型的创新制作中，青少年新奇大胆的设想，也为现代航天技术的进一步发展提供丰富的思想、题材和不少实质性内容。

2. 航天模型活动可培养现代化人才

航天科技是 21 世纪高科技重要领域，其竞争非常激烈，它对国家的经济发展以及政治、军事有着重大的影响，其关键是现代化人才的培养。航天模型是开展科技教育活动和培养人才最理想的教育工具。模型火箭活动的兴趣性、实践性和综合性吸引青少年积极参与活动，他们除了学习航天知识之外，还可以通过动手动脑提高自身素质和动手能力，并产生创新意识和情趣，使人才培养更为全面有效。航天模型活动是爱国家、爱集体、爱科学等方面很好的思想品德教材。青少年在航天科技活动中身临其境，围绕着集体的荣誉、沉浸在成功喜悦的氛围之中，充分发挥团队精神。青少年的身心得到健康成长，有利于形成现代化人才的科学素质和一丝不苟、坚持不懈的科学精神。

3. 航天模型活动促进科普教育发展

现代科普教育的主要对象是青少年，“青少年是祖国的未来和希望”，“实现四化，科学是关键，教育是基础”。航天模型活动不仅提供丰富的内容，如航天模型的研制和实验，涉及了许多现代物理、工程技术领域的知识，如空气动力学、火箭飞行力学、材料学；还通过航天模型的设计和实验，了解太空微重力、强辐射、真空的环境，为科学实验提供技术和装置。1987 年，“国际青少年宇航员组织”（YAI）成立，中国也是领导委员会之一。该组织每年举办一次大会，让青少年交流航天知识探究性学习，进行独立的研究和探索讨论，并亲自实践制作模型火箭，使自己的知识和能力得到充分的发挥。北京和上海举办了两届世界青少年宇航员大会，会间各国青少年航天爱好者欢聚一堂，共同畅谈人类航天的各种设想，交流学习和实践的体会。1989 年，上海还成立了青少年航天爱好者协会，除了组织青少年学习航天知识之外，还积极组织航天纸模型创作活动，让中小学生自己设计卫星、空间站、航天器等多种纸模型。这些都促进了科普教育创新的发展。

第二章　航天模型知识

一、航天模型与航空模型的区别

早期，航空模型是各种航空器模型的总称，它包括了模型飞机和其他模型飞行器，把航天模型也列为其中的一项。随着科学技术和模型活动的进一步发展，国际航空联合会把航天模型活动单独立项，并举办世界航天模型锦标赛。

现代科学技术把人类在地球大气层内飞行器的航行活动称之为航空；把在地球大气层以外的飞行器航行活动称之为航天。航空器有轻航空器和重航空器之分，前者如汽艇、热气球之类，它们的重力小于在空气中受到的浮力，故能在空气中漂浮航行；后者就是以飞机为主，在空气中进行高速度的运动，使空气对飞机的表面上（如机翼、机体）产生一定的作用力，即空气动力。这些空气动力既能对飞机产生足够的升力，使之克服地球的引力，在空气中来去自如地运动，同时又能产生阻碍飞机前进的阻力。

航天飞行器主要是在极度真空的宇宙空间里运动，几乎类似于自然天体的方式运动飞行。那里没有空气，因此人类要实现航天，首先要寻找到不依赖空气，并能产生巨大推力来克服地球引力的运载工具，这种工具就是火箭。运载火箭由三部分组成：推进系统、箭体结构和有效载荷。火箭发动机与航空飞机发动机有根本的区别，当火箭发动机的推进剂（燃料）在发动机内燃烧时，形成高温高压气体和部分固体产物，这些燃烧产物具有一定质量，在发动机燃烧室里处于相对静止状态，而流经喷管后，形成超音速气流。这些喷出的高温高速气体，在火箭箭体里产生反作用，即所谓推力，它使火箭的速度产生变化。在飞行过程中，随着火箭的推进剂的消耗，火箭的质量不断地减小，其速度不断增大。这可以用著名的牛顿3个定律来解释这些问题。牛顿第一定律告诉我们，一定质量的物体做惯性运动，只有在受到外力的作用时，才能改变原来的运动状态。火箭由静止变为高速运动状态，是发动机的喷管喷出高温高速气体对火箭的作用力的结果。依据牛顿第三定律，高速气流必然对壳体和喷管有一个方向相反的反作用力，这个反作用力就是发动机的推力。火箭不断加速，是由于推进剂不断燃烧喷出，其质量不断减少，根据牛顿第二定律 $F=ma$（F 为推力；m 为质量；a 为加速度），质量减小，加速度当然增大。

由于火箭发动机推力和火箭结构的限制，要从地面起飞火箭，摆脱地球引力和空气阻力，单靠单级火箭难以飞向太空，必须要用多级火箭才能达到理想的宇宙速度。第一宇宙速度为7.9千米/秒，围绕地球飞行，成为卫星；第二宇宙速度为11.2千米/秒，脱离地球引力束缚而绕太阳飞行；第三宇宙速度为16.7千米/秒，则飞离太阳系，到更远宇宙空间旅行，见图2-1。俄国科学家齐奥尔科夫斯基推导出单级火箭所得到理想速度公式，并提出了多级火箭的理论和设计原理。通过科学家和工程技术人员不懈的努力，多级运载火箭已成为现代航天的主力军。

航天模型以模型火箭为主，它那细长的外形、结构以及发动机，都和真实火箭的设计思想与原理一样。模型飞机飞行由于依赖空气动力的作用，因而它的外形必须由5个方面组成：机翼、尾翼、机身、动力源和起落架。模型飞机在各方面因素作用下，有足够的空气动力，并在人的操纵下在空气中平衡稳定地运动。模型火箭的外形看似比模型飞机简单些，它由头锥、箭体和尾翼三部分组成，见图2-2（a），它外形细长，主要是为了克服在空

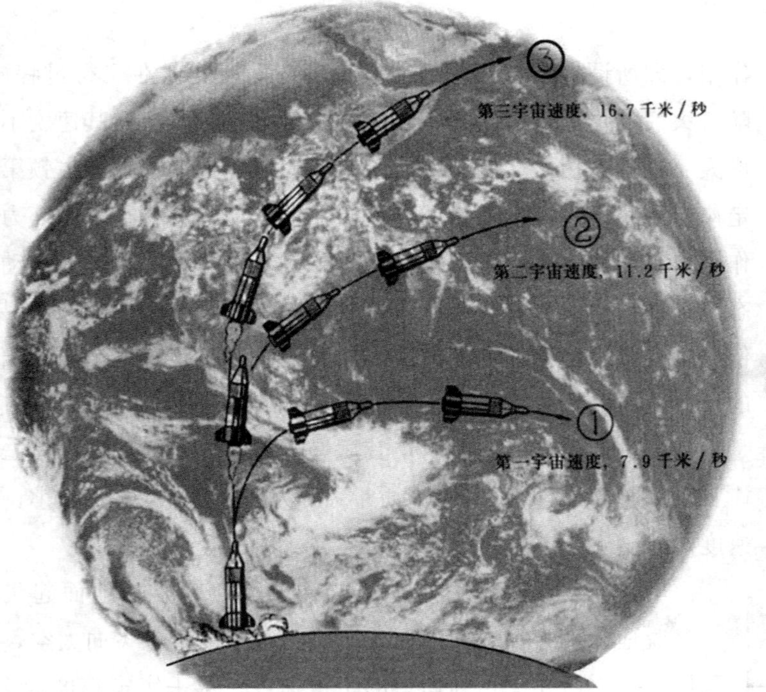

图 2-1　三级宇宙速度

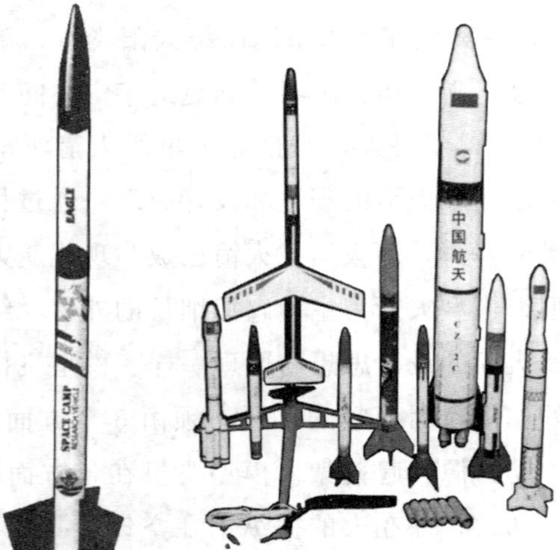

(a)　(b)

图 2-2　模型火箭

气中高速运动所遇到阻力。图 2-2（b）所示为各种国产模型火箭系列成品。所以，模型飞机与模型火箭的外形不一样，发动机不一样，飞行的原理不一样，飞行方式当然也就不一样。

二、航天模型的分类

航天模型按状态划分，可以分为静止和运动两大类。前者是一些仿真实体模型，比如为了科普教育需要，设计制作航天飞机、人造卫星，各种类型的仿真运载火箭模型，这些模型是按真实航天器一定比例制作的，结构和形状几乎一模一样，惟妙惟肖。还有一些青少年科技活动的航天作品，是让青少年自己动手制作各类简易航天纸模型和其他材料的航天模型。图 2-3 所示的是纸模型。通过这些活动可学习和掌握航天基础知识和模型制作入门技术。后者是能够飞行的模型火箭，这是航天模型最主要的类型。

图 2-3　航天器纸模型

根据国际航空模型联合会对航天模型竞赛制定的技术标准，航天模型可分为以下几类。

高度模型竞技类 S1——模型火箭比赛飞行高度，见图 2-4（a）。

载荷模型竞技类 S2——模型火箭携带规定载荷，比赛飞行高度，见图 2-4（b）。

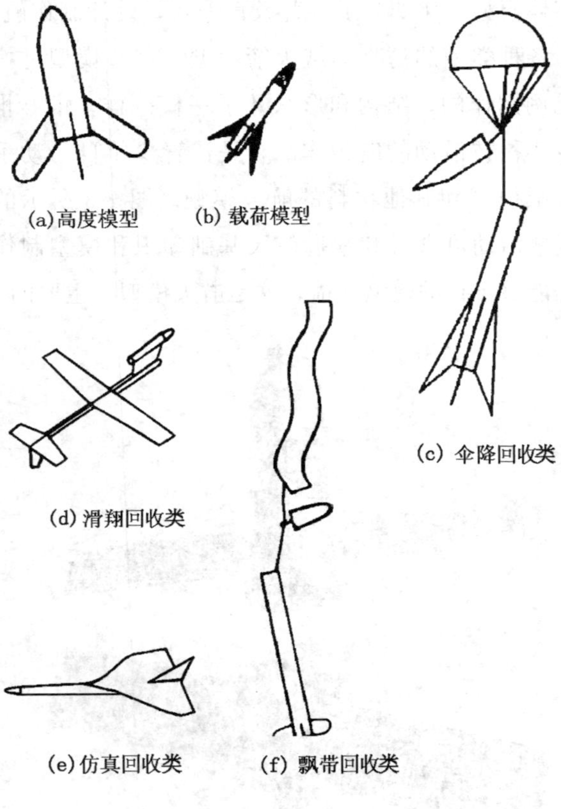

(a)高度模型　(b) 载荷模型　(c) 伞降回收类

(d) 滑翔回收类　(e)仿真回收类　(f) 飘带回收类

图 2-4　各种竞技类航天器模型

伞降留空时间模型竞技类 S3——模型火箭降落伞回收，比赛留空时间，见图 2-4（c）。

火箭助推滑翔机模型竞技类 S4——滑翔机火箭助推，滑翔回收，计算留空时间，见图 2-4（d）。

比例仿真高度模型竞技类 S5——模型火箭比赛仿真度和飞行高度，见图 2-4（e）。

飘带留空时间模型竞技类 S6——模型火箭飘带回收，计算留空时间，见图 2-4（f）。

仿真比例模型竞技类 S7——模型火箭比赛外形仿真，以及飞行过程仿真程度。

遥控火箭助推模型竞技类 S8——滑翔机火箭助推，遥控滑翔回收，计算留空时间。

螺旋留空模型竞技类 S9——靠自动展开的旋转翼回收，计算留空时间。

柔性翼留空模型 S10——翼面用轻型、柔性材料制作的火箭助推滑翔机模型。

除了 S7 仿真比例模型竞技类外，其余各类项目，还要根据所使用的模型火箭发动机总冲量（牛顿·秒），决定比赛等级。等级以英文字母顺序排列，见本书第八章。

归纳上述，航天模型国际级竞赛项目可主要分三大类：

高度类（S1、S2、S5）：使用观测仪器跟踪火箭模型飞行，进行高度测量。

留空时间类（S3、S4、S6、S8）：模型火箭使用各种滞降的装置，模型火箭从发射起飞那刻时间起到模型火箭完整安全降落地面，计算留空时间。

仿真类（S7）：根据对模型火箭的外形比例精确度、加工工艺、制作难度和实际飞行品质等诸多标准进行评审。

三、模型火箭飞行原理

模型火箭毕竟是在空气中飞行，它要高速稳定地飞行，不仅要克服空气对它的阻力，还要减小空气流动对模型火箭运动稳定性的影响。模型火箭的发动机要与真实火箭原理一致，模型火箭还要能安全降落回收。对这些问题有所了解，也就了解了模型火箭飞行的基本原理。

1. 模型火箭发动机工作过程

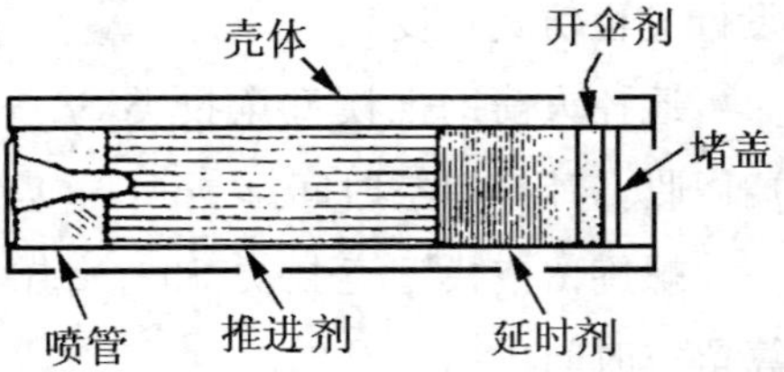

图 2-5　模型火箭发动机结构

由于模型火箭飞行主要靠发动机产生动力，因此我们首先要了解模型火箭的发动机是怎样工作的。图 2-5 所示的是模型火箭发动机结构。模型火箭发动机是模型火箭的动力装置，从严格意义上讲，模型火箭发动机是使用微型固体推进剂的火箭发动机，可以说是世界上最小的火箭发动机了。它跟传统的烟花、爆竹不一样，虽同样装有火药，但它产生的动力更强大，可使飞行更稳定和安全。典型的模型火箭发动机由壳体、喷管、推进剂、延时剂、开伞剂、堵盖和点火装置组成。

壳体：它是用纸等一些低密度、非金属材料制造，它存放 3 种药剂——推进剂、延时剂和开伞剂，同时与喷管一起构成各种药剂燃烧的空间。

喷管：它用耐烧蚀的陶土材料制成，它的内部由收敛段、喉部和扩散段 3 个空间组成。其结构使推进剂在保证一定压力下充分燃烧，高温燃烧气体通过这种形状的喷管不断加速，最终使速度增加到一定程度，从而将推进剂燃烧产生的热能转化成模型火箭飞行的动能。

推进剂：它是一种可有规律快速燃烧的固体化学物质。它自身有燃料和氧化剂，燃烧时不需要外界的空气助燃，因此可在真空状态中燃烧，燃烧后产生大量的高温气体，通过喷管排出，产生推力。

延时剂：它是一种缓慢燃烧并形成烟雾的化学物质。它的烟雾可指示模型火箭在空中飞行的轨迹，同时，它可使模型火箭有一段延迟时间继续惯性爬升飞行。

开伞剂：它利用延时剂燃烧的高温点燃，产生与模型火箭运动方向相反的燃气，推动滞降装置，如伞、飘带之类，从火箭模型体内弹出。

堵盖：它用来封堵开伞剂和防潮，用一种质量好的纸制成。

点火头：其内有电热丝，一通电流，自身点燃，同时点燃发动机药柱，发动机进入工作状态，如图 2-6 所示。点火头平时与模型火箭发动机分离，在模型火箭发射前，将其与软纸一起塞在发动机的喷口内。

图 2-6　点火头

模型火箭发动机工作有 4 个过程：首先，点火头内的推进剂被接通的电流点燃了，此时模型火箭还处于静止的状态。其后，推进剂燃烧产生高温高速气流从发动机喷口里喷出，产生推力，使模型火箭不断上升爬高，加速飞行。接着，推进剂燃烧完毕，点燃了延时剂，此时间段模型火箭仍保持原有状态惯性飞行，同时，产生烟雾显示模型火箭飞行轨迹。最后，延时剂燃烧完毕，引燃开伞剂，开伞剂燃烧喷出大量气体，推出箭体内的回收装置。如图 2-7 所示为发动机工作过程与对应的模型火箭飞行状态的关系。

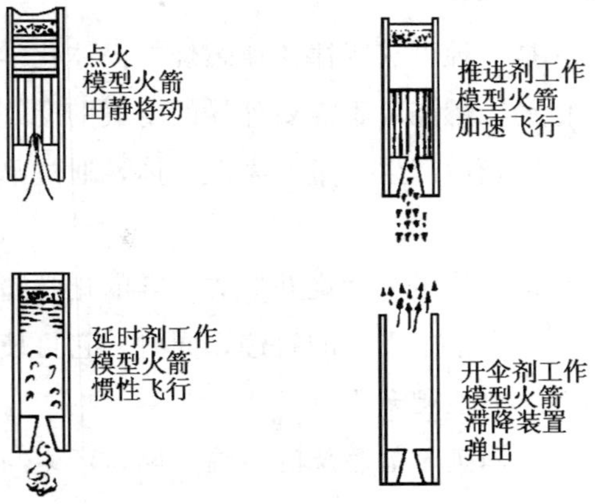

图 2-7　模型火箭工作过程

2. 空气动力学几个基本原理

模型火箭是在空气中飞行，空气必然会对模型火箭的高速飞行有很大的作用力，我们把空气作用在模型火箭上的力叫做空气动力。空气动力作用在模型火箭的表面，主要是以阻力和紊流形式出现。在了解这些现象之前，我们先了解一下空气动力学的几个基本原理和一些知识。

（1）相对性原理。假如我们乘车在公路上行驶，看见公路两旁整齐的树快速地向后移动着，好像两旁的树在运动。站在车上的人可以说公路两旁的树在向后退；而站在公路上人则可以说，车上的人在向前进。这两个说法谁对？从运动学的角度来看，这两种说法都对，只是因为所取的参照物不同而已，车上的人以车作参照物，公路上的人以树作参照物，车上的人与公路两旁的树发生了相对运动。运动的相对性被称为相对性原理。

飞行时，模型火箭和空气做相对运动。无论模型火箭在静止的空气中运动，还是模型火箭不动，而空气向模型火箭运动，只要相对运动的速度一样，那么作用在模型火箭上的空气动力也一样。根据这个原理，我们可以把模型火箭放在一种叫做风洞实验的装置里，用高速风扇或其他方法在风洞里产生稳定的气流，来研究模型火箭在空气里的一系列问题，观察模型火箭的飞行姿态和稳定性。

（2）连续性原理。同样的水压下，自来水在细窄水管里，水的流速较快；在粗大的水管里，水的流速较慢。这个现象我们可以用流体的连续性原理来解释。我们可以把空气的运动看作流体现象。为了清楚地描述流体的情况，我们引入了流线的概念。在理想流动的流体内可做一些直线或曲线，线上各点的切线就是质点通过该点的流速，这种曲线称为流线。图 2-8 所示是稳定流体流过某一个通道的流线图。从图中可以看到，截面宽的地方流线较稀，截面窄的地方流线较密。由于流体只能在通道中流动，在单位时间内通过通道上任何截面的流体质量都是相等的。因此，连续性原理可以用下面的式子来表示：

$$\rho v S = 常数$$

式中，ρ 为流体密度，v 为流体速度，S 为流体截面积。

截面 1 的面积是 S_1，截面 2 的面积是 S_2，通过截面 1 时流体速度是 v_1，通过截面 2 时流体速度是 v_2，于是有：$v_1S_1 = v_2S_2$。由上面的公式和图 2-8 可以看到，截面窄、流线密的地方，流体的流速快，截面宽、流线稀的地方，流体的流速慢。通过以上分析就很容易解释自来水管细水流快、自来水管粗

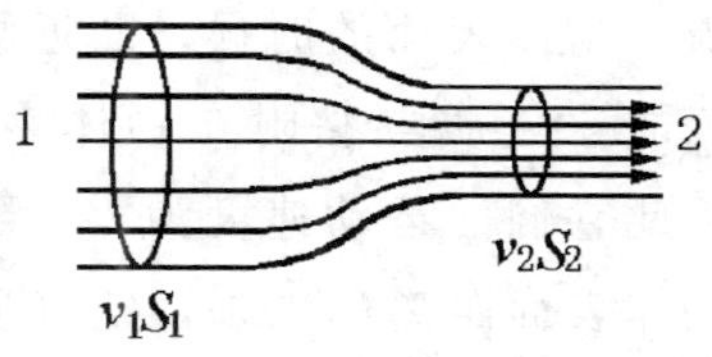

图 2-8　流体的流线图

水流慢的现象了。

连续性原理对于研究模型火箭形状及其飞行时周围的气流情况是很有用的。图 2-9 显示的是不同形状物体在空气中运动时的流线图。不同形状的物体在空气中运动受到的阻力是不同的，由此可理解模型火箭的形状，特别是模型火箭头锥形状的重要性。

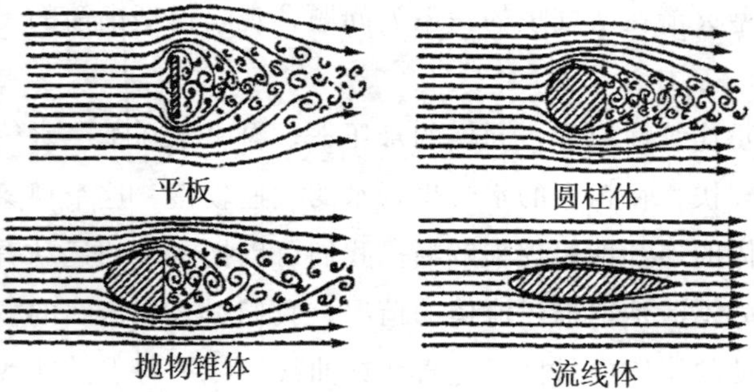

图 2-9　流线图

（3）边界层和雷诺数。用两个非常接近、但又没有接触的圆盘做实验，其中下圆盘用电动机带动，使它高速旋转，上圆盘用线吊起来，如图 2-10 所示。经过一段时间以后，那个用线吊起来的圆盘也会慢慢地旋转起来。这个实验可以证实，空气是有黏性的。

图 2-10　圆盘实验

由于空气黏性的影响，当空气流过物体表面的时候，贴近物体表面的空气质点黏附在物体表面上，因此它们的运动速度为零。随着同物体表面距离的增加，空气质点的速度逐渐增大。远到一定的距离以后，空气黏性的作用就不明显了。

这一薄层空气叫做边界层。任何在气流中的物体，都会在其表面形成边界层。通常，边界层的厚度是由运动表面的大小和气流的速度决定，一般情况下，这厚度是很小的。在边界层内，如果空气流动是一层一层有规律的，叫做层流边界层；如果空气流动是杂乱无章的，则叫做紊流边界层。

空气同物体的相对速度 v 越大，空气流过物体表面的距离 L 越长，空气的密度 ρ 越大，层流边界层就越容易变成紊流边界层。这 3 个因素相乘后同空气的黏性系数 μ 相比，其比值就叫做雷诺数，用 R 表示：

$$R = (\rho v L) / \mu$$

式中 v 的单位是米/秒，L 的单位是米，ρ 的单位是千克/米^3。

空气动力学将层流边界层变为紊流边界层时的雷诺数称为临界雷诺数。当流过物体的雷诺数小于临界雷诺数时，在物体表面形成的是层流边界层；当流过物体时的雷诺数大于临界雷诺数时，在物体表面形成的是紊流边界层，见图2-11所示。

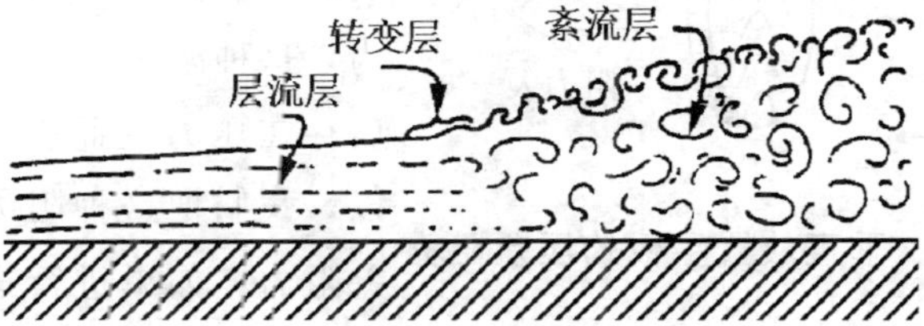

图 2-11　边界层

3. 模型火箭运行中的空气阻力

模型火箭与空气有相对运动，必然有空气阻力作用在箭体上，主要有摩擦阻力、压差阻力和诱导阻力。

（1）摩擦阻力。当空气流过模型火箭各个部位表面的时候，由于空气的黏性作用，因此在空气和模型火箭表面之间会形成厚度为0.025毫米的边界层（以一个长3000毫米、直径20毫米的常规模型火箭为例）。模型火箭表面的尺寸、形状、光滑程度以及空气速度等因素，决定了边界层中气流由层流转变为紊流状态的距离。如果火箭体表面的边界层是层流边界层，那么，空气黏性所引起的摩擦阻力则比较小；如果火箭体表面的边界层是紊流边界层，那么，空气黏性所引起的摩擦阻力就比较大。为了减小摩擦阻力，可以减少模型火箭同空气的接触面积，也可以把模型火箭的表面制作得光滑些。但也不是越光滑越好，因为表面太光滑，容易保持层流边界层，而层流边界层的气流容易分离，会使压差阻力大大增加。

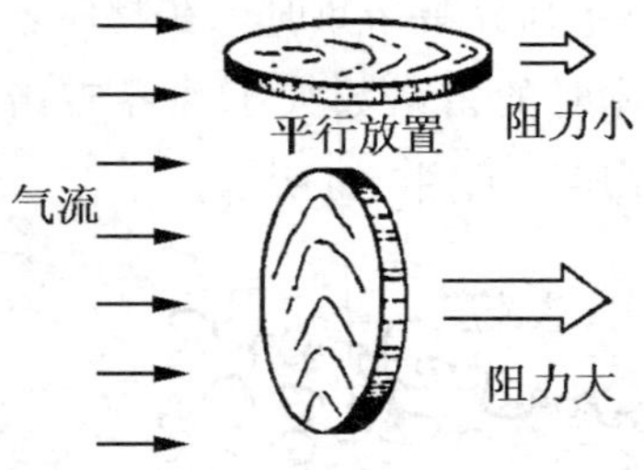

图 2-12　垂直放置平板的压差阻力

（2）压差阻力。一块平板平行于气流运动，阻力比较小，垂直于气流运动阻力则较大，如图2-12所示。因为，这种阻力是由于平板前后存在压力差而引起的，所以，我们把这种阻力叫做压差阻力。如果进行进一步研究，可以看到产生这个压力差的根本原因还是由于空气的黏性。压差阻力同物体的形状、物体在气流中的姿态以及物体的最大迎风面积等有关，其中最主要的是同物体的形状有关。如果在那块垂直于气流的平板前面和后面都加上尖球形的罩，使其成为流线型，见图2-13，它的压差阻力就可大大减小，有时可减小90%。所以，一般模型火箭的部件，如头锥、尾翼都采用流线型的。一般模型火箭的尾部截面是平的，在发动机工作的时候，有大量燃气喷出，因此以压差阻力为主的火箭尾部的空气阻力不会太大。但是，发动机工作一结束，在模型火箭尾部将会形成负压区，有较大的阻力，尾部直径越大其压差阻力就越大。因此，火箭尾部也是流线型的，即尾部尽量向发动机喷管收缩，如图 2-14 所示，可以减小压差阻力。

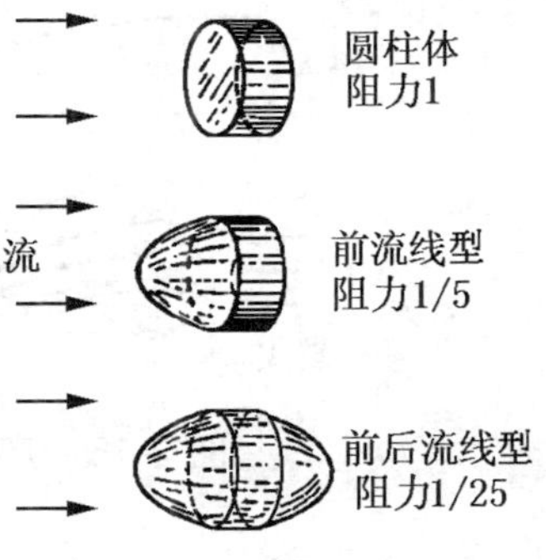

图 2-13　采用流线型可以减小阻力

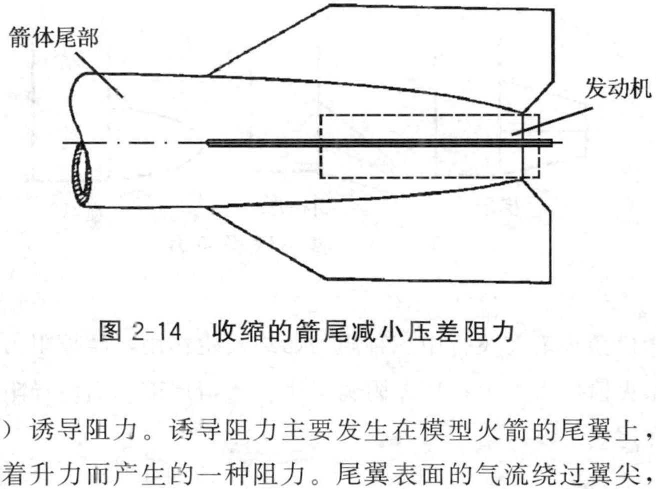

图 2-14　收缩的箭尾减小压差阻力

（3）诱导阻力。诱导阻力主要发生在模型火箭的尾翼上，它是伴随着升力而产生的一种阻力。尾翼表面的气流绕过翼尖，向尾翼上表面的低压区流动形成一般涡流，如图 2-15 所示，它改变了翼端附近流经尾翼的气流方向，引起了附加的阻力，这就是诱导阻力。在模型火箭完全垂直上升过程中是不会产生诱导阻力的，但这事实上不可能做到。在紊流的作用下尾翼弦线将与空气流形成一个非零度迎角，这样诱导阻力就会产生。减小诱导阻力的办法就是增大尾翼的展翼比。一般把尾翼两翼端间的距离叫做

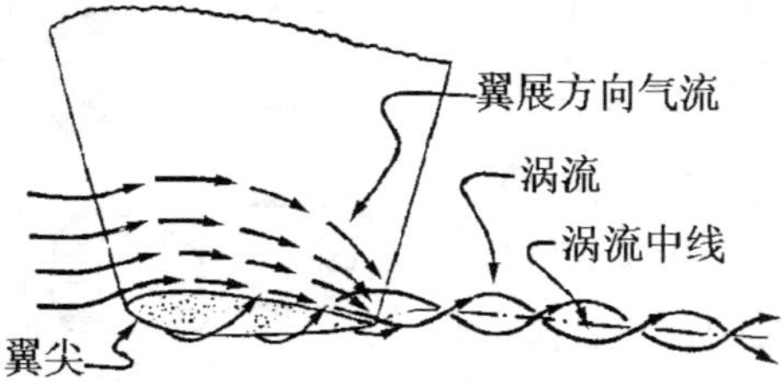

图 2-15　产生诱导阻力原因

翼展。翼展与翼弦的比叫做展翼比（B/C）。如果把尾翼形状做成梯形、椭圆形，或者把翼展比做得较大，就可减小诱导阻力，见图 2-16。

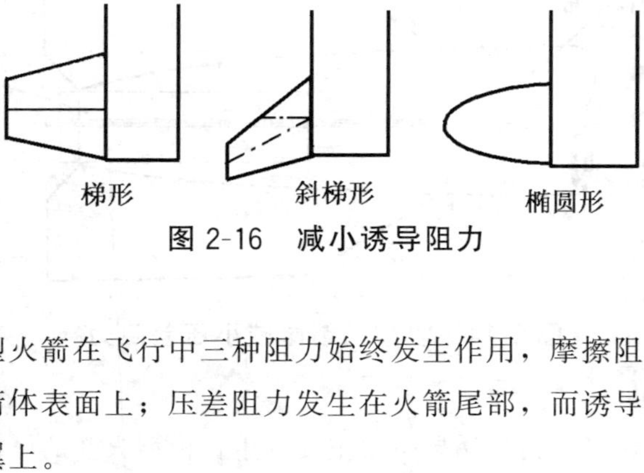

图 2-16　减小诱导阻力

模型火箭在飞行中三种阻力始终发生作用，摩擦阻力作用在模型火箭体表面上；压差阻力发生在火箭尾部，而诱导阻力则发生在尾翼上。

4. 模型火箭的飞行轨迹计算

上面我们介绍了模型火箭飞行中的阻力，现在了解模型火箭的飞行轨迹，计算它的高度。模型火箭的飞行分 3 个阶段：动力飞行阶段、惯性滑动阶段、回收阶段。

（1）动力飞行阶段。在动力飞行阶段，作用于模型火箭的有

3 种力：发动机推力、空气阻力和重力，可用公式表示：

$$F=F_1+F_2+F_3$$

式中，F 是总的动力；F_1 是发动机推力；F_2 是总的阻力；F_3 是重力。

根据牛顿第二定律：$F=ma$；

则模型火箭起飞的加速度为：$a_0=(F_1+F_2+m_0g)/m_0$；

发动机停止工作时的加速度为：$a_1=(F_2+m_1g)/m_1$；

其中 m_0 为起飞时火箭的总的质量；m_1 是发动机停止工作时的模型火箭总质量，g 为重力加速度。

它们的平均加速度为：$a=(a_0+a_1)/2$

动力飞行结束时最大的速度为：$v=at$

此时模型火箭飞行的高度为：$h_1=1/2at^2$，其中 t 为发动机工作时间。

（2）惯性滑动阶段。在这一阶段，发动机的动力为零，只有重力和空气阻力。其飞行高度为：$h_2=m_1v/2\ (F_2+F_3)$。总高度 $h=h_1+h_2$。

（3）回收阶段。在模型火箭回收阶段，为满足安全、比赛以及留空技术三个方面的要求，模型火箭设计了各种各样的回收装置。以下对一些基本回收方法作一介绍。

A. 伞降回收。这是最为传统的回收方式，其安全回收的成功率很高，大多用于无风天气且回收地点相当范围内无高大树木、建筑物和高压线等障碍情况，留空时间一般较长，落地速度较小，适用于大型的和质量较大的模型在空旷地带的回收。

B. 飘带回收。它大多应用于轻质或高空飞行的模型火箭，使其在大风天气中和回收范围严格限制的情况下，可以很快返回地面，减小留空时间。由于落地速度较大，因此这类模型应具有一定的结构强度。

C. 滑翔机水平回收。它有助推滑翔机和火箭滑翔机两种结构，或者又可分为固定式机翼和伞翼两种方式。近来还有一种遥控滑翔机方式得到了普及。不管什么滑翔机都需要较大的场地来回收。

D. 箭体分离回收。不需要采用任何附加的减速装置，只等头锥和箭体分离，这时，它们质量较轻，空气摩擦阻力足够使之落地速度减慢，但要求模型火箭有一定的强度。

E. 旋翼回收。其与滑翔机形式回收相似，在下落的过程中，旋翼自动打开，并在空气动力的作用下旋转，起到滞降作用，模型火箭缓缓落地。

图 2-17 所示为模型火箭从发射到落地全过程的示意图。

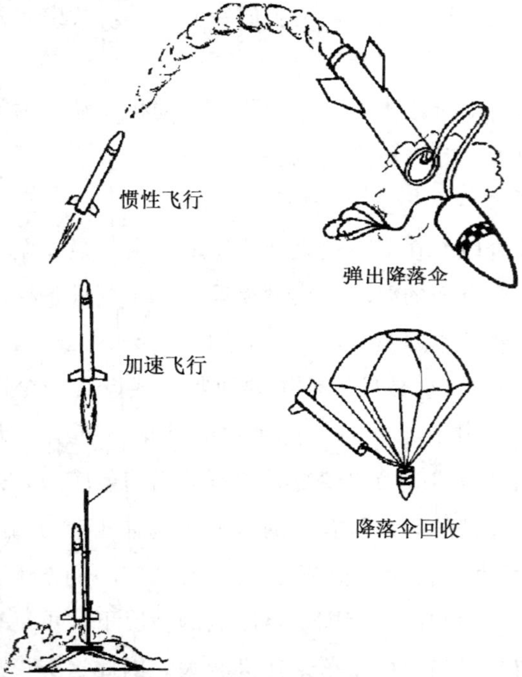

图 2-17　模型火箭发射全过程

第三章 航天模型设计

一、航天仿真模型

航天模型可分两大类，一类是实体仿真航天模型。所谓仿真，就是要求模型与真实的航天器几乎是一模一样。首先，航天器外观的每一部件都要在模型中得到基本反映，主要部件一个也不能少。其次，每个部件在模型中的位置要正确，包括其形状、颜色。实体仿真航天模型另一个特点，就是它不能飞行。模型火箭与火箭模型是两个不同的概念，模型火箭能够发射飞行。而火箭模型只能在设计与制造和航天科技教育中发挥它的作用，当然，精美的火箭模型也是一件极好的观赏工艺品。另一类就是能飞行的仿真模型火箭，它不仅外形与真实的火箭相似，而且还能仿真飞行，可想而知此类模型的设计和制作难度更大。图 3-1、表 3-1 所示的是中国长征系列运载火箭的外形以及有关数据，可以供模型爱好者制作时参考。

仿真航天模型在设计前要做到以下几点：

深入了解所设计的仿真航天器的作用、内部结构、基本系统功能、外形特点等方面的知识，这有利于设计、制作以及应用。

严格按照真实航天器的尺寸，按比例缩小。不仅航天器的高度、宽度要按比例缩小，而且航天器上的各个部件也要按比例缩小。

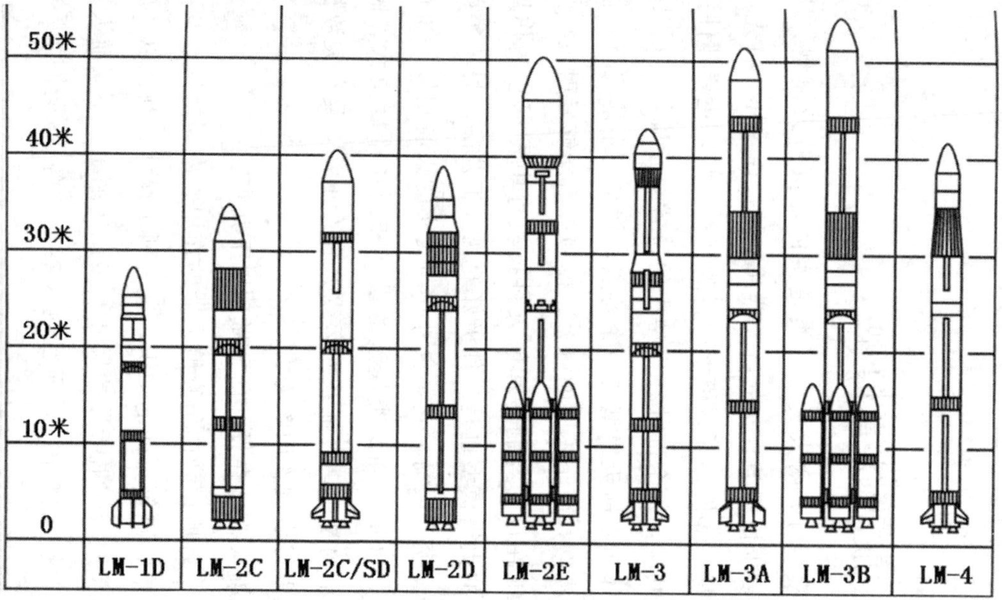

图3-1　长征系列火箭外形

表 3-1 长征系列火箭有关数据

	长征一号 LM-1D	长征一号丙 LM-2C	长征二号丙改进型 LM-2C/SD	长征二号丁 LM-2D	长征二号 E LM-2E	长征三号 LM-3	长征三号甲 LM-3A	长征三号乙 LM-3B	长征四号 LM-4
全长（米）	28.2	32.6	40	38.3	51	43.3	52.5	54.8	42
起飞质量（吨）	81	192	213	232	464	204	241	426	249
起飞推力（千牛）	1100	2786	2962	2962	5923	2805	2962	5923	2962
轨道	LEO	LEO	中高	LEO	LEO	GTO	GTO	GTO	SSO
有效载荷能力（千克）	750	2500	1334	3100	9200	1500	2500	4800	1650

设计前还须考虑用什么材料制作实体仿真航天模型，是用纸质、木质还是用塑料等其他材料，因为不同的材料部件组合的方法不一样，制作方法也不一样。

要进行航天模型设计必须学会绘图，因为在制作模型时，一般要有模型制作的工作图纸，它是制作模型的主要依据。它不仅告诉我们航天模型的种类、名称、几何形状和尺寸，同时还提供航天模型各个零部件的结构和安装部位等情况。有些模型的图纸还简要地介绍了模型的内部结构、动力装置、部件装配、控制系统和制作方法等，使我们对航天模型有更多的了解。因此，认真看图纸，弄清各种技术要求，对制作材料和工具的准备，决定制作的方法和步骤，都是十分重要的。

为了把模型或一个零部件正确地表示出来，一般需要实物的三视图，即俯视图（从物体正前方看）、侧视图（从物体侧面看），正视图（从物体上面看）。此外，还需要零件图，即航天模型局部有关零部件的制作图纸。有时还要绘出实物的立体图。图 3-2 所示的是某种火箭助推滑翔机的三视图。

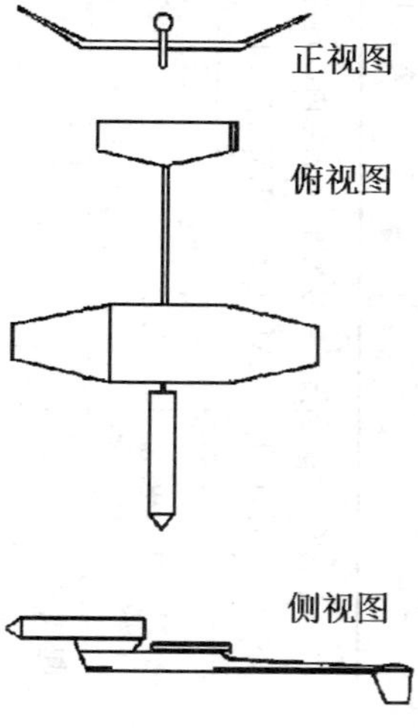

图 3-2　火箭助推滑翔机模型

为了正确地看懂航天模型的工作图纸，首先要熟悉图纸中各种线条和符号的意义。图纸上常见的有粗实线、细实线、虚线、点画线、折断线和剖面线等，见图 3-3。

粗实线：一般表示物体外部一切可见的轮廓线。

虚线：一般表示物体被遮挡的轮廓线。

细实线：一般表示物体的尺寸线、尺寸界限、引线和剖面线。

点画线：一般表示物体的中心线、位置线和轴线。

折断线、波浪线：折断线或波浪线一般表示物体断开的地方。有些不必要全部画出的地方，就可用折断线或波浪线省略掉。

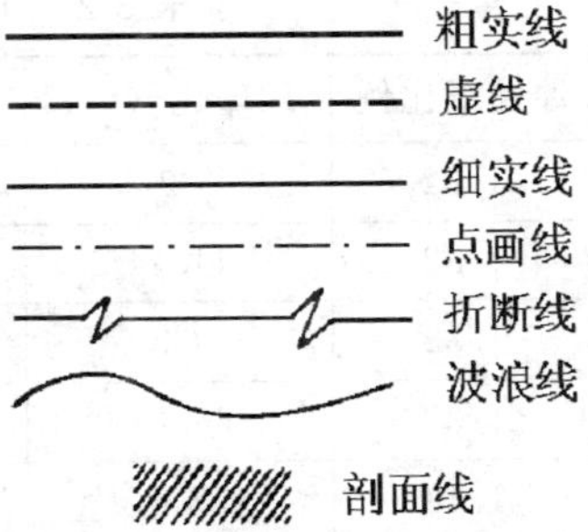

图 3-3 线条符号意义

剖面线：一般表示物体剖面的地方。

掌握了上述绘制实体仿真航天模型图纸的知识，就可着手寻找你所需要的模型资料。最简单的方法是从有关资料的照片或从网上下载图片中取得所需要的内容。然后详细了解你所掌握航天模型的知识和内容，并着手绘制工作图，准备模型制作所需要的材料。

模型爱好者往往需要一张合乎自己要求比例的模型工作图纸，这就需要将现有的图纸进行适当的放大和缩小。现在可以利用复印机，经一次和数次复印，便得到所需求的图纸，大大地提高了工作效率，这里介绍几种具体的操作方法。

1. 缩小比例的方法

将原图比例中的分母除以即将缩小后的图纸比例中的分母，即得到需要的缩小复印百分数。例如，某图纸比例为 1/50，现在希望缩成 1/100，可将 50÷100＝0.5，而 0.5 即 50%，表示利用复印机按 50%的缩印比复印，便可达到目的。这里说明一下，如果复印机上不允许一次缩为 50%，那么可分两步：先将原图纸按 80%缩小，再按 62%缩小，便可得到缩比为 1/100 的新图。表 3-2 直接估算了几种常用的缩印百分比。

表 3-2　几种常用的缩印百分比

原图纸比例	缩印比（%）	可得比例	附　注
1/32	32	1/100	须多步渐近
1/32	44.44	1/72	须多步渐近
1/32	64	1/50	
1/32	66.67	1/48	
1/48	48	1/100	须多步渐近
1/48	66.67	1/72	按 67%缩印可得 1/71.6
1/48	96	1/50	
1/50	50	1/100	须多步渐近

2. 扩大比例复印方法

将原图比例中的分母除以即将扩放后的图纸比例中的分母，即得到需要扩大复印的百分比。例如，某图纸比例为 1/144，因嫌小，希望放大至 1/50，可得到 144÷50＝2.88，复印机分几步完成，288%的放大作业即可达到目的。表3-3为几种常用的扩印百分比。

表 3-3　几种常用的扩印百分比

原图纸比例	扩印率（%）	可得比例	附　注
1/144	144	1/100	须多步渐近
1/144	288	1/50	须多步渐近
1/144	300	1/48	须多步渐近
1/72	225	1/32	须多步渐近
1/72	150	1/48	
1/72	144	1/50	
1/50	104	1/48	近似值

3. 任意缩放计算法

当来图并未注明缩比，而你又想利用此图缩小（或放大）成一张特定缩比的新图纸时，不必测出原图纸的缩比，可以直接利用复印机复印出合乎你要求的图纸。例如，有一张导弹模型图纸未注明其比例，测得图纸上导弹长为 0.0755 米。经查阅资料，可了解实际导弹长 9.06 米。如你需要一张比例为 1/25 的大型图纸，那么只要将导弹实际尺寸除以图上相对应的尺寸，再除以希望得到的缩比的分母数，也即 9.06÷0.0755÷25，就得到商 4.8。按此倍率放大，即可获缩比 1/25 新图纸，4.8 即 480%。为了达到扩大 4.8 倍的目标，必须分几步完成。假设某复印机缩比定为64%～150%，那么可将原图经连续 3 次的 150%放大，最后再进行一次 142%的放大，即可获得精度极高的图纸。上述 4 次放大采用的扩印率百分比是这样计算出来的：可先将原图之基准尺度设为“1”。那么放大 4.8 倍应得绝对数 4.8，150%×150%×150%×142%≐4.8，于是：1×150%＝1.5，再 1.5×150%＝2.25，2.25×150%＝3.375，最后 3.375×142%＝4.8。于是得出 4 次操作的缩比率。

因复印机本身存在允许公差，建议用直尺检验“新图”中的一些关键尺寸，看经放大后是否与原图参数有差异。同时应避开复印机边缘造成的局部线条失真现象。放大大型图纸时，会遇到两图拼接的问题，对接部分要舍去失真的边缘部分再粘贴。

以纸为材料制作航天纸模型，是国际上普及航天科技教育活动较流行的一种制作实践方法。随着技术的发展，以及纸张质量和印刷技术的提高，纸材料模型应运而生。在国外就有几千种海、陆、空、航天和建筑等纸模型，它价廉物美，色彩丰富，立体感强，制作由简单到复杂，制作周期短、见效快，受到青少年的喜爱，也受到成人模型爱好者的欢迎。这项活动能提高青少年制作者的动手动脑能力、识图能力、审美能力和制作工艺水平。上海在中、小学校开展航天纸模型科技普及制作活动多年，实践证明这是一项将体育、科技和艺术等融为一体的有益活动。

要进行航天纸模型的设计，除了要具备相关预备知识和了解有关步骤以外，还要根据纸模型的特点，确定每一个部件立体形状，最后把它们组合起来。以下以风云一号气象卫星纸模型设计为例，介绍航天纸模型的设计基本过程和有关知识。

图 3-4 是风云一号气象卫星示意图。风云一号是中国制造的太阳同步气象卫星。卫星星体为 1.4 米×1.4 米×1.2 米的六面体。太阳能电池板伸展后，卫星总跨度为 8.6 米；星体最大高度为 2.078 米，质量为 750 千克。

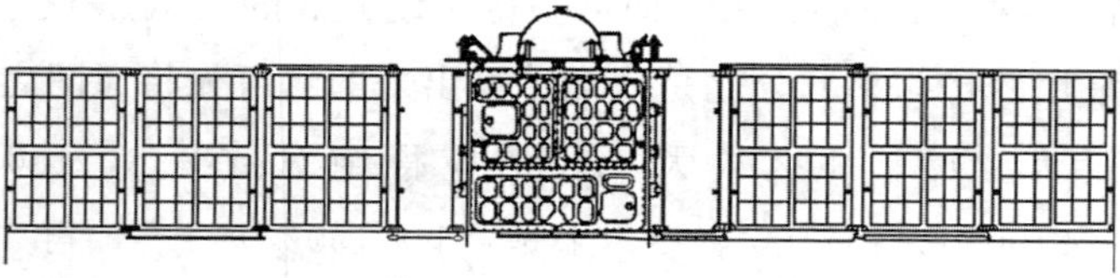

图 3-4　风云一号气象卫星

卫星由遥感、图像传输、结构、热控制、电、姿态控制、测控等 7 方面分系统和星载计算机组成。电能由以星主体对称的多块太阳能电池板和镍镉电池组提供。卫星携带两台互为备份多通道的可见光和红外扫描辐射计遥感仪器，可在轨道上切换交替工作。扫描辐射计负责收集来自地面目标的可见光和红外光，将其转变为电信号，并编制成一定格式的信息，通过星上两台自动图像传输发射机和高清晰数字图像传输发射机，分别用各自的天线将图像信号实时向地面传送。

卫星的弧形顶板上有许多天线和设备，例如大面积无线电反射板；两个遥控接收天线；两个图像发射天线；双频自动图像发射天线；双频延时图像发射天线；以及扫描辐射计和红外测量仪。

卫星由于从主体上看是一个正方体，因此应该由 6 个面组合成，但它的上盖形状特殊，需另行设计，于是则有 5 个正方形面展开。考虑它们的黏结组合，因此在一些正方形面的边线设有黏合边，如图 3-5 所示。黏合边的宽度一般是该面长度的 1/10 左右，黏合边的两端呈 45°角以便于黏合。

图 3-5　风云一号主体部分

卫星主体的上层面因为图形特殊，要单独制作。此面上安排有天线罩、各种天线和探测器扫描器等部件，故面上画有各部件安置位置图，以便装配黏合，如图 3-6 所示。

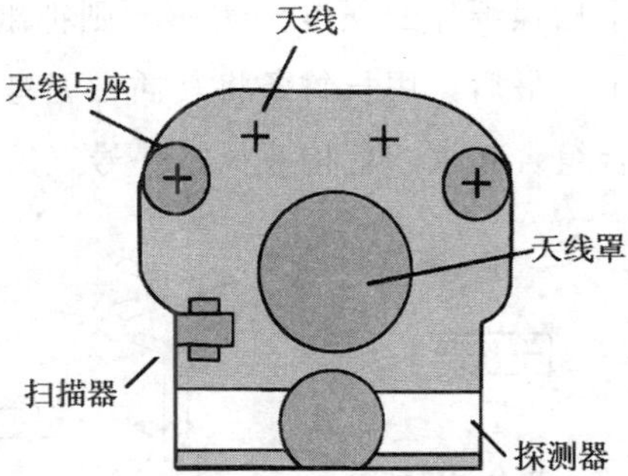

图 3-6　上层面各位置

卫星上正中央是一个天线罩，它结构是半圆形的，如把它展开像一片片花瓣。每一片加工成圆弧状后，一片片黏合在内部的圆片中心上，形成一个半圆，如图 3-7 所示。

卫星上其他部件，如探测器是个圆柱体，扫描器是一个长方体，如图 3-8 所示。每个天线由十字片、工字架以及小圆盘组

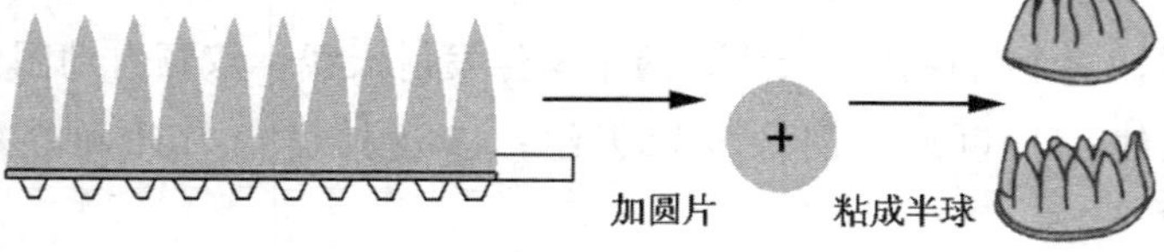

图 3-7 天线罩

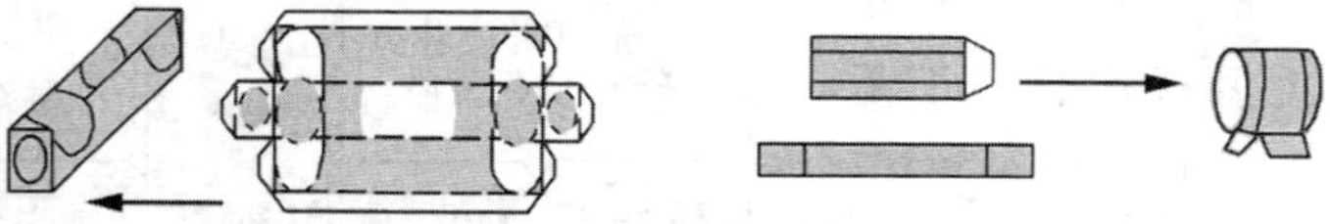

图 3-8 探测器和扫描器

成，见图 3-9 所示。

太阳能电池板有两个大片，安置在卫星主体的左右两旁。为了加强纸片的强度和美感，则把纸片两折一黏合，如图 3-10 所示，最后，用长竹条将其插在卫星主体侧面中心。把各个部件黏合组合起来，就构成风云一号气象卫星纸模型。

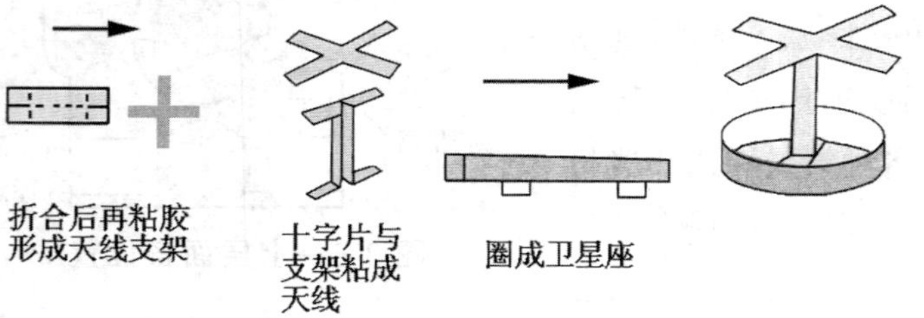

图 3-9 天线制作

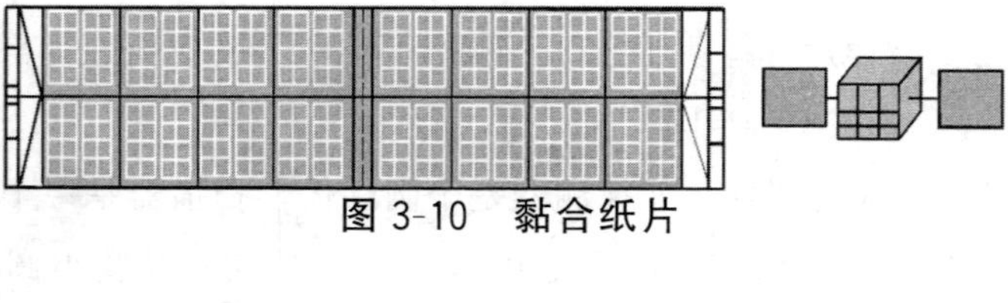

图 3-10 黏合纸片

由此可知，纸模型是由一个个不同形状的部件，按其设计要求及比例大小制作成的。怎样才能把平面的纸张变成立体的形状，这就是航天纸模型设计的关键，掌握了平面变立体的知识和技术，也就掌握了设计航天纸模型的基本要点。

二、模型火箭

模型火箭采用小型固体推进剂，它的基本组成和原理同真火箭一样。模型火箭的总体设计，应该着重考虑其飞行稳定性、安全性及工作可靠性，其中稳定性是重要的前提。参加竞赛的模型火箭还要考虑保证足够的飞行高度和保持一定的留空时间。图 3-11 所示的是模型火箭的基本结构。

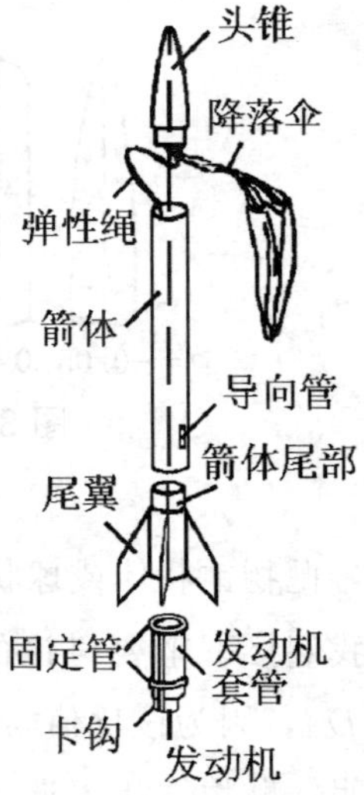

图 3-11　模型火箭基本结构

1. 模型火箭的外形

模型火箭基本上由 4 个部分组成：头锥、箭体、尾部和尾翼，模型火箭外形的各个部分都必须符合空气动力学原理。简单地讲就是要克服空气阻力以及空气扰动的影响，保持良好的稳定、安全和可靠性，争取最佳的飞行姿态和速度。

（1）头锥。头锥位于整个模型火箭的最前端，其形状对空气阻力有很大的影响。理想的头锥形状，应该与整个箭体一起构成流线型，如图 3-12 所示，使依附在火箭表面附面层的气流保持在层流状态，空气摩擦阻力为最小。

模型火箭头锥形状设计必须考虑压差阻力的影响。图 3-13

所示的各种各样头锥形状是经过实验得出的，可以作为模型火箭的头锥形状设计参考。我们从中可看出最佳的头锥形状，应该是抛物锥体或球状体，它们的阻力系数 C 分别为－0.05 和 0.01。

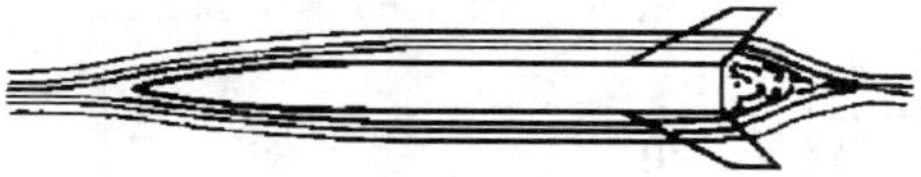

图 3-12　理想模型火箭飞行流线图

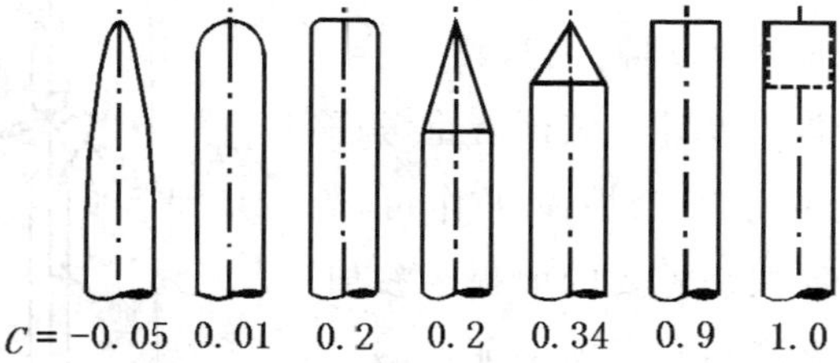

图 3-13　各种头锥阻力系数

抛物锥状体或球状体的头锥以怎样的形态更为理想呢？这就是我们接下来要讨论的锥体长度与截面圆直径的比值（长径比 L/D），因为该比值与阻力系数 C 有一定的函数关系。风洞试验表明，抛物锥状体头锥的最佳长度，应该为其底部截面圆最大直径的 3～4 倍，如图 3-14 所示。假定某一枚模型火箭箭体直径为

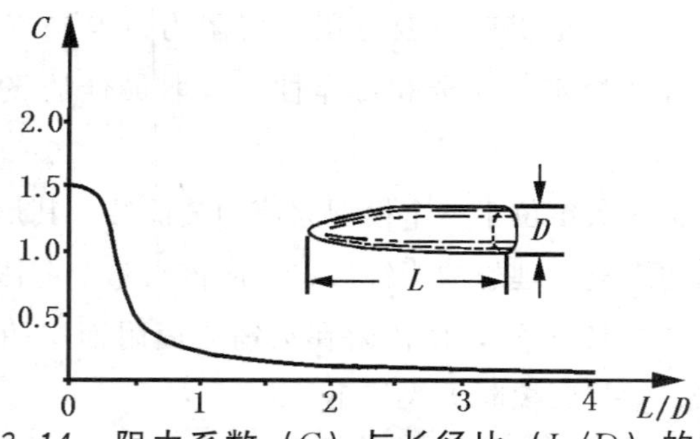

图 3-14　阻力系数（C）与长径比（L/D）的关系

18 毫米（一般头锥底部圆的直径与箭体直径一致），则头锥长度为 54～72 毫米。大于或小于这个数字，将会对模型火箭的飞行带来不利的影响。

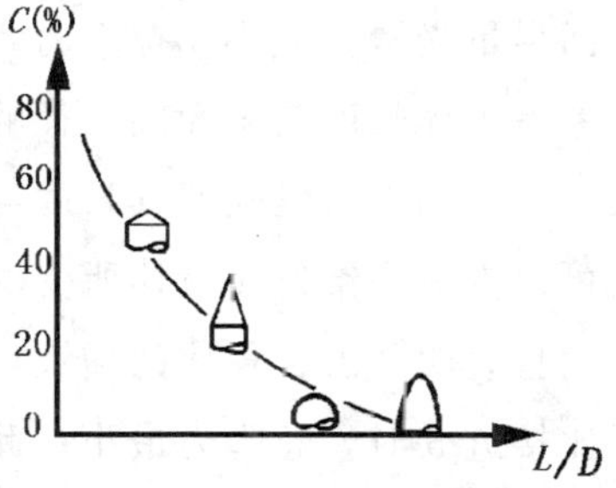

图 3-15　各种头锥阻力百分比

如图 3-15 所示，我们从不同形状的头锥对模型火箭空气阻力大小的百分比，可了解到头锥形态的重要性。另外，我们还可从图中了解到三角锥体形状头锥，比抛物锥体形状头锥的阻力大 20 个百分比，这出乎大多数模型火箭爱好者意料之外，他们通常认为三角锥体形状的头锥比抛物锥体形状的头锥阻力小，因而在实际设计和制作模型火箭中经常使用三角锥体形状的头锥。实际上在超音速飞行中，头锥做成尖尖的三角锥体形状，的确能减小高速飞行带来的激波，它的性能比抛物锥体形状头锥的好，但是模型火箭飞行速度只是声速的一半，故没有激波的气流在抛物锥体形状的头锥表面缓缓流过。在实际应用中应着重考虑压差阻力。当然，用纸卷制头锥时，做成三角锥体容易些，所以在普及性模型火箭中使用这样的头锥还是很多的。

（2）箭体。模型火箭箭体的体积和表面积占模型火箭最大的比例。有人曾对模型火箭做过风洞试验，把模型火箭安装在风洞中，记录下空气流速从 0 增加到 150 米/秒的阻力变化情况。试验表明，随着空气流速的增加，阻力也在增加。阻力的大小取决于模型火箭表面上薄薄一层空气边界层的情况。如果附面层是层流层，模型火箭受到的阻力将最低；如果是紊流层，则模型火箭受到的阻力将最大。从速度和阻力的关系中，可以看到对于任何给定的速度，紊流层比层流层的阻力要大得多（大 4～5 倍）。所以，要求模型火箭箭体和头锥表面尽量光滑，减小摩擦阻力。

我们讨论箭体阻力时，也可考虑锥体长度与截面圆直径的关系。可以知道，抛物锥体形状头锥所受的阻力是随着其长度与直径比值变化大小而变化的。因此可以推测头锥连接箭体所受的阻力也将依据长径比变化而变化。而且表明随着长径比的增大，箭体的总阻力将迅速减小，在长径比接近 5 时，总阻力最小；此后随长径比增大，总阻力将会缓慢增加。要确定箭体合理的长径比，还要考虑其他因素。通常细长模型火箭箭体的稳定性较好，实验证明，比较理想的模型火箭的总体长径比为 10∶1（含头锥、尾翼等在内）。

（3）箭体尾部。箭体尾部阻力来自于因气流分离而产生的压差阻力。根据空气动力学的原理，在气流流过火箭到达尾部的过程中，空气的流动发生突然的转变，但空气的黏性却阻止流动方向的任何突然转变，因此气流从尾部表面上分离开来，在火箭的尾部产生了部分负压区，这就形成压差阻力。

为了减小箭体尾部的压差阻力，可以将把箭体尾部设计成类似圆球的收缩形状，把箭体直径收缩到与发动机直径大小相同，见图 3-16。箭体尾部的长度一般为 2～3 倍箭体直径，收缩的锥度不宜过大。为了制作方便，普及性模型火箭的箭体尾部大多数与箭体一样，直筒到底。

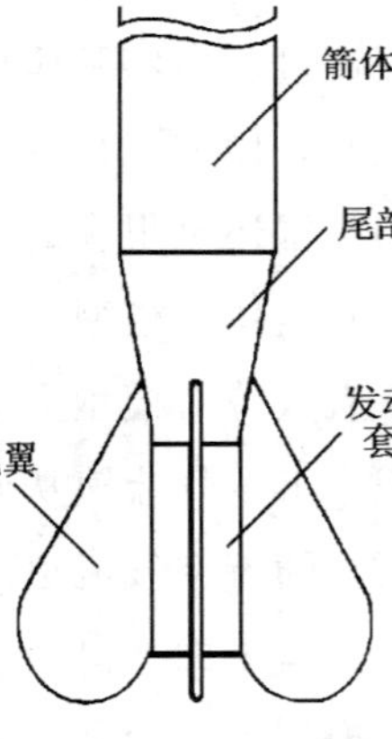

图 3-16 减小箭体压差阻力

（4）尾翼。尾翼的形状对模型火箭的阻力和稳定性有很大影响。

为了减小气流干扰和箭体质量，应该尽可能减少尾翼数量，一般尽量采用三片尾翼。不论是三片尾翼还是四片尾翼，都必须注意各片尾翼的垂直面要通过箭体轴心线，即沿着箭体圆周均匀分

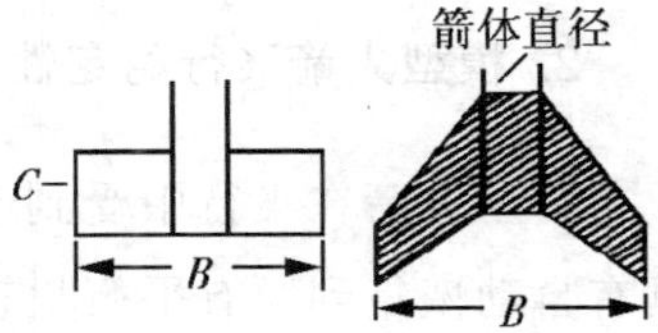

图 3-17 弦长与直径

布。为了减小诱导阻力的影响，尽可能增大尾翼的展翼比 B/C。同时尾翼平均弦长应该大于箭体直径的 1.5 倍，如图 3-17 所示。后掠型尾翼比平直型或前掠型尾翼阻力小，而且能使重心后移。翼角倒圆既可减小阻力，而且比较安全。尾翼的翼型的前缘和后缘形状对阻力影响也很大。矩形翼缘的阻力最大，圆弧形翼缘阻力则小多了。尾翼前缘最好选用圆弧形，后缘最好选用刀锋形，即尾翼横剖面呈流线型，见图 3-18。

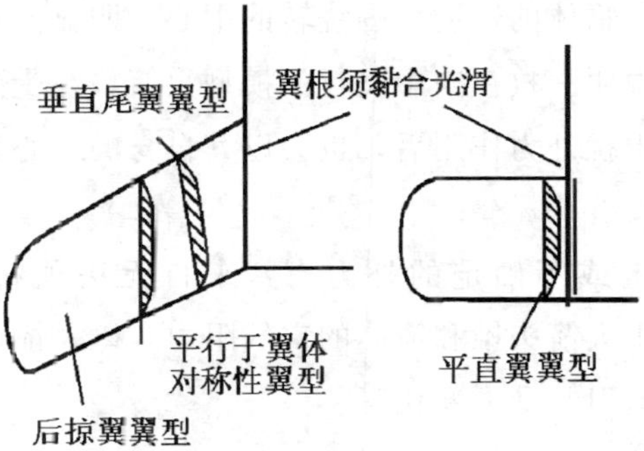

图 3-18 尾翼翼型

翼根也有阻力，翼根与箭体结合处应该贴合良好，尤其对尾部采用圆球收缩形状的火箭，翼根必须与尾段表面贴合，并要求尾翼根部确保气流平滑流动，保持较小的阻力。

2. 模型火箭飞行稳定性

模型火箭在飞行中受到空气的扰动，其平衡状态被破坏后，具有自动恢复到原有平衡状态的能力，称之为稳定性。模型火箭的稳定性设计，对飞行的安全性、可靠性以及提高模型火箭的飞行性能，有着十分重要的作用。

设计模型火箭要使其具有稳定性，必须使模型火箭的重心（*CC*）位于其压力中心（*CP*）前的一定位置。因为只有符合这一要求，才有可能使火箭箭体获得相应的平衡能力，以维持模型火箭的稳定飞行状态。

什么叫重心？如果一个力矩作用于一个细长物体，并把它抛出去，这个物体必然会围绕其自身重心做旋转飞行运动。我们来做一个简单实验，在物体的一端加一个外力，像原来一样抛出去。这时候，物体的运动所围绕转的中心，明显向加有外力的一端靠近。这说明一枚在空中飞行的模型火箭，在受到任何改变其飞行轨迹的干扰外力作用后，也会以其自身的重心为中心，来改变其航向。

这种确定或不确定的外力有：来自无法预料的空气流动（风），作用于火箭头锥和箭体的空气阻力，以及箭体和尾翼变形或是安装误差引起受力变化等。

如何确定模型火箭重心位置？可参照图 3-19 所示的一种简便方法。测量重心的模型火箭应该处于起飞状态，即回收装置、阻燃物、发动机等都要安装到位，然后用一根绳子系在箭身上，悬在空中，如两边平衡，绳子所悬挂的那一点就是重心。重心是模型火箭所受重力的

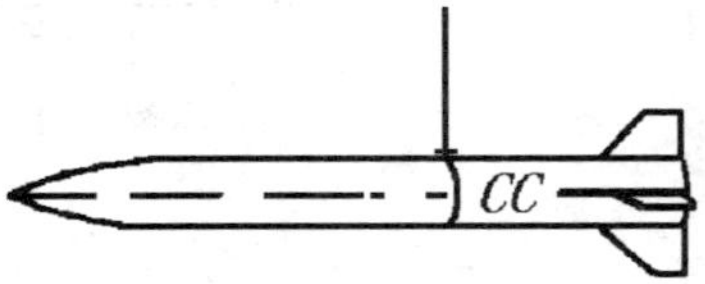

图 3-19　重心测量法

合力作用点。

在空气中飞行，空气动力在模型火箭上的作用点，称之为压力中心，简称压心。

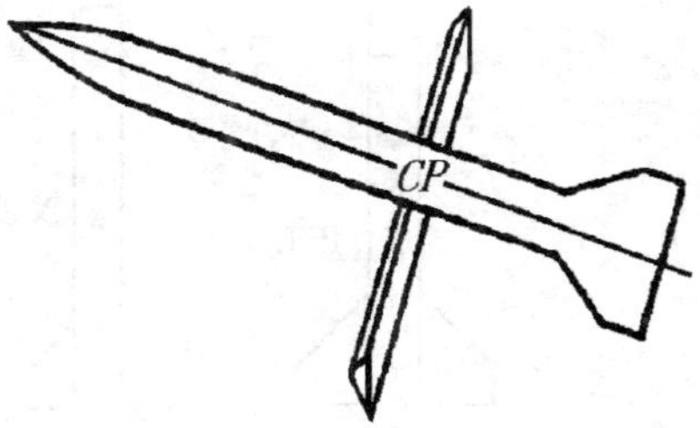

图 3-20　压心测量法

怎样确定模型火箭的压心？如图 3-20 所示，这是一种判定压心近似位置的方法，用一张硬纸板做一个精确的模型火箭纵向剖面图，或是模型火箭的正向投影图，把剪下来的精确模型火箭投影图样放在直尺边缘上，使之能够平衡的那一点，就是该模型火箭的压心基本位置。

模型火箭的压心位置取决于诸多因素，如尾翼的几何形状和面积大小，尾翼在箭体上的安装位置，尾翼的数量、翼型和面积，箭体的长度及头锥的形状等。此外，压心的位置还与飞行时迎风角有关。

模型火箭的重心和压心的相对位置非常重要，重心和压心的相对位置关系，可分为下述 3 种情况：

（1）重心位于压心之前，此种情况模型火箭飞行稳定，它的特征是头部质量合理，尾部尾翼面积较大。

（2）重心与压心重合，此种情况模型火箭飞行不够稳定，这是由于头锥部分质量或尾翼面积过小所造成的。

（3）重心位于压心之后，此种情况模型火箭飞行不稳定。

以上 3 种情况如图 3-21 所示。要保证模型火箭有足够的稳定性，重心必须位于压心之前，并且它们两点的距离至少超过箭体的直径。

制作完了一个模型火箭，还可以挥动模型火箭进行实验，来

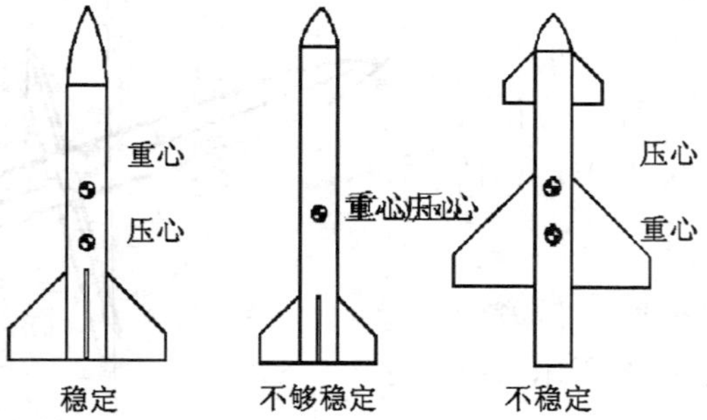

图 3-21　重心、压心位置与稳定性

粗略验证模型火箭的稳定性。如图 3-22 所示，用一根长 1.8 米的绳子，一端在模型火箭的中心位置打一个活结，在空中水平面上用手挥动绳子，使模型火箭的头锥指向飞行方向。如果模型火箭发生滚动或者尾部向前呈现反转的姿态，则此模型火箭在正式发射飞行中就会不稳定。

图 3-22　验证模型火箭稳定性实验

如果模型火箭不稳定，有两种方法可改变重心和压心的位置关系。在头锥的里面放一些黏土、橡皮泥或螺母之类配重物，可使模型火箭重心前移。后移模型火箭的尾翼、加大尾翼的面积或增加尾翼数目可以使模型火箭的压心后移。

3. 回收装置

模型火箭回收装置的首要要求，就是安全可靠，保证模型火箭回落时不影响地面人员的安全，同时保证模型火箭完整回收。

模型火箭回收的方案，要根据模型火箭的种类和飞行目的进行设计。一般可分为两种情况：

一种是按照竞赛要求，回收装置尽可能使模型火箭留空时间长，所设计的回收装置有降落伞、飘带、滑翔机和自旋装置等。以降落伞为例，降落伞留空时间长短取决于伞的面积、模型火箭的质量以及伞的材料，当然还考虑空气密度等情况。降落伞在降落时有时会摇摆，以致影响下沉速度，最终影响留空时间。同样面积的降落伞，吊绳长度的不同，也会影响下降的稳定性：吊绳长度越短，越容易摇摆。一般认为吊绳的长度是伞面展开直径的 1.5 倍，吊绳的数目 6～8 根。为了保证模型火箭稳定降落并且可靠回收，考虑把留空时间置于其次，可以在降落伞面的中央开一个小孔，孔的直径不应大于降落伞面的百分之五。降落伞采用非透气性塑料薄膜材料，所以它在空气中打开的速度也比较快。图 3-23 为降落伞系绳示意。

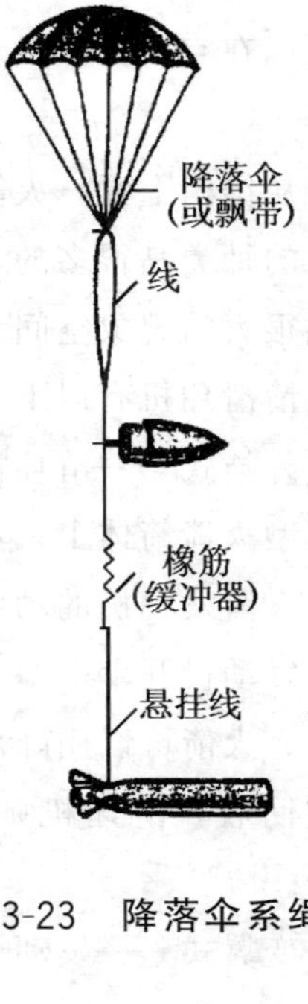

图 3-23　降落伞系绳

另一种是以探测飞行高度、载荷实验为飞行目的的模型火箭，完成任务后，需尽快返回地面。这可采用小阻力降落方法。通常采用小面积的降落伞或飘带等方法减速回收。

三、火箭助推滑翔机

火箭滑翔机与火箭助推滑翔机是航天模型中的同一类，序号为 S4。在模型火箭发动机的推动下，滑翔机飞离发射架，垂直爬升到一定的高度后可以自由平稳滑翔，也可以在人的遥控下缓缓降落在地面。它是航空模型和模型火箭结合的产物。

按竞赛规定分为助推火箭滑翔机模型和火箭滑翔机两种，它们的共同点是都采用火箭发动机推动滑翔机升空。它们的区别在于：前者在火箭发动机结束工作后，模型火箭与滑翔机分离，模型火箭自身靠飘带或降落伞下降回收，滑翔机靠自身的机翼产生空气动力滑翔回到地面。后者的火箭发动机及其套管合为一体，竞赛规定全部部件，包括发动机一起升空一起滑翔回落。当然普及型火箭助推滑翔机，以滑翔机留空时间和回收为主要目的，甚至可以在空中抛弃发动机。本书后文也不作严格区分，而以结构分类。

从结构上看，火箭助推和火箭滑翔机的种类是很多的，为模型爱好者提供很大的想象空间和创新余地。常见火箭滑翔机有以下几种结构：

外挂式——滑翔机完全独立地挂在模型火箭箭体上，如图 3-24 所示。凭借火箭发动机的动力发射升空，并凭借发动机开伞剂产生反推力使两者分离。火箭可以用降落伞回收或其他方式回收，滑翔机则自行滑翔回落地面。

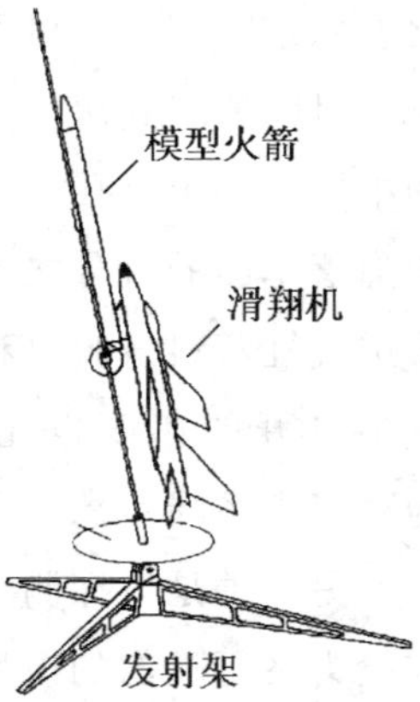

图 3-24 滑翔机外挂

变翼式——发动机安装在头部，机翼折叠收缩，主要考虑减小空气中运动的阻力，还要考虑发动机的质量变化对滑翔机重心的影响，可变的机翼安置在发动机与尾翼之间，如图 3-25 所示。

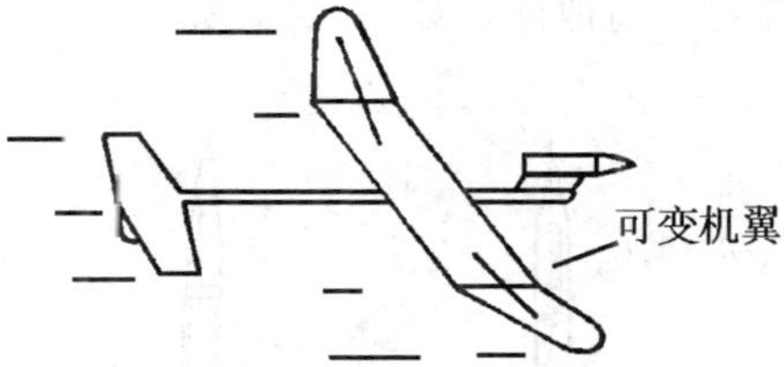

图 3-25　变翼式

分体式——滑翔机折叠在模型火箭的箭体里，飞到空中滑翔机弹射出来自由滑翔着落，如图 3-26 所示。

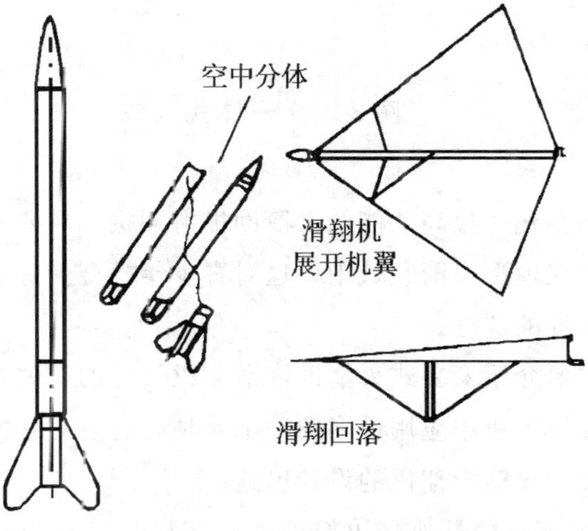

图 3-26　分体式

一体式——这种火箭滑翔机外形完整，具备空气动力性能，发动机安装在机体的底部。在发射过程中其机翼通过升降副翼调整为零升力状态，保证发射轨迹垂直上升，发动机结束工作后机翼恢复升力，滑翔回到地面，如图 3-27 所示。

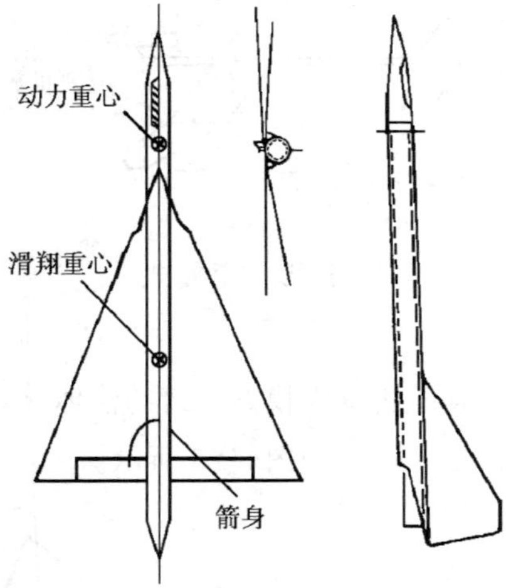

图 3-27　一体式

设计和制作一枚高性能的火箭助推滑翔机，需要一些知识和制作技术。在模型火箭领域中，这对青少年模型爱好者来说是一个富有挑战性的课题。

本节主要介绍变翼式火箭助推滑翔机设计的有关知识。它是在火箭助推滑翔机中应用最多的一个品种，通过对它的了解，可熟悉其他模型火箭滑翔机的设计思路。

图 3-28 所示的是典型火箭助推滑翔机，以它为基础，根据自身已有的条件，能制作出性能优良的火箭助推滑翔机。

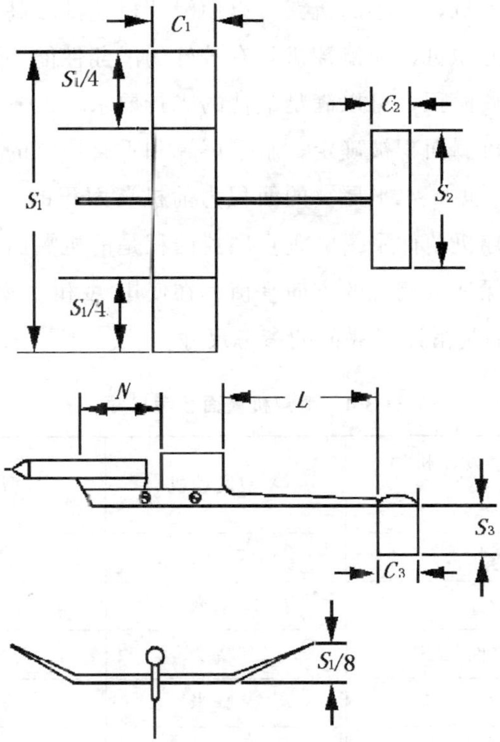

图 3-28　典型火箭助推滑翔机

1. 滑翔机机翼表面积计算

助推滑翔机有三个对飞行有影响的翼面：前机翼、水平尾翼和垂直尾翼，每个翼面都有它自已的作用，并且每个翼面都必须正确安装，才能保证滑翔机稳定地爬升和滑翔。

前机翼是最重要的升力面，机翼面积的大小决定了应该使用什么型号的发动机，A 型发动机要求的机翼面积为130～260 平方厘米，B 型发动机要求的机翼面积为 160～400 平方厘米。对于同一种发动机，较小的机翼可以使滑翔机达到较高的高度，而较大的机翼面积可以使滑翔机具有较好的滑翔性能。因此，选择合适的前机翼面积，可以满足最佳的飞行要求。

一旦前机翼面积被确定，水平尾翼和垂直尾翼的面积也可以确定。一般来说，水平尾翼的面积为前机翼面积的1/4～1/3 时，才能保证滑翔机俯仰平衡。垂直尾翼面积是前机翼面积的1/15～1/10，即可保证滑翔机的方向平衡。在使用 A 和 B 型发动机时，表 3-4 给出的是滑翔机翼面的参考尺寸。

表 3-4　滑翔机翼面参考尺寸

发动机型号 / 翼面尺寸	A 型发动机	B 型发动机
前机翼长 S_1	317 毫米	381 毫米
宽 C_1	64 毫米	76 毫米
水平尾翼面长 S_2	146 毫米	178 毫米
宽 C_2	38 毫米	46 毫米
垂直尾翼面长 S_3	30 毫米	38 毫米
宽 C_3	38 毫米	45 毫米

2. 机身尺寸

机身长度由两个尺寸来确定，L 为前机翼后缘到水平尾翼前缘之间的距离，N 为头锥中心到前机翼前缘的距离。L 一般为前机翼翼展的 0.4～0.6 倍，这个尺寸可以随尾翼面积的变化而变化：L 越小，水平尾翼面积就越大；相反，L 增大时，可以减小水平尾翼面积来保持滑翔机的平衡。

头锥到前机翼前缘距离一般为机翼宽度的 1～2 倍。这个尺寸不能太小，除非滑翔机头部质量能保持滑翔机的稳定飞行；但也不能太大，因此而增加质量，会使之失去平衡。一般机身长度比前机翼翼展略长，机身的长度是 L、N 加机翼翼弦长度，再加水平尾翼翼弦长度及头锥的一半长度的和。机身 L 段长度：A 型发动机为 152 毫米；B 型发动机为 178 毫米。机身 N 段长度：A 型发动机为 64 毫米；B 型发动机为 76 毫米。

3. 火箭滑翔机变翼结构

为了增加滑翔机上升的飞行稳定性，减小空气阻力，争取最大飞行高度，火箭助推滑翔机的前机翼可以采用几种变翼结构。

一种是翼端折叠型。这种滑翔机在起飞上升过程中，首先将机翼的两端折叠，然后用丝线将机翼一端固定，将丝线穿过滑翔机头部，见图 3-29。最后用同样的方法将机翼的另一端折叠并固定。这种结构，是为了在滑翔机上升过程中减小气流对滑翔机的影响，以增加滑翔机上升的稳定性。在发动机工作结束后，靠发动机开伞剂的作用，将丝线烧断，机翼翼端靠橡筋的作用而翻转，恢复到滑翔状态。同时，工作完毕后的发动机残骸被抛出，在飘带的作用下安全回收。

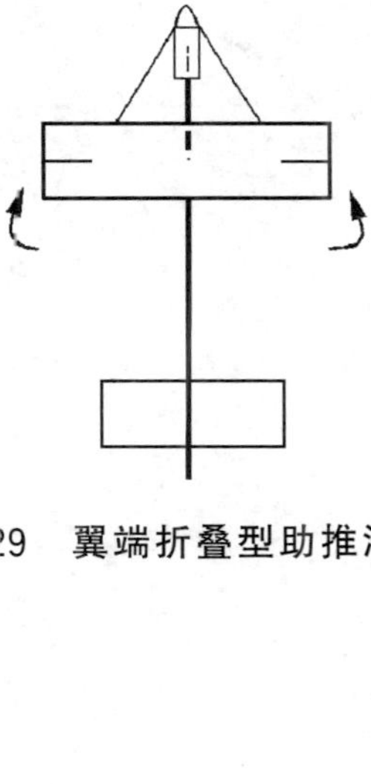

图 3-29　翼端折叠型助推滑翔机

另一种是机翼折叠旋转型。这种滑翔机在机翼的中心有一个转轴。飞行前，首先机翼翼端折叠，然后将机翼旋转 90°，使机翼翼展沿机身方向，并用丝线穿过滑翔机头锥将机翼固定。如图 3-30 所示，发动机工作结束后，依靠开伞剂的作用将丝线烧断，同时发动机残骸被抛出，这时机翼靠橡筋的弹力将机翼打开，恢复到滑翔状态。这种滑翔机的特点是上升稳定性好，缺点是结构复杂。

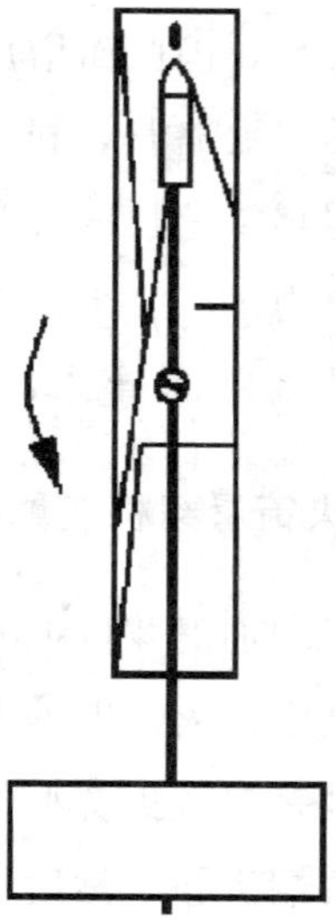

图 3-30　机翼折叠旋转型助推滑翔机

上述两种火箭助推滑翔机，都是小型滑翔机机型，使用推力较小的火箭发动机。由于机翼的可变性，滑翔机强度不够，若高速飞行或遇空气流动，其抗风能力和稳定性差，最终会影响飞行，因此，较大型的遥控火箭助推滑翔机还是以使用固定机翼为多。

第四章 航天模型制作工艺

一、制作材料

航天模型制作材料的选择，很大程度决定于所制作航天模型的性能和种类。在制作模型前，选择合适的材料是很重要的一环。材料选择不当，即使制作工艺水平很高也达不到预期的效果，造成不必要的浪费。材料选择得当，普通材料也能制作出优秀的、有观赏价值的、飞行性能甚佳的航天模型。所以选择材料时，可以先不考虑材料的档次高低，主要考虑航天模型的强度、美观和制作成本，制作是否能达到设计的要求。制作实体仿真航天模型与模型火箭的材料稍有不同，一般常用的材料有以下几种。

1. 纸质材料

（1）卡纸。卡纸种类很多，有白色和彩色卡纸，有光面和皱纹卡纸，有薄和厚的卡纸，有国产和进口的卡纸等。常用的是0.5毫米厚的卡纸，自己创作航天纸模型可用厚一些的卡纸。在具体制作时，只要觉得合适即可使用。

（2）挂历纸。过期的挂历纸可以利用，它比一般纸厚，具有良好的质地，是卷制模型火箭箭体很好的材料。它表面还可喷涂油漆。

（3）彩色贴纸。彩色贴纸又称即时贴。它色彩丰富，主要用于航天模型的修饰和美化，特别是模型火箭制作好后，需要在箭体上仿制一些多级火箭连接体的部件，可用贴纸勾画出来。

2. 塑料材料

（1）有机玻璃。有机玻璃的学名是聚甲基丙烯酸甲酯，是一种常用的装饰材料，可用于制作航天模型的底座、支架。透明有机玻璃可制作实体仿真航天模型的框罩，用切割、抛光、热压等方法加工。

（2）发泡塑料。发泡塑料（又称苯板）是聚苯乙烯原料发泡制成板或块的材料。它是一种取材容易、易于加工成形，理想的模型制作材料，可用于制作模型火箭的头锥等。

（3）透明胶片。透明胶片是一种薄型塑胶材料。它可用于制作实体模型的有关部件，也可卷制模型火箭箭体，有质量轻、强度适宜等特点。

（4）PVC 塑料管。目前市场上的 PVC 塑料管（又称工业塑料）以白色为主，其直径有各种规格。它可用于卷制模型火箭箭体的管心模具，也可用来制作大型模型火箭箭体、助推器等。

3. 木料

（1）桐木。桐木木质较松，质量较轻，比较容易加工，特别适用于制作模型火箭的尾翼、火箭助推滑翔机的机翼和机身。

（2）松木。松木有红松、白松之分，红松颜色黄中微带红，木纹直通，木质软、轻，容易加工。白松为黄白色，弹性较强，材质也较软，容易加工。它主要用于制作实体仿真航天模型。

（3）柚木。柚木是一种珍贵的木材，呈褐色，木纹均匀但较粗，木质较硬，加工较难，但用它做出的模型光洁不变形。它主要用于制作比较高档的实体仿真航天模型。

（4）轻木。轻木是一种轻质量、高强度的木材。尽管其密度不是最低，但其强度却相当高，即具有较高的强度比（物质的强度与其密度之比）。由于轻木有良好的加工性能，因此长期以来，轻木一直是制作各种航空、航天模型的基本材料。同样，轻木也是制作模型火箭尾翼和头锥的好材料。

4. 复合材料

最常用的复合材料是玻璃钢，它是以玻璃纤维或玻璃布浸渍环氧树脂，再经缠绕或敷设而成的制品。大尺寸的模型火箭常采用玻璃纤维或玻璃布浸渍环氧树脂缠绕而成。另一种复合材料是碳纤维（布）树脂，即以碳纤维或碳纤维布渍树脂缠绕或敷设成的制品。

5. 黏结剂

（1）三氯甲烷、丙酮。三氯甲烷（氯仿）、丙酮是黏结有机玻璃、APS塑料板的主要胶合剂。这两种黏结剂有毒、易燃，且极易挥发，要妥善使用和保存。使用时可采用小容量的玻璃注射器，便于控制用量和防止挥发。

（2）万能胶。万能胶有百得胶、立时得、强力胶等，主要用于黏合塑料、木质、纸质等两种不同材料。涂胶时要均匀，待稍干时再黏合。

（3）白胶。白胶（又称乳胶）使用方便，干固较慢，干后透明，胶合后胶水痕迹不明显。它是制作纸模型良好的黏结剂。

（4）快干胶。快干胶（又称UHU胶）是航海、航空和航天模型制作用的透明胶水，干固快，容易挥发，无明显痕迹，主要用于黏结塑料、木片、纸张等。

（5）502胶。502胶黏合速度极快，黏性很强，常用来黏合塑料、木料、金属等两种不同质地的材料。使用时一定要小心，用量要适当，不然胶液黏在手指会把手指黏牢，502胶挥发性很强，用后一定要把瓶盖盖紧，必要时可放在冷藏室内，以延长有效期。

6. 涂料

（1）罐喷漆。罐喷漆是一种用铝合金罐装的现成涂料，又称自喷漆，颜色、品种繁多，按下按钮即可自动喷出。在喷涂前，一定要先将罐内的漆上下摇均匀。

（2）油漆。油漆（如磁漆等）用于较大平面的涂刷上色，制作精细的航天模型一般用喷漆为好。

（3）丙烯颜料。丙烯颜料一般用于小件精细的实体仿真模型的涂色，其价格比较昂贵。

（4）自调喷漆。将几种颜色的硝基漆调制成所需的颜色，然后用香蕉水稀释，装在气压式喷枪罐内进行喷涂，也可用漆刷刷涂。用喷枪喷涂的漆粒子细且均匀，速度快，喷涂后容易干。自调喷漆价格便宜，适合较大的模型制作。

二、制作工具

制作航天模型的工具，要根据材料来选用。在加工时选用合适的工具才能得心应手，发挥最佳的工艺水平，做出精致的模型来。下面介绍常用的基本工具、辅助工具。

1. 剪刀

剪刀常用于剪裁卡纸、薄木片、粘胶带等。一般剪裁厚一点的材料需要刀口短一些的剪刀（如铁皮剪刀）；刀口长一些的剪刀适宜剪裁薄的材料，剪直线较佳。

2. 钢皮尺

钢皮尺有 30 厘米至 1 米多种，有条件可多准备几种不同长短的钢皮尺，它既可用于量尺寸，又可以用来切割有机玻璃、木片和纸张等材料。

3. 美工刀

美工刀在制作航天模型时可用于切割粘贴纸、卡纸、薄木板等。

4. 小钢锯

小钢锯用途较广，可以锯木材、人造板及其他材料。用钢锯锯切时，锯条与材料应保持垂直，锯齿向下拉推锯切。

5. 锉刀

锉刀种类很多，常用的有铁锉、木锉，还有平板锉、什锦锉等。加工模型毛坯时需用锉刀来修正。各种规格的锉刀都准备一些，使用起来就方便多了。

部分常用工具见图 4-1 所示，其他工具还有手提电钻等。

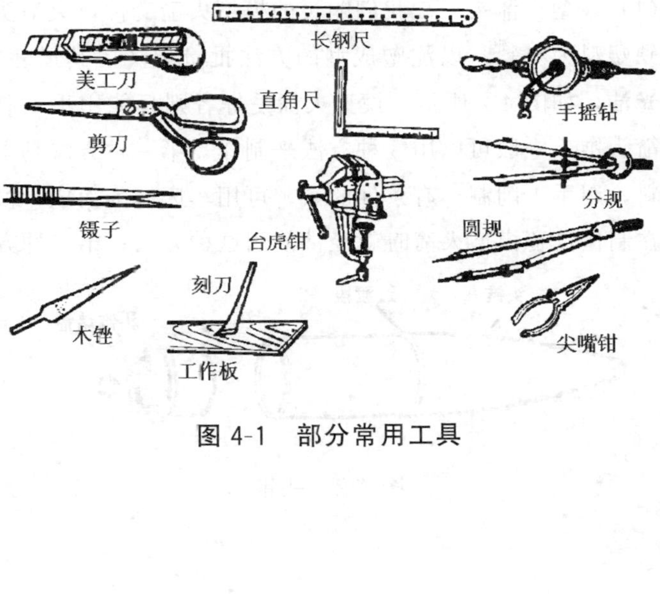

图 4-1 部分常用工具

三、模型火箭制作工艺

通过上面几章的介绍，我们了解到模型火箭结构虽然简单，但模型火箭飞行速度非常快，每一个部件都涉及模型火箭飞行的稳定性、安全性和可靠性。因此制作模型火箭必须认真细致，精细加工各个部件。例如 4 片尾翼应做到形状、大小、厚薄一样，而且必须相对模型火箭中心线均匀分布，否则，模型火箭飞行轨迹会发生偏离。另外，模型火箭的重心位置应尽可能地靠前，以便使压心在重心的后面，保证模型火箭稳定飞行。另外，模型火箭选用材料的强度和可塑性，都要按照模型火箭的飞行原理和要求来选择。

模型火箭的制作分两步进行，首先制作每一个部件，然后再组装。

1. 模型火箭部件制作

（1）模型火箭头锥。我们购买的模型火箭套件，火箭头锥常采用硬塑料为材料，以注塑成型的方法批量生产，其尺寸精确，表面光洁，如图 4-2 所示。模型火箭爱好者则只能用手工制作模型火箭头锥，一般可以用 3 种方法来制作：第一种方法是采用轻木材料，用手工削制。有条件的话，可用车床切削而成，模型运动员在制作竞赛模型火箭时就经常使用这种方法；第二种方法是

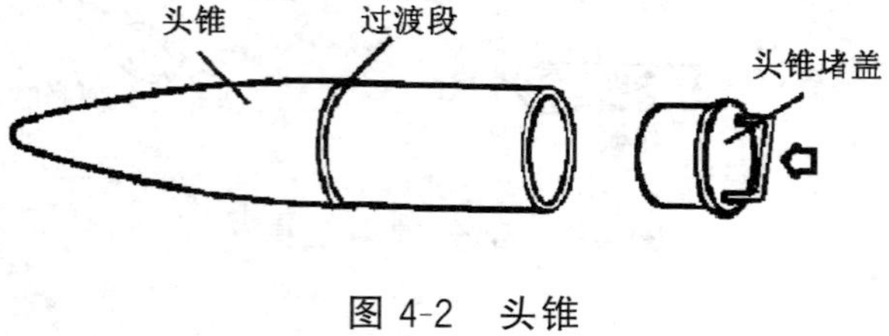

图 4-2　头锥

用卡纸或挂历纸材料制作。通常用这种方法制成的火箭头锥只能是三角圆锥形，不能制作性能更良好的抛物锥体形头锥，另外还需要加配重物，但此方法是初级模型火箭制作者最常用的方法。图 4-3 所示为纸质头锥图形。第三种方法采用硬塑料泡沫作火箭头锥的材料。用美工刀削，用木锉加工成抛物形头锥，然后，在头锥表面涂填充物（粉），再磨光处理。此方法简单易行，但要做得精细较难。它也要加配重物。

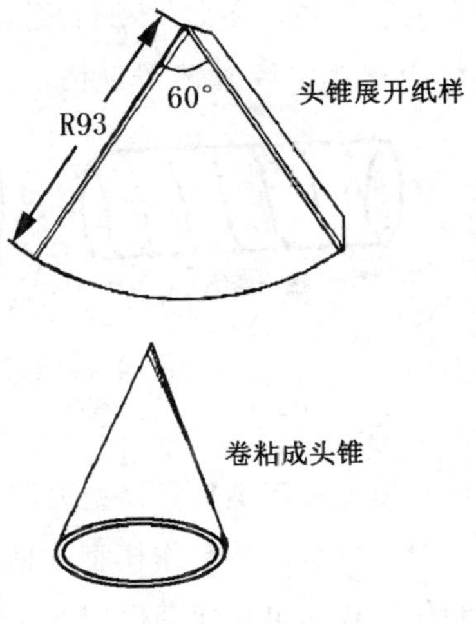

图 4-3　头锥图形

头锥中心下部应该有一段圆柱体称为过渡段，圆柱外径略小于箭体的内径，以便将头锥的圆柱插入箭体筒身内的前端（参见图 4-2）。纸、木质或泡沫塑料材料的火箭头锥，都应该用砂纸打磨光滑，以便喷涂涂料，增加美感，同时可减小空气阻力。

（2）模型火箭箭体。模型火箭箭体是模型火箭体积最大的主要部件。它支撑和装载着模型火箭的其他部件，如发动机、模型火箭回收装置等。其外径就是模型火箭的直径。通常使用卡纸或挂历纸制作火箭箭体。手工制作时，可用多层纸卷制成型。方法有两种：一种是螺旋卷绕，另一种是平行卷绕，如图 4-4 所示。这些方法都需要以箭体直径的筒心做模具。专业模型运动员也有用轻木片卷压成型，或用玻璃纤维或玻璃布浸渍环氧树脂后缠绕或敷设成型。国外市场销售的火箭箭体多采用薄壁塑料管材，直径较大的箭体也采用玻璃纤维/环氧树脂管。模型火箭的箭体与箭尾直通的直径，参照发动机成品的直径放大 1 毫米，采用 13 毫米、19 毫米、22 毫米等规格。

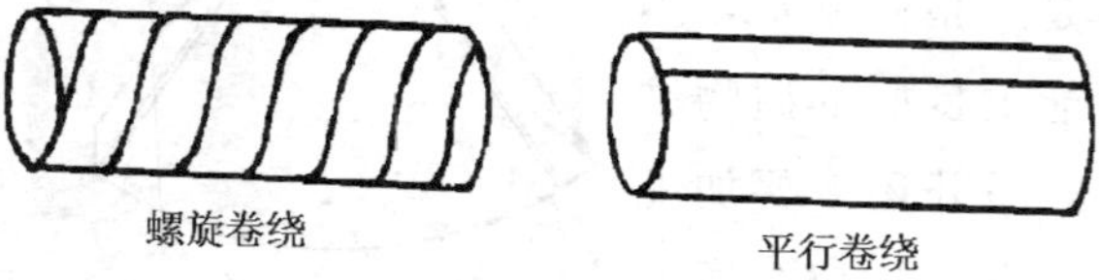

图 4-4 卷绕方法

（3）模型火箭尾部。模型火箭尾部是用来安装发动机和尾翼的，一般爱好者设计制作模型火箭，尾部与箭体直通混为一体，这样制作比较简单。配套模型火箭则采用塑料件，以注塑方法批量生产。箭体尾部也可以制成收缩锥形，即其底部直径小于箭体的直径。这样有利于减小尾部阻力，保持模型火箭的飞行速度和姿态。模型爱好者也可用卡纸卷制，图 4-5 所示的是收缩锥形箭体尾部的展开图。

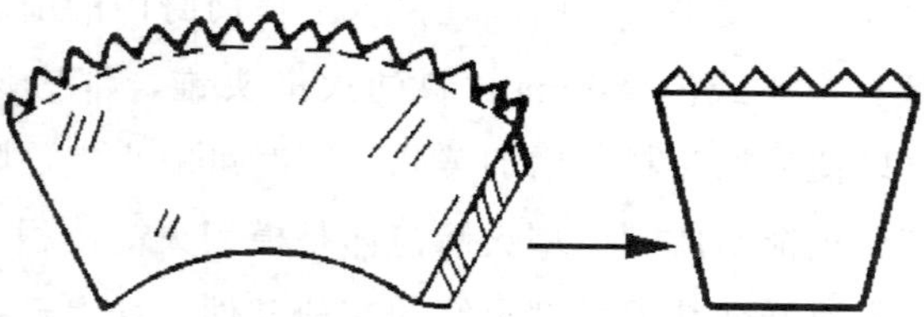

图 4-5 收缩锥形箭体尾部展示图

（4）模型火箭尾翼。尾翼是稳定模型火箭飞行不可缺少的部件，一般采用 3 片或 4 片尾翼，形状可为后掠三角形、矩状梯形等，要求它们对称、均匀地分布于火箭尾部的周围。手工制作尾翼可以采用轻木片，桐木片、硬纸片或塑料片。尾翼设计后，要放样到制作材料上，用美工刀切割。应该注意使各尾翼大小、形状及翼型一致。因为尾翼对模型火箭的重心是否在压心之前影响很大。另外，尾翼制作完后质量应尽可能小，卡纸做的尾翼质量比较轻，但因刚性小所以比较软，其表面要加硬处理。桐木或轻木不但密度小、刚性比卡纸好，而且可以削制得很薄，气动阻力小，因此以轻木或桐木制作尾翼为最佳。木制尾翼应注意木纹方向与尾翼前缘平行，以便增加尾翼强度，增大飞行的稳定性。除卡纸尾翼和光滑塑料外，尾翼表面应用砂纸磨光，将其翼型打磨成流线型，以利于空气阻力的减小，见图 4-6。模型火箭配套件的尾翼一般采用塑料压制或注塑成型。虽然此模型火箭制作相当容易，但要注意塑料尾翼的扭曲变形对飞行的影响。如果尾翼扭曲变形应该设法把它纠正过来。

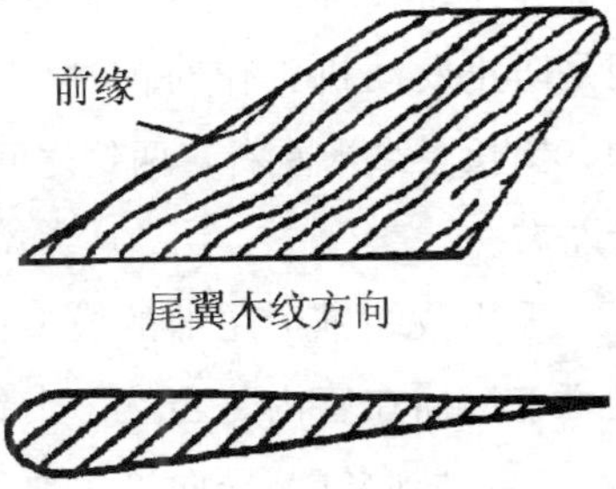

图 4-6　流线型翼型

（5）发动机固定架。发动机固定架通常由套管、固定环和卡钩组成，如图 4-7 所示。发动机固定架的作用，是把模型火箭发动机安装在箭体尾部内，确保模型火箭发射、飞行和回收过程中，发动机不会脱离箭体。常用模型火箭发动机的外形基本上都是圆柱形，直径大小基本上只有几个规格。但模型火箭因为功能不同、用途不同，其直径也有可能不相同，一些直径较大的模型火箭箭体里还设计安放有直径较小的发动机，也需要采用发动机固定架，方可满足要求。

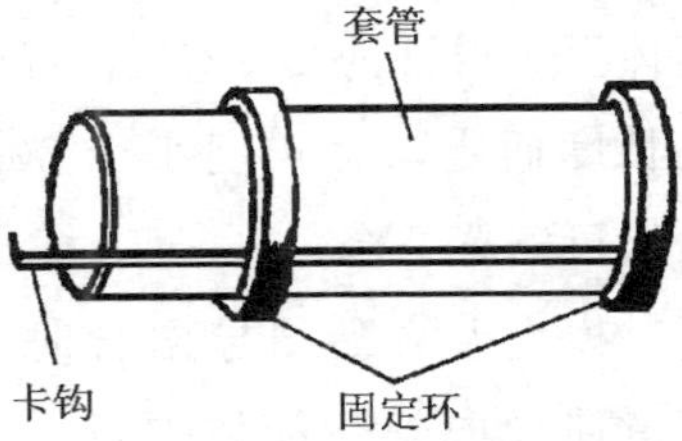

图 4-7　发动机固定架

套管和固定环一般采用纸板

和塑料片等材料制作。套管长度通常为发动机长度的80%左右，发动机后端伸出套管一定长度，一般来说，发动机安放后应露出10毫米左右，以便更换。固定环的厚度应尽量小一点，保持一定的强度即可，以减小其质量。如果发动机与箭体直径一样，可以在箭体尾部后段两尾翼间的侧面安上卡钩，将发动机直接安置在箭体尾部内即可，这是普及型模型火箭通常的做法。卡钩的作用是防止发动机工作时前冲下掉。卡钩两端有折成90°直角的小钩，钩长4毫米左右，两钩之间的长度等于发动机的长度加10毫米左右。

采用收缩锥形尾部的模型火箭，其尾段本身就有套管，发动机可直接插在管内。当然，卡钩还是少不了的。

（6）导向管。导向管主要用于在单根导向杆的发射架上发射模型火箭，见图4-8。导向管的作用，是在发射起飞时，迫使模型火箭沿着导向杆向上运动，保证模型火箭安全、可靠、稳定飞行。

导向管通常采用卡纸卷制，它的直径可根据导向杆的直径来决定，一般比导向杆稍微大一点。它的长度为2～4厘米，不宜太长，否则会增加运动摩擦力。导向管安装在模型火箭的箭体上，通常为1～2个，视模型火箭的长度而定，总长度小于300毫米的火箭可安置一个。

模型火箭黏结导向管时，一定要注意使导向管与箭体平行。如果采用两个导向管，一定要保证两个导向管

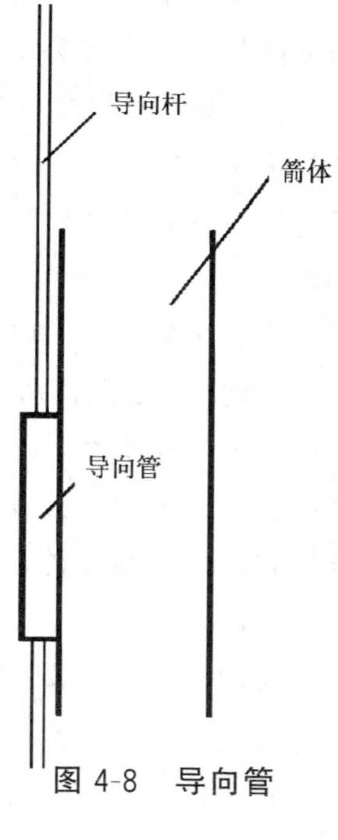

图4-8 导向管

位于同一直线上，这一点非常重要。可用一根笔直的导向杆来定位。否则，模型火箭在导向杆上运动时，会因两个导向管稍许错位而发生颤振，还会使其出导向杆后发生翻滚，影响模型火箭起飞和飞行的稳定性。

对头锥直径大于箭体直径的模型火箭，黏结导向管时需要在箭体与导向管之间增加一个矩形支架，如图 4-9 所示。使导向管内侧面与头锥外柱面相切，确保模型火箭在导向杆上自由运动。

如果采取导轨式发射架，就不需要安装导向管。

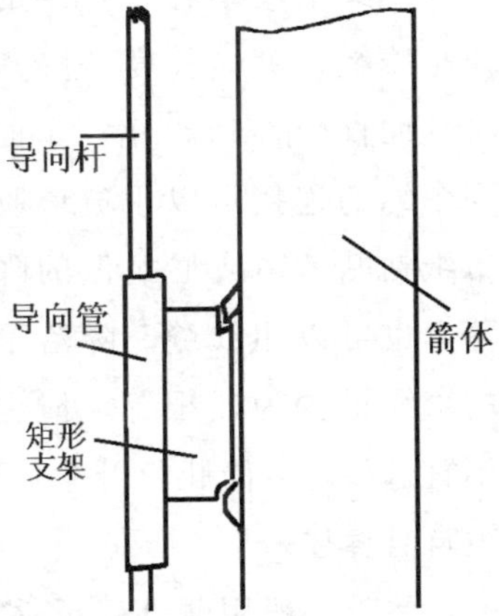

图 4-9 矩形支架

(7) 回收装置。模型火箭最常用的回收装置是降落伞和飘带。它不仅可使模型火箭缓慢降落，而且可以减小模型火箭接触地面时的撞击力，保护地面人员和设备，延长回收的模型火箭的使用寿命。

降落伞由伞布、伞绳和弹性绳组成，伞面一般有 6 角和 8 角。测留空时间的模型火箭可以用塑料薄膜（如一次性餐桌布）制作伞布。先按设计要求剪裁，然后用玻璃胶带纸黏结伞绳，最后按设计要求，将伞绳与弹性绳连接在一起。对大型模型火箭，最好用薄丝绸或尼龙绸做伞布，并用针线将伞绳与伞布牢靠缝合。

剪裁降落伞布的方法如下：取正方形伞布料，以其对角线的交点为顶点，对折，再对折，最后折叠成 8 角、16 角；或者对折后，再三折，然后对折，再对折，最后折叠成 6 角、12 角、24 角；以最短折叠边为半径，以顶点为圆心，用剪刀剪去边角，展开后就得到所需要的降落伞布。制作过程如图 4-10 所示。

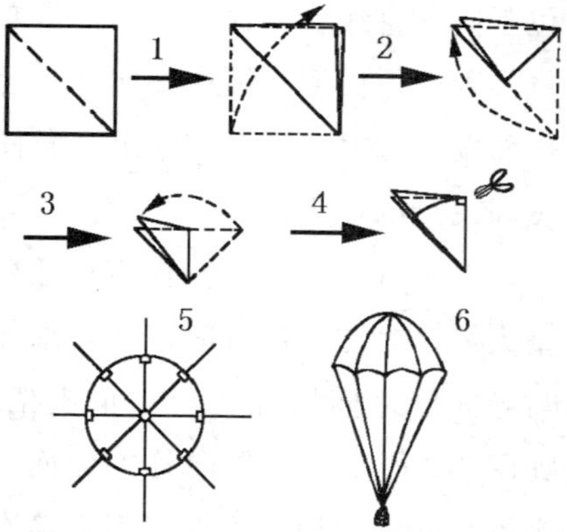

图 4-10 制作降落伞

伞绳采用不容易打结的涤纶线绳，伞绳长度是降落伞伞面直径的 1～2 倍，伞面与伞绳的连接可以用玻璃胶带纸粘贴，绸或尼龙做的降落伞也可以用线缝。降落伞的伞绳最少为 6 根等，但也不宜过多，以防止打开伞面时被自身缠住。

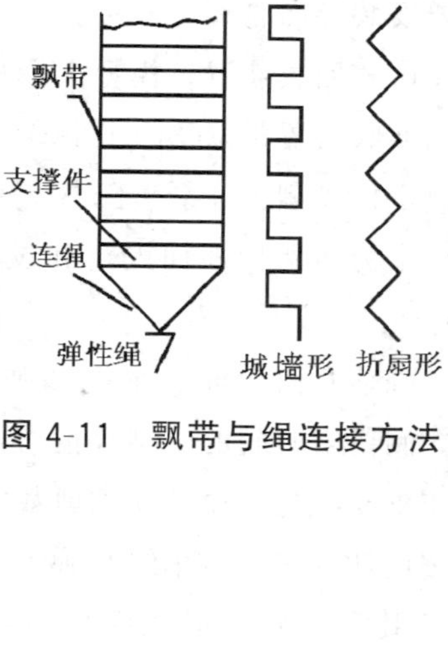

图 4-11 飘带与绳连接方法

飘带一般用薄纸张折叠而成，飘带的宽度以箭体的长度以及箭体空腔大小而定；飘带长度取决于折叠后厚度，必须小于模型火箭箭体的直径。折叠的形状有弹簧状，又分折扇形和城墙形。飘带与绳的连接方法，如图 4-11 所示。

2. 模型火箭组装和美化

（1）尾翼的安装。首先要确定尾翼在箭体尾部的位置，一般有两种安装方法：一种按尾部外圆的直径用圆规在平板上画圆，找出圆心，画过圆心的直角十字线。然后把箭体垂直竖立在圆上，用直角三角尺画尾翼的位置线；接着在尾翼的根底部涂上百得胶或白胶，最后一片片粘上箭体。注意尾翼根部和后缘分别对准箭体和工作台板上的直线，如图4-12所示。

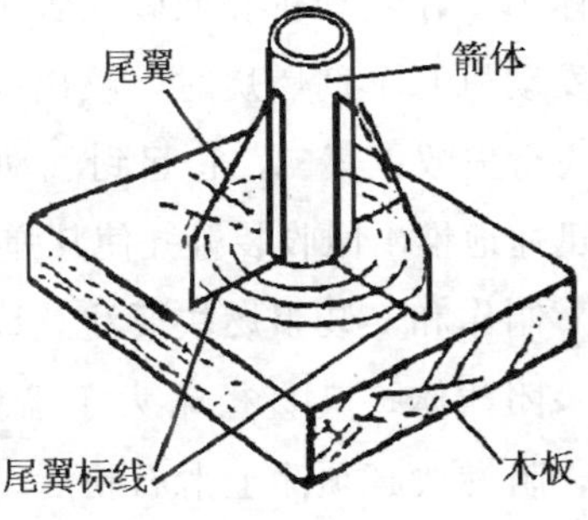

图 4-12 尾翼安装 1

另一种方法是先把箭体尾部外圆直径，乘上圆周率3.14后，算出周长，取1张宽3厘米左右、长度大于箭体圆周长的纸条，用直尺在纸条上，画上周长等分线（3个尾翼3等分；4个尾翼4等分），然后用纸条绕箭体一周，把等分线点在箭体尾部上，每条线两点，然后用木条横放在平板上，两点成一线把尾翼位置画出，如图4-13所示。尾翼粘在这些线条上。尾翼后缘应在垂直模型火箭轴线的同一平面内。最简单的校验办法是：将模型火箭直立在工作台板上，用三角板的直角边检查，看它是否与台面垂直。经过校正后，再用胶固定之。

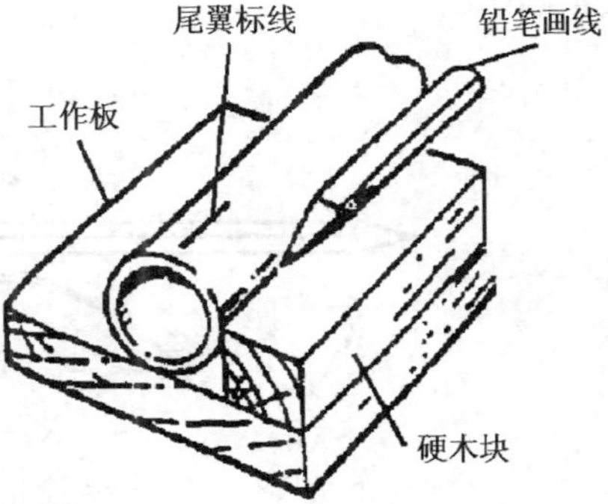

图 4-13 尾翼安装 2

为了加强尾翼的黏结强度，可在尾翼根部与箭体结合处涂一点胶水，待胶水干后，将其修整平滑。为了减少箭体与尾翼间的气动干扰，可在尾翼根部与箭体结合处充以填料（滑石粉胶水调和物），并打磨成光滑的圆弧形的长条，长度等于翼根弦长。

（2）阻燃块的安装。阻燃块是由棉纸或卷筒纸等材料做成，也有用硬塑料包上锡纸做成。阻燃块的作用非常重要，它放置在箭体内，在发动机和回收装置之间。它起到两个作用：其一，防止发动机开伞剂燃烧时，喷出高温气体烧毁回收装置，使模型火箭飞行失败；其二，它起到气动活塞作用，帮助开伞剂工作，完整迅速地推出回收装置并使其弹出箭体。

制作和安装阻燃块要注意以下几个问题：首先，要把棉纸揉成一团球体，其直径略大于箭体的直径，纸一定要揉得圆；其次，阻燃块必须涂上滑石粉后，才能缓慢塞进箭体，滑石粉的作用就是要保证阻燃块能顺利地弹出；再次，阻燃块塞进箭体里要保证基本不漏气。具体做法是把箭体对着强光线照着看，要求看不见一丝漏光。最后，用铅笔将棉纸做的阻燃块推进箭体，如图4-14 所示。

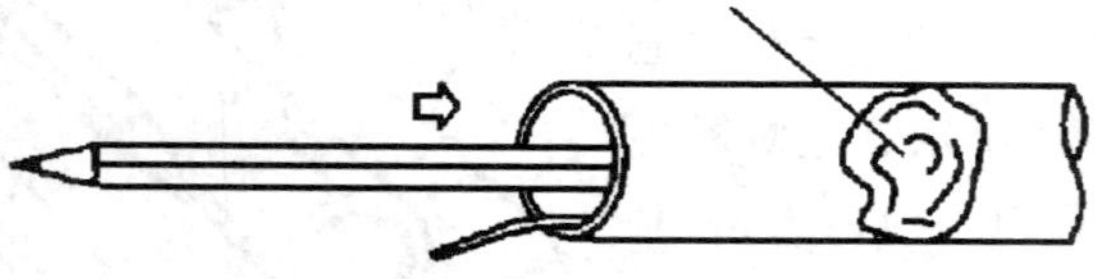

图 4-14　阻燃块安装

(3) 头锥安装。模型火箭的头锥安装方法取决于用什么材料。若用纸材料卷制，必须在头锥内放填充物，如塑料泡沫中间加 2 英寸螺钉配重，螺钉又可连接弹性绳。轻木制成的头锥可直接在上面拧个羊眼圈。塑料泡沫制成的头锥则在其中央拧个配重螺钉即可，如图 4-15 所示。

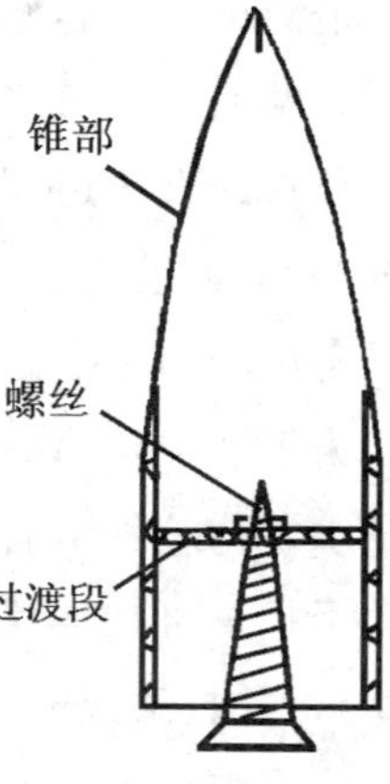

图 4-15　头锥安装

(4) 回收装置的安装。一种方法是将降落伞或飘带上的弹性绳较短的一头，

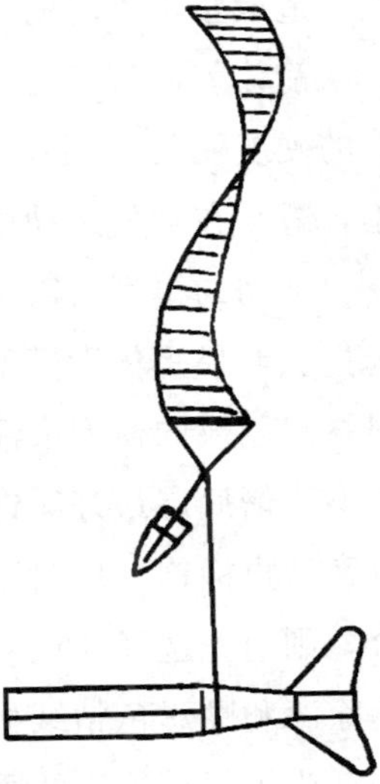

图 4-16 线与箭体连接

系在头锥上的羊眼圈或螺钉上，另一头贴在 23 毫米×40 毫米的医用胶布上。然后用订书钉将弹性绳与胶布订在一起，再将胶布贴到箭体内壁，胶布最外端距箭体端面约 40 毫米。另一种方法是在箭体端面 2 厘米处钻一个小孔，把弹性绳一端由内向外穿过箭体，再把绳端用玻璃粘纸固定住。第三种方法是将这段弹性绳再系 30 厘米左右长的细蜡线，与外接箭体的近尾翼部连接，如图 4-16 所示。由于发动机的开伞剂燃烧喷射力量过猛，容易把弹性绳系处拉断，因此用第三种方法最牢靠。

降落伞或飘带按要求折叠后，涂上滑石粉，置于箭体内。将弹性绳和拉绳按先入后出顺序盘入箭体内，头锥的过渡段也顺势插入箭体，如图 4-17 所示。

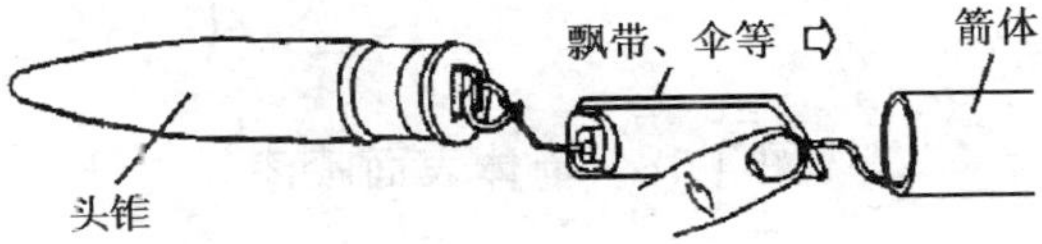

图 4-17 回收装置安装

（5）箭体表面处理和美化。模型火箭各个零部件在制作时，都要进行必要的打磨，在组装后还需要进一步打磨。如果发现在非分离部位出现缝隙，应以填料涂抹后再磨光。特别是箭体不能有针眼或漏气的地方，否则模型火箭最后阶段由于开伞动作失误，造成整个发射的失败。

箭体表面打磨后，即可喷涂涂料。这一方面可以加强模型火箭的硬度使其坚固；另一方面可以让模型火箭有一个光滑的身躯，减小在空气运动中的阻力；同时，也美化自己的作品。

纸制的模型火箭可直接喷涂硝基喷漆，颜色可根据个人爱好选择。如果是仿真模型火箭，则必须按原件来处理颜色。而对塑料材料制成的模型火箭，不可使用硝基喷漆，最好使用油漆，且模型火箭底层最好涂饰白漆。如果漆干以后色泽不均匀，可适当打磨后再涂饰一层白漆，待干后，再喷涂色漆。若以多种颜色组合，则应先选择浅色漆，然后涂深色漆。模型火箭的美化也可以用涂漆和贴彩色粘纸相结合的方法，使表面处理简单方便。

为了保证喷涂的质量，可以将一条纸卷塞入箭体尾部，左手握住纸卷。右手用喷罐喷漆，如图 4-18 所示。

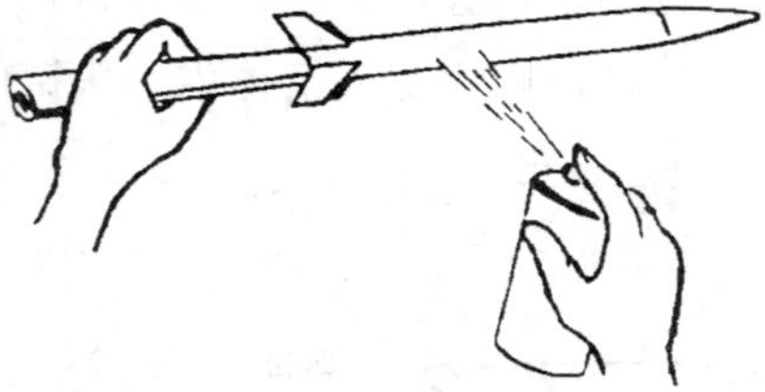

图 4-18　箭体表面喷漆

四、纸质仿真航天模型制作

纸制航天模型的种类很多，而且制作方法也各有不同。这里着重介绍用经过彩色印制（也可以自己绘制）的白板纸、卡纸制作的方法。

1. 制作前的准备

当我们拿到航天模型卡纸后，不要急于动手剪制，应该仔细地看图纸，研究图纸，搞清楚所制作航天器模型的名称、用途，有何特殊的意义。同时，仔细观察图纸每一个部分，了解各个部件以及整个航天器结构。还要仔细阅读图纸上的各种制作说明、符号和标记。模型制作卡纸的符号和标记是为了便于模型的剪制和黏合成形而设置的，与一般工作图纸有所区别。图 4-19 所示就是这些最基本的符号和标记。

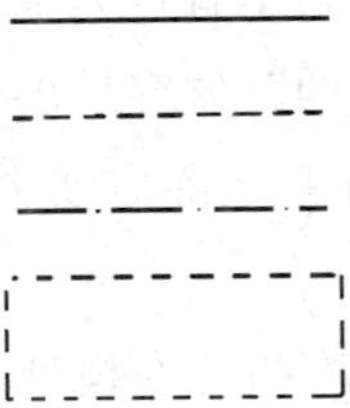

图 4-19　基本符号和标记

模型制作卡纸上的图形，其外侧的实线是我们剪制的依据，图形内还有虚线、点画线和点状线。点状线和虚线组成的方框图形，多为部件位置线或其他小部件应该黏合的位置。制作卡纸图中数字号码表示模型部件的编号。在一般的模型卡纸上，还配有多幅部件模型制作完成后的立体示意图或部件组装图，这对制作者理解模型粘制方法是十分有利的。

2. 制作基本过程

制作时最好考虑一个简单的制作计划，一般按这样的步骤：先主后次、先大后小、先易后难。就是说，先做主要部件，再做次要部件；先做大的部件，再做小的部件；先做容易做的部件，再做难度较大的部件。也就是先找主体、底座等一些较大型、较容易做的部件入手。

第三章介绍的风云一号气象卫星，制作时一般先做正方形的卫星主体，再做星体上面较小的设备，如天线类的小部件等，最后进行总体组合。

制作纸制航天模型要掌握一些基本的制作方法。下面分述如下：

（1）剪制。剪制要沿着实线剪，这样不易产生偏差。要剪得平整，不要剪出毛刺或剪得高高低低。选用剪刀时，要根据自己手的大小，不宜过大也不宜过小。注意剪刀的两个刀尖要对齐。否则，剪的时候容易出现破损。许多模型大大小小的部件都印制在卡纸图上，待需要制作某一个部件时才把它剪下来，以免丢失。

（2）弯折。在模型卡纸图中需要弯折的地方很多，一般虚线表示正弯折（向外弯折），点画线表示反弯折（向内弯折）。为了弯折整齐并成直角，可以用小刀或划针在虚线上轻轻地划出一道极浅的痕迹，然后再进行弯制，如图 4-20 所示。小部件可以用镊子沿着弯折的线夹紧，再用手指进行弯制。点画线一般要在线的背面用小刀划痕迹，但背面又没有线可以做依据，怎么办呢？可以利用两个黏结齿之间的交点，在背面用铅笔连线，再用小刀或用其他的方法在点画线后背中划出线来。

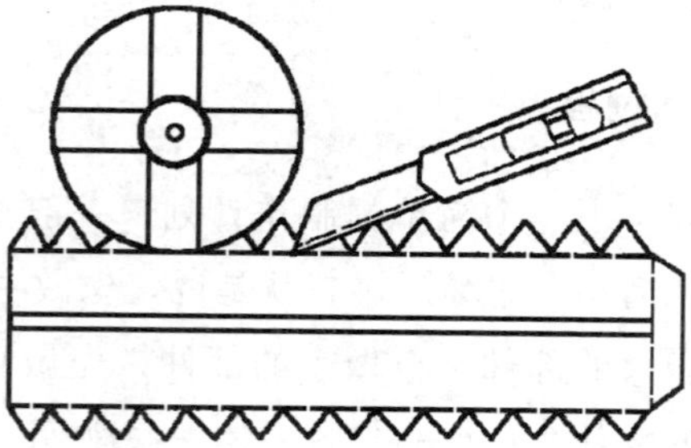

图 4-20　刀在折线上轻轻地刻出折痕

(3) 卷制。卷制的方法在制作模型中应用也很多。如模型火箭的箭体、卫星的探测器、导向管、抛物天线和导弹等都需要卷制。卷制又分实卷和卷成筒状两种。实卷要求卷得越紧越好。在卷制前，可以将剪好的图形纸片放在手掌或手指上，用圆柱体的物件，如笔杆、圆筷子或金属棍等在手上反复滚压，如图 4-21 所示。使纸片出现自然的弧形，然后再进行弯卷就比较容易了。较大的部件，如模型火箭箭体，可以将剪好的纸片放在桌边处用手反复加工、按、压，使纸片弯卷得自然、滑顺。其他的模型，如喇叭形喷射管，也有一定的弧度，也可以用此法处理。

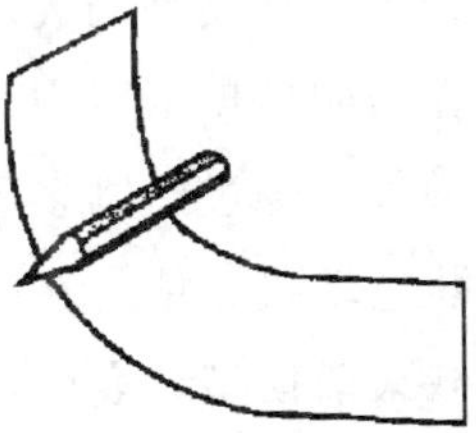
图 4-21 用笔刮弯原模型纸

(4) 黏结。黏结时，使用胶水不宜过多，但要涂抹均匀。有些胶水涂抹在黏结面上后，要适当等一会儿时间再黏合，这样可使胶水中的水分或其他稀释剂挥发一些，以加快黏合的速度。黏结时，手上难免沾上一些胶水，这样很容易将模型搞脏，影响模型的美观。这时可以在桌上放一块湿抹布，不时地将手指擦干净。如有极小的部件，要用镊子夹住进行黏合。这样既可以黏结准确又不至于碰损附近的部件。制作纸质航天模型，有这几句顺口溜可帮助制作者：仔细看图纸，零部件要找对，边线剪得齐，数码不错位，虚线向外折，点画线内折，要想弯折齐，小刀划痕迹，使用乳液胶，粘得快又牢，胶水涂匀后，夹子固定好，表面要干净，部件不能少，细心加思考，工艺水平高。

3. 制作后处理

纸制航天模型制成后可以陈列起来供人观赏。为了延长保存时间，可以在模型的表面上涂上一层薄薄的稀释的清漆，然后再陈放在透明玻璃纸罩内。有些较大的纸制航天模型，如大型空间站模型等，经过涂刷多层透明油漆或硝基清漆等防水处理后，可以安装电动机，使之在空中旋转。如本书介绍的纸质长征二号F型运载火箭模型，表面经过处理后，不仅飞行效果得到改善，而且还是一个很好的观赏性实体模型。

五、木质仿真航天模型制作

制作木质仿真航天模型，首先要有制作对象的工作图，并根据制作模型大小进行等比例缩小，并放样到制作材料上，同时要制作样板。其次，对各个部件进行加工、制作和组合。最后对模型进行装饰和美化。

1. 样板制作

工作图以三视图为主，通过三视图已把模型的外形基本表达出来了。但它们只是显示出了外形的最大的轮廓，要完整制作出模型各个部分的曲面，还必须通过各曲面的位置取其切面（剖面），从而制作出样板，并借助它制作出逼真的航天模型。

制作样板是制作实体模型的第一步。由于航天器的外形复杂，因此不能用简单的尺寸来表示，要使模型符合要求，只有借助样板来检查。样板可以用硬纸片、卡纸和薄胶木片来制作。样板有两种：正切面和反切面样板。前者用于测量模型外形，样板的形状就是模型某切面的外形；后者用于检查模型外形，如图 4-22 所示，它正好与正切面相反。去掉正切面留下的空心样板

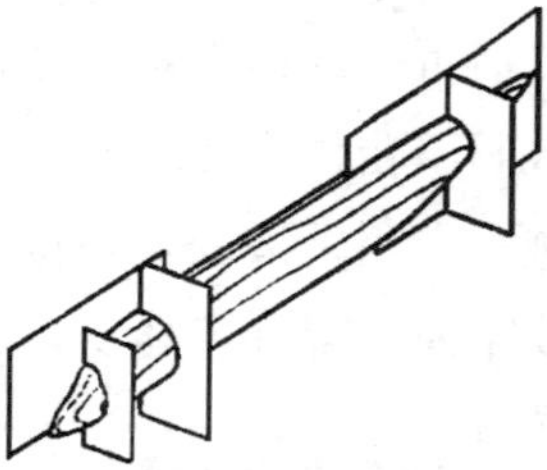

图 4-22　反切面样板的使用

就是反切面样板，一般制作实体模型，用反切面样板为多，这里介绍反切面样板的制作。

对称的反切面样板，是指模型某切面上下对称或左右对称。如左右对称只要做左边或右边一半的样板，如上下对称则只需做上或下的一面。图 4-23 所示即反切面样板的制作过程。

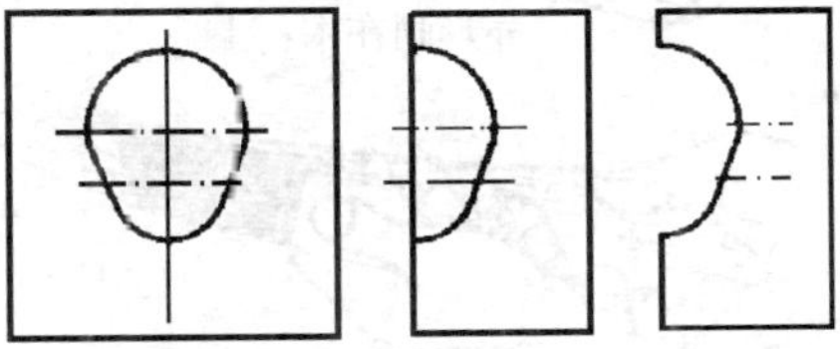

图 4-23 反切面样板制作过程

先将工作图上某部件外形取几个切面，把切面的形状用复写纸或其他方法复印到硬纸片上，然后用美工刀刻出切面形状并取出，留下的是切面框部分，再仔细地打磨，使形状完全符合切面形状。如果切面形状是对称的，一般只需做切面的一半，即沿着对称平面分开，留下一半做样板。做不对称形状的反切面样板时，应选择一个便于检查和使用的地方，把样板分为两部分。

2. 部件制作

实体仿真航天模型有主体和附件之分，航天飞机的机身、运载火箭的箭体、卫星的筒体等为主体；航天飞机的机翼、尾翼、喷管等则为附件。一般先做主体，然后再做附件。

制作主体时，先要把木材按照主体的最大宽度和高度刨成方材。取材的木纹方向要和主体长度方向一致。在高度和宽度方向的木材面上，按外形样板画上主体的俯视图和侧视图，然后用刀削去多余的部分。刀削的方向与木材纹理方向应该一致，如图

4-24 所示。接着用木锉进行加工，最后用 0# 或 1# 砂纸细细地打磨。

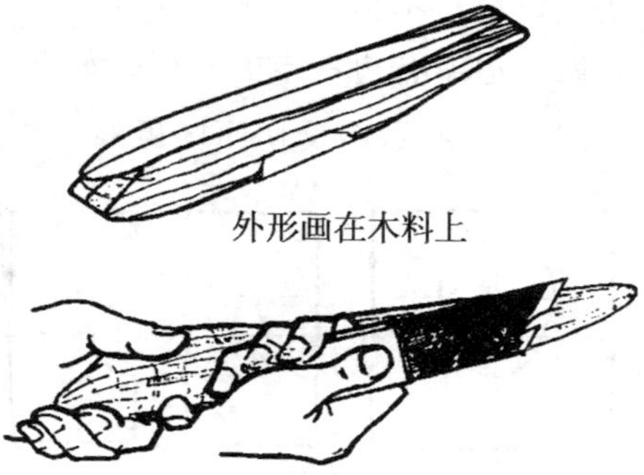

图 4-24　制作主体

制作模型各种部件，不仅有块状材料的加工，还有板状、棍状材料，如火箭模型尾翼的材料是板材料。可以在薄木板上先画出尾翼的平面形状，然后锯下多余部分，用木锉加工出尾翼的外形。制作尾翼时，还要在木板侧面上用铅笔画出翼型线，再用刀削或木锉锉出翼根到翼尖的渐变形状，见图 4-25。如有各位置

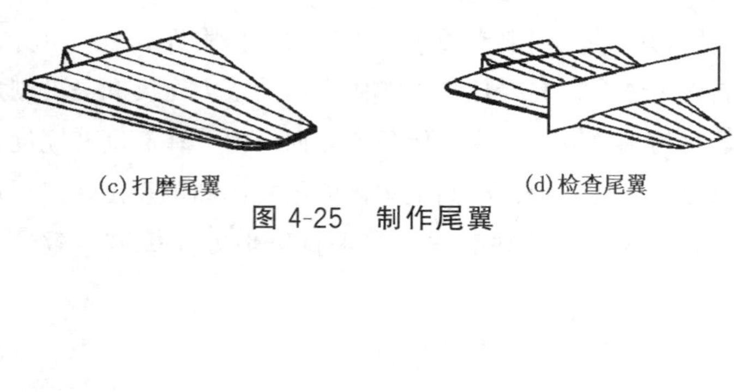

(a) 画出尾翼　(b) 刻出尾翼

(c) 打磨尾翼　(d) 检查尾翼

图 4-25　制作尾翼

的反切面样板，可以用它检查各位置的加工情况，最后用砂纸打去锉削的痕迹，并把尾翼的表面砂光。

再以火箭模型的头锥制作为例说明部件制作过程。先取一块切面为正方形的长木条，画上火箭头锥的切面线条（要求两个面）；然后，再用木工刀削出外型，稍加打磨光滑后，在纵向反切面样板反复检验下制成流线形，再把整个火箭头锥锯下来。在切断面的中心固定一根细钉作为与箭身的连接物，如图 4-26 所示。一个实体模型有许多部件，上述介绍的是一些基本制作的方法，它提供了举一反三的制作方法。

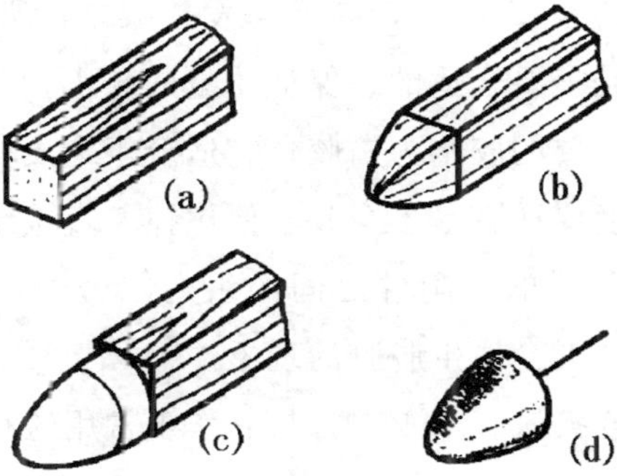

图 4-26　火箭头锥制作及固定

3. 组合装配

实体模型的各个部件制作完毕，就可以进行装配。装配，就是把各个部件组合成一个完整的模型。装配时要求保证各部件相对位置准确。根据模型的复杂程度和部件的多少确定它们装配过程。

一般在模型主体基础上进行组合装配，部件依附在主体上，它们之间的组合装配基本有两种方法：直接组合法；榫头连接法。

（1）直接组合法。简单地讲，就是模型的附件直接依附在主体上。它们之间的组合完全依靠胶水的黏合力，这要求做到两点。第一点，主体和附件之间接触面必须是平整面，而且是质量很高的平整面。这些平整面在模型主体和附件的制作过程中，就要充分考虑到。如图 4-27 所示，导弹与发射架之间要有合适的平整面。第二点就是需要合适的、保证质量的胶水，一般制作木质实体仿真模型所需要的胶水为白胶，它适合于木质与木质之间的黏合，白胶的浓度要适宜，多余胶水要擦掉。直接组合方法适合于体积较小质量较小的主附件之间的组合，否则，由于质量的原因，模型长期放置会发生脱胶的现象。

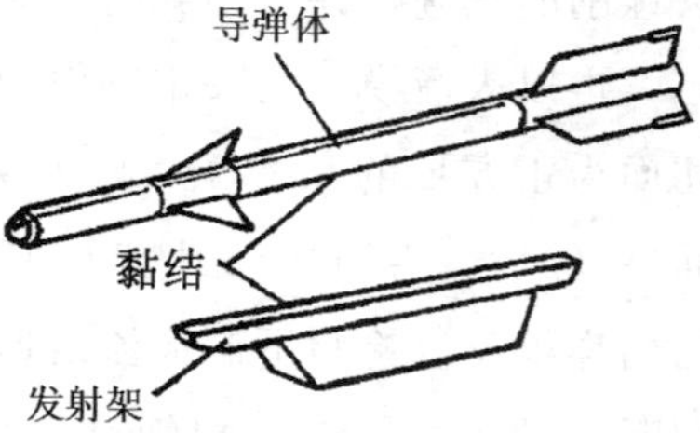

图 4-27　直接组合法装配

（2）榫头连接法。木工在家具制作中常用这种方法，实体仿真模型制作也使用这种方法。它的优点是非常牢靠坚固，但要事先在设计制作过程中考虑各部件连接的点与面，加工必要的槽口和榫头。如箭体与尾翼的连接，在箭体连接尾翼的部位上，事先要凿出槽口，而尾翼的连接面上要做出装配榫头。连接时只要在接触面上涂胶水，将尾翼榫头塞在箭体的槽口里即可，如图 4-28 所示。用此方法制作对初学者有一定的难度，因为槽口与榫头之间尺寸较难掌握。另一种方法是，先按直接组合法制作结合面，在各自结合面上钻一个小孔，安插两头尖的竹钉

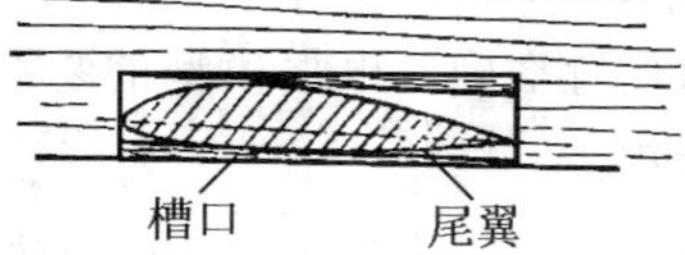

图 4-28　榫头连接法装配

或铁钉。先敲牢部件一方，再涂上胶水，然后安装另一面部件，使两者紧密连接。如果结合面积较大，可以考虑安插两个以上连接钉。

4. 外形美化

实体仿真模型外形美化是模型制作的最后一道工序，主要工艺就是涂漆。涂漆以后模型将更加逼真和美观。可以说模型表面漆层涂得好坏，是模型制作成功的关键，也是衡量模型质量高低的重要标准。涂漆一般有 3 道工序：填腻子、上底漆、喷面漆。每一道工序完成后均要仔细地打磨。

底漆是模型与外层漆膜之间的夹层。它能填塞木材表面的细孔，制作模型时常用硝基清漆等作底漆。硝基清漆是一种淡黄色透明的黏稠液体，可直接用或用稀释剂稀释后涂在模型的表面。涂完底漆后将它晾干，即可用细砂纸打磨。

腻子用于填平模型表面的缝隙、凹坑。常用的有硝基腻子，可以在商店买到。它是一种黄色黏稠的膏状物，干得快，附着力强，容易打磨，不易开裂。腻子也可以自己调制，用硝基清漆加滑石粉等物，根据自己需要的浓度细心调制。填充腻子要充实，待干透了方可打磨。这个过程可能要进行多次，具体视模型前期制作的光洁度而定。

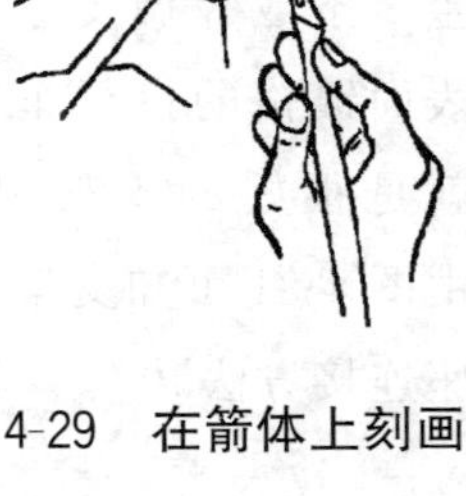
图 4-29　在箭体上刻画

在涂面漆前，要在模型表面上刻画出航天模型的有关细节，如多级火箭模型的连接体、航天飞机的机翼、副翼条纹等等。先用铅笔在模型表面轻轻地画出要刻的线条，然后用锋利小刀沿着这些线条慢慢地刻画。刻画直线条要用直尺。而在圆的箭体上刻画细节，可用钢皮卷尺围在箭体的曲面上刻画，如图4-29所示。

面漆也叫外层漆，它有各种颜色，可用手工刷漆或喷漆。一般模型制作用得较多的是硝基磁漆和同类的喷漆。硝基磁漆干得快，被漆表面在通常温度下10分钟即可干，50分钟就干透。喷漆也是一层层进行，要注意防止灰尘上去。喷涂后用水砂纸沾水打磨，然后再喷，反反复复进行多次，直至模型表面光洁如镜，光彩夺目。

航天模型制作完了，还要给它安装一个精美的底座。底座既可使模型稳定地安放在平面上，还可使模型具有动感和飞跃感。底座可按需要选择造型，原则是：一要简单不喧宾夺主，二要稳重、坚实、挺拔。图4-30所示为一些底座造型。底座可用厚木板制作，它和模型一样需精细制作上漆，还要用金属条或片做支架，而表面镀铬的自行车钢条就是很好的支架材料。由图4-31可知支架与底座连接方法。

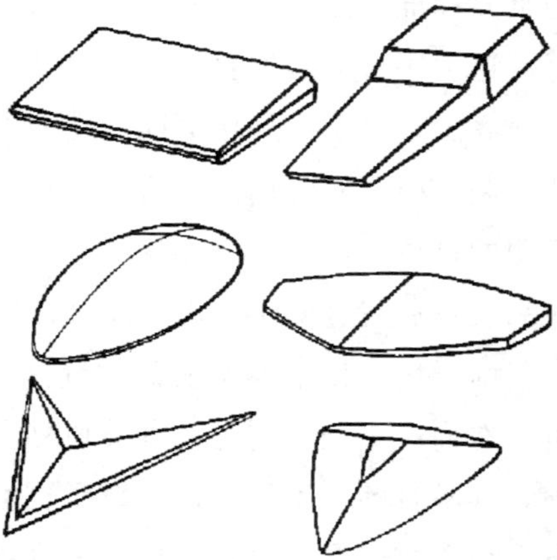

图4-30　底座造型

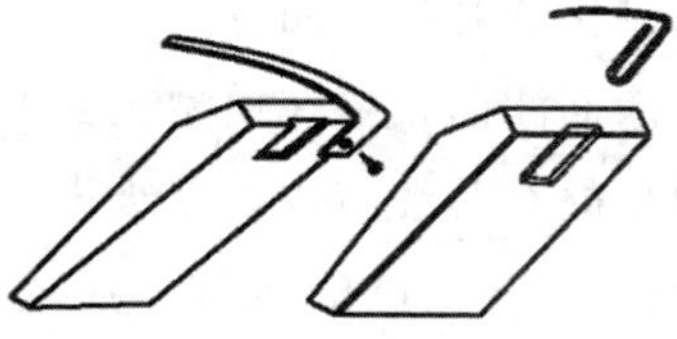

图4-31　支架与底座连接方法

第五章　简易航天模型制作

本章介绍具体的航天模型的制作。首先从简易航天模型入手，这些模型有两个特点：其一，简单易做。一般初学者只要材料准备了，都可以学着做，完成了就可以玩，而且个个模型都能够飞行，有条件还可以比赛，看谁的飞得高、飞得远。其二，这些模型的材料基本上都可以利用一些废旧材料，成本较低，而且不需要使用模型固体发动机，对青少年学生来讲相对安全，开展活动也方便。

一、杠杆式弹射模型火箭

这是一种弹射模型火箭，它以卡纸为主要材料，制作后可以上彩美化。此模型火箭结构由箭体与发射架两部分组成，结构简单。它是利用杠杆原理做成的，一端有橡筋弹力装置，另一端放置模型火箭，只要在放置模型火箭底板的一端施力，模型火箭就会飞出去。

1. 制作材料

木片：5 毫米×16 毫米×120 毫米、5 毫米×15 毫米×120 毫米的各一块，5 毫米×15 毫米×70 毫米的 2 块；竹丝：直径 2 毫米、长 120 毫米的 1 根；铁钉：直径 1 毫米、长 10 毫米的 6 枚，直径 2 毫米、长 150 毫米的 1 枚，图钉 1 枚。

2. 制作过程

（1）首先把图 5-1 所示的模型火箭各部件制作图纸，适当放样复制在卡纸上。

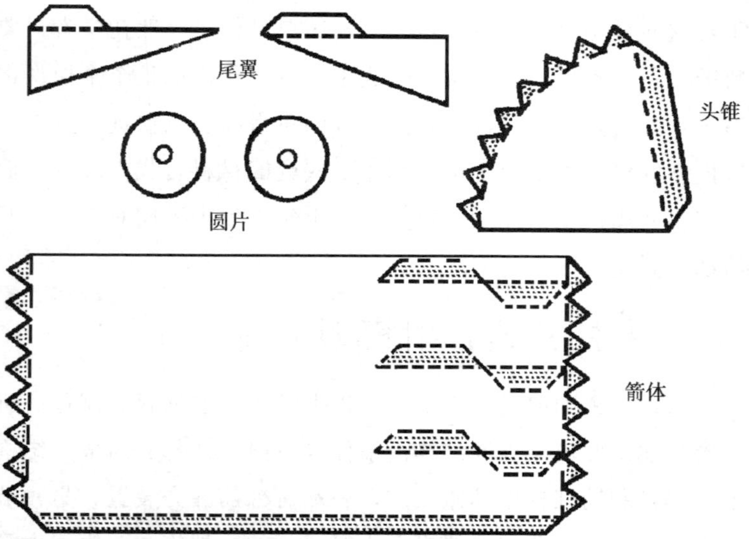

图 5-1　各部件制作图纸

（2）把卡纸上部件剪下来，按要求弯折粘贴，并把部件组合装配，如图 5-2 所示。其中尾翼要剪 3 对。

（3）按图 5-3 所示的尺寸，取 4 块木片，加工好圆孔和缺口。

（4）按图 5-4 所示，用铁钉把木片进行组合装配，套上橡筋，插上竹丝，构成模型火箭发射座。

（5）把模型火箭插在竹丝中，一手压住底板，另一手按下发射板，突然松手，模型火箭迅速上升飞行，见图 5-5。

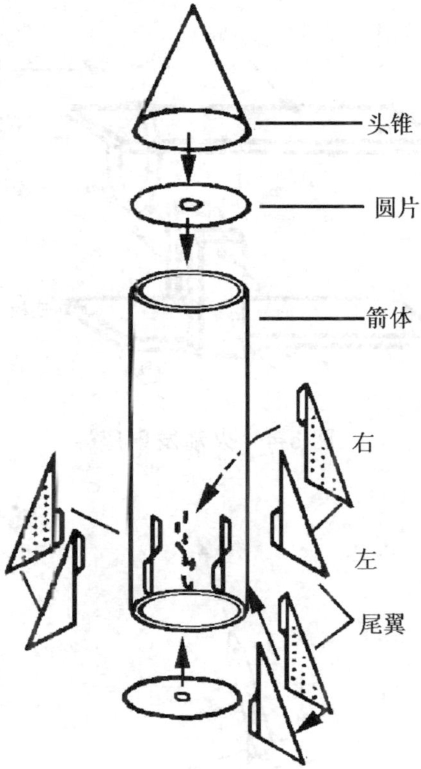

图 5-2 部件组合

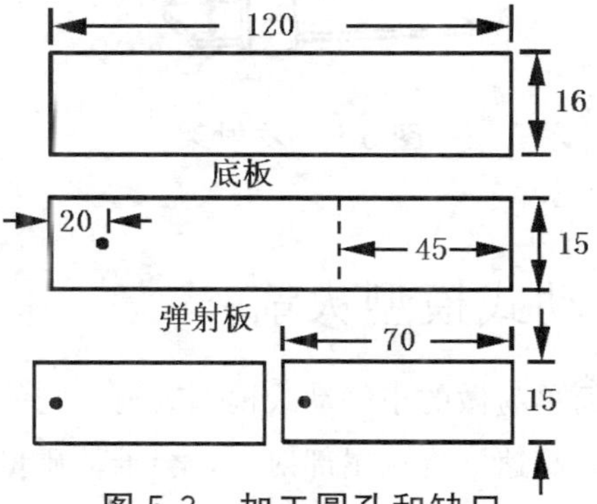

图 5-3 加工圆孔和缺口

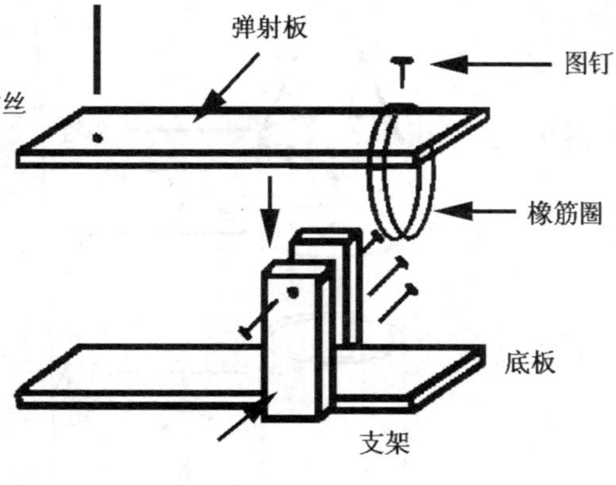

图 5-4　火箭发射座

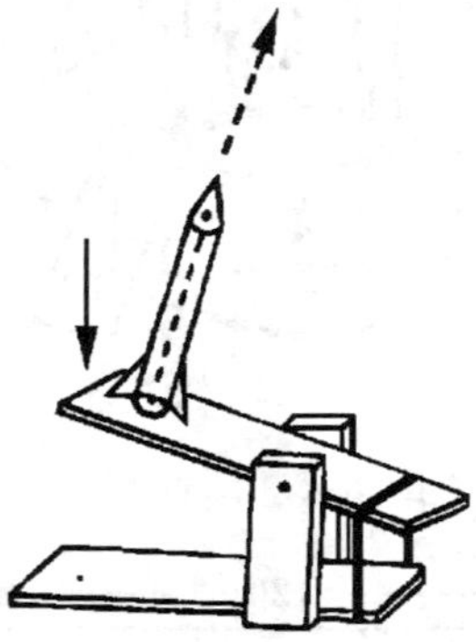

图 5-5　发射架

二、气动式模型火箭

本文介绍简单易做的小气动式模型火箭，它的飞行依据是在一定的气压下，高速气流从尾部射出，会推动质量较轻的模型火箭飞速向前运动的原理。它由气囊、导气管以及模型火箭本体组成，如图 5-6 所示。只要你用手一拍气囊，模型火箭就迅速地射出。它可以进行模型火箭射远、射高和射目标等多项比赛活动，使学生既能在活动中产生浓厚的兴趣，又能提高动手动脑的实践能力。

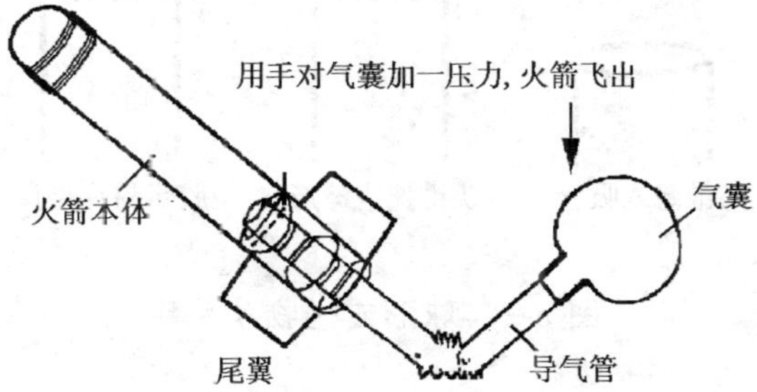

图 5-6　气动式模型火箭

1. 制作材料

直径 12 毫米左右的粗塑料吸管 1 支，直径 5 毫米左右的可弯转塑料细吸管 1 支，发泡塑料 1 块，薄海绵 1 块，1 个塑料软体瓶（也可利用纸包装饮料的包装盒）。

2. 制作工具

剪刀、玻璃胶带，美工刀。

3. 制作过程

（1）取 1 块发泡塑料块，用美工刀切成直径为 12 毫米、长 3 厘米的圆柱。

（2）取粗吸管 1 根，然后将切磨好的圆柱形塑料块的三分之一塞入粗吸管中，并用玻璃胶带固定。接着，将露出吸管的部分用美工刀切削，然后用木锉锉成球形或抛物状头锥，如图 5-7 所示。

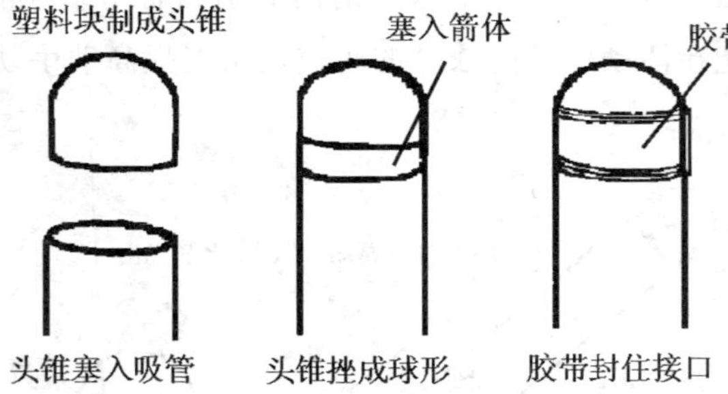

图 5-7　球形或抛物状头锥

（3）火箭的尾翼制作比较简单，用玻璃胶带做尾翼，粘加厚矩形，再在粗细管的另一端每圆周的 1/4 处粘一个尾翼，如图 5-8 所示。

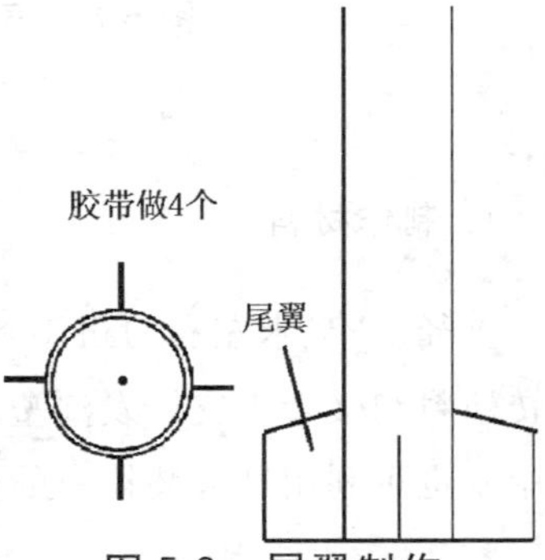

图 5-8　尾翼制作

（4）小火箭制作完后，接着要制作发射装置。如图 5-9 所示，将细吸管的一端塞入气囊内，并用玻璃胶带密封；另一端则用薄海绵将其绕上一周后用玻璃胶带固定。这样发射装置就完成了。

发射前，将捆绕有海绵的一端塞入小火箭的尾部，气囊自然还原充足气后，一手扶可弯吸管弯处，对准了飞行方向，另一手用力迅速拍气囊，小火箭就飞出去了。

制作气压式小火箭时，注意火箭各个环节的密封要好，粗细吸管之间的海绵不能太松，以免摩擦力太大火箭无法发射。

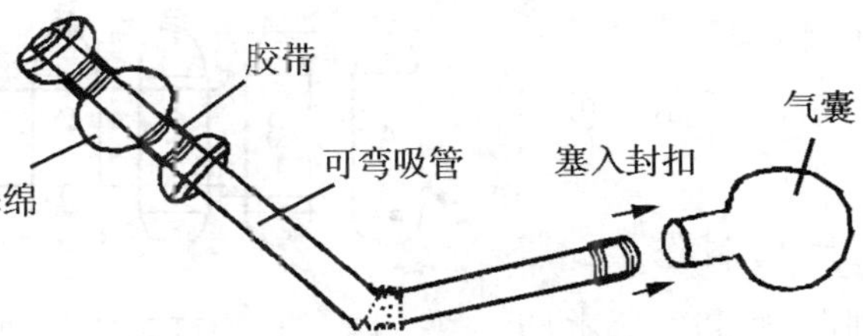

图 5-9　发射装置制作

三、水气式模型火箭

现在，模型火箭普及活动又有一个新颖的品种——水气式模型火箭。它的飞行不用传统的燃烧气体产生推动力，而采用压缩气体和水推动模型火箭飞行，压缩气体用自行车打气筒注入。此类模型火箭可利用废弃的可乐饮料瓶作材料，制作也很方便，很适合中小学生开展课外科技活动。

1. 制作材料

5 个容量 1.25 升的、大小一样的可乐饮料塑料瓶（不能用矿泉水瓶和其他不能承受较大气压的普通塑料瓶代用），两卷宽 20～24 毫米电工用单面胶布，长 50 厘米左右、宽 20～30 毫米双面胶，1 个专用水气喷射塞以及专用发射架。

2. 制作工具

美工刀、尺（30 厘米）、订书机、水笔、锉刀等。

3. 制作过程

（1）取 5 个可乐瓶，其中 A 瓶完整取用，另外 B 瓶切去尾部和瓶口，其他 3 个瓶切去头和尾部，只用中间一段，如图 5-10 所示，可用美工刀切。

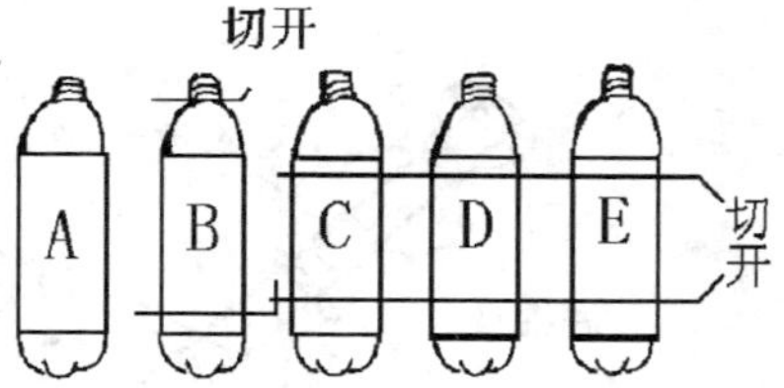

图 5-10　可乐瓶的利用

（2）尾翼制作：C 瓶留下中间长为 110 毫米的一段，把它压瘪并使之平整，中间用双面胶带黏合形成一片长方形加厚的塑料片。在塑料片两边 6 厘米处用水笔画一条斜边线，用美工刀沿线切断，并用胶布把切边包封起来；另一边折边 1 厘米且弯成直角，见图 5-11。这样就做成两片火箭尾翼，再取一个 D 瓶同样做两片尾翼，总共需 4 片尾翼。

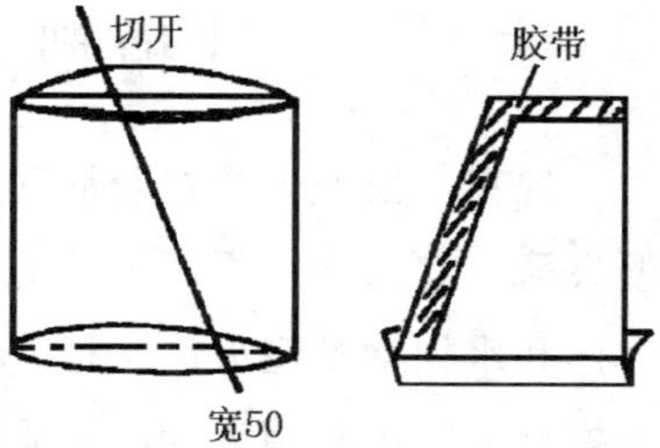

图 5-11　尾翼制作

（3）尾翼安装：取 E 瓶中间一段 110 厘米。它的筒体周长约为 240 厘米，将它 4 等分，在每一段约 60 厘米处安置一个尾翼。在尾翼根部折边处用双面胶带粘贴后，用订书器钉上两个钉，再用电工胶布封粘，如图 5-12 所示。

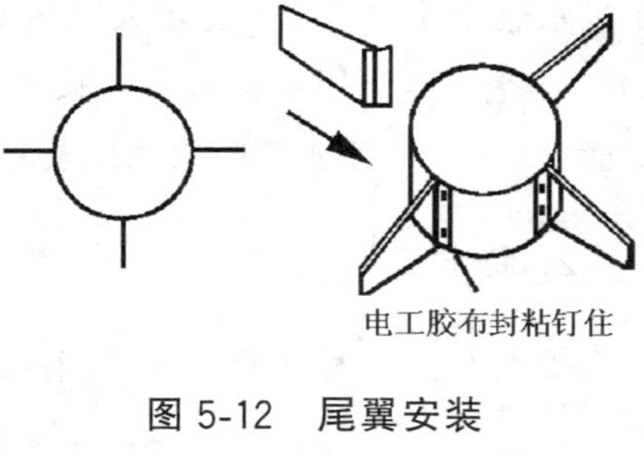

图 5-12　尾翼安装

（4）箭头修整：B 瓶割去瓶口，用锉刀修整，粘上圆形软性物体，如泡沫塑料或橡皮等，这是为模型火箭在下降时地面人与物的安全起见。

（5）箭体总装：在 A 瓶的两端插上 B 瓶和带有尾翼的 C 瓶，分别用电工胶布卷粘连接。最后，3 个瓶体连接成一个模型火箭。注意，3 个瓶体应处于同一轴心状态，如图 5-13 所示。

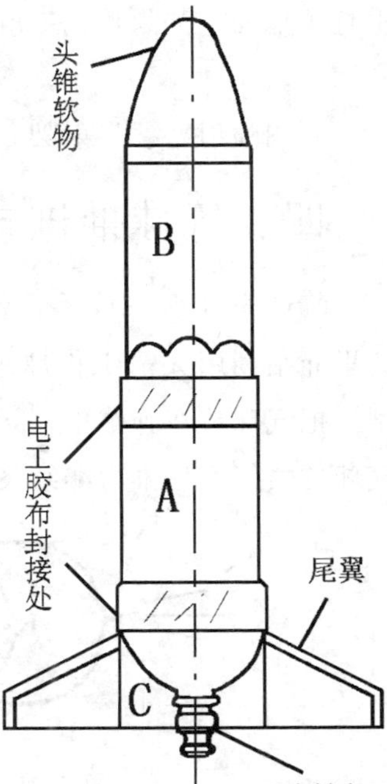

图 5-13　箭体总装

完成上述制作过程，水气式模型火箭就基本成形。如要发射飞行，先在 A 瓶内灌入 1/3～1/2 的干净水，拧上喷射塞，安插在发射器上；再用自行车打气筒往喷射塞打气，见图 5-14，直至手摸瓶体感觉发硬即可。然后，按动发射器的启动闸，模型火箭就会有水气喷出，模型火箭在水气反作用力推动下飞快地升空。发射时，要注意安全，发射器应该

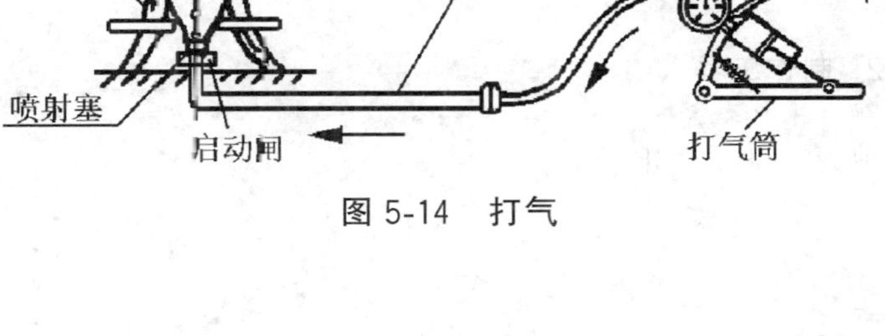

图 5-14　打气

垂直于地面。如果使用500毫升的饮料瓶，那么尾翼等尺寸都相应缩小。

专用喷射塞、发射架，上海宇航学会有售。

四、气球推进式导弹模型

气球充气后一放手，就会飞速向前飞去，如图5-15所示。这里介绍利用火箭工作原理做成气球喷气加橡筋弹力的导弹模型。把气球放在弹体里，导弹先是依靠橡筋弹力飞出，然后依靠气球的喷气产生推力继续飞行，它可以飞行较长的距离。

图5-15　气球充气后放开

1. 制作材料

1个直径2厘米左右、长20厘米以上的软塑料饮料管，1个直径1厘米左右的长形气球，1个直径8毫米软木塞，1根截面2毫米×2毫米、长50厘米橡筋，2根5厘米×5厘米×30厘米木条，2根5厘米×5厘米×15厘米木条，小铁钉数枚，1张卡纸，白胶。

2. 制作工具

剪刀、锤子、锥子等。

3. 制作过程

（1）如图 5-16 所示，在卡纸上复制出导弹头锥和两个后掠式弹翼的制作图，并剪下来，每个弹翼对折黏合以加强其硬度，但要留出折边条。卷制头锥，其直径应恰好与软塑料饮料管底部相同。

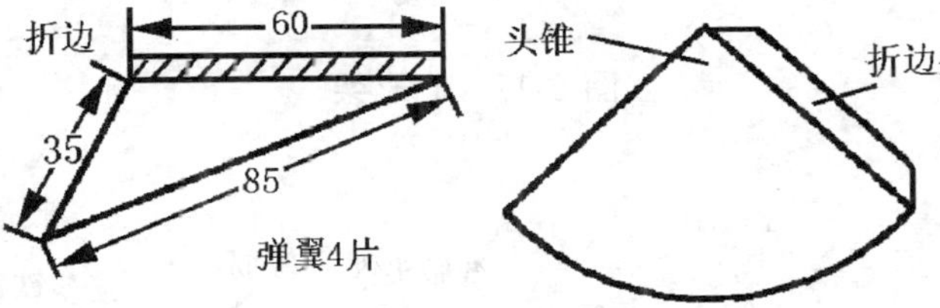

图 5-16　头锥和弹翼制作图

（2）把长形气球细心地塞进软塑料饮料管，留出气球的进气口。注意操作时不要弄破气球。

（3）把头锥套在软塑料饮料管底部，并用胶水粘住。同时直接在软塑料饮料管装配上两个弹翼，用白胶黏合，再用玻璃胶带进一步固定。注意弹翼要左右对称。

（4）两根 30 厘米长的木条钉成 T 形架，横木条下方两端各安装两根长 15 厘米的木条，两端上方敲上两个铁钉，如图 5-17 所示。

（5）在软木塞下部钻一个 2 毫米的小孔，穿一根橡筋过去并使之居中，橡筋两端分别系在左右两枚铁钉上。

（6）导弹内气球充气后，气体胀满整个弹体腔体。用软木塞将气球出气口堵住，用手捏住气球出气口和木塞，沿着木条拉伸发射架的橡筋，手一放松，导弹则飞速地弹射出去。然后橡筋伸到尽头，软木塞脱落，气体释放，导弹继续飞行，见图 5-18。

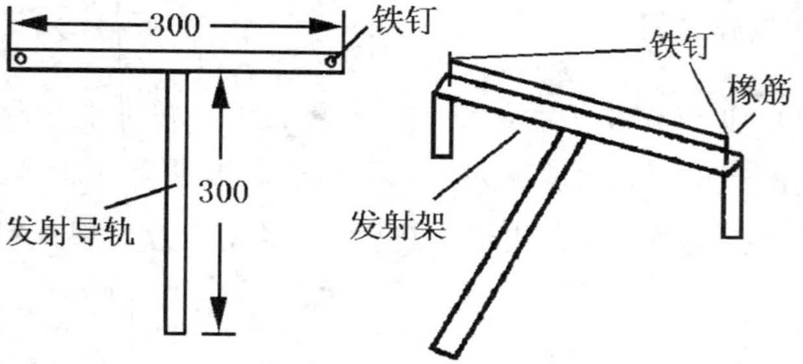

图 5-17　T 形架

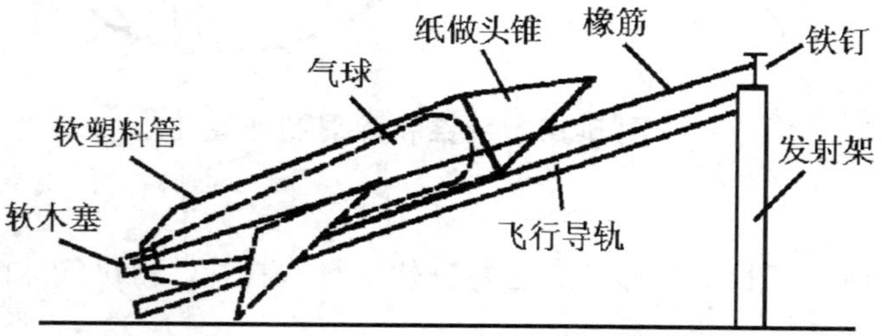

图 5-18

发射时应注意选择地方，避免弹射伤人。另外，软木塞塞入气球出气口不宜过松或过紧，否则导弹不能正常飞行。

五、飞碟模型

飞碟又称 UFO，是一种至今仍未查明来历的空中飞行物。目击者称其外形为圆盘形（碟形），可在空中高速或缓慢移动。人们认为这种不明飞行物是天外来物，是一种高级航天器。对于青少年来讲，飞碟充满了神秘，大家都渴望能亲眼目睹飞碟的英姿。然而，科学界对是否存在飞碟尚无定论。

虽然科学家们对飞碟是否存在有着不同的看法，我们仍可以用简单的材料制作一个飞碟模型，并让它旋转飞起来，同时想一想：飞碟真的存在吗？如何进一步去探索飞碟飞行原理，并实现制造它的愿望呢？

1. 制作材料

白卡纸一张，纸质较好的挂历纸一张。

2. 制作工具

铅笔、直尺、圆规、剪刀、美工刀、白胶水以及水彩笔等。

3. 制作过程

（1）如图 5-19 所示，将白卡纸对折，用圆规在白卡纸上画两个直径分别为 80 毫米和 50 毫米的同心圆，用剪刀剪下外圆和内圆，得到两个相同的圆环。取其中一个圆环，在它的一个面涂上白胶水，将它与另一个圆环黏合起来。放在玻璃板下压平，晾干后就成了一个较硬的纸质圆环。

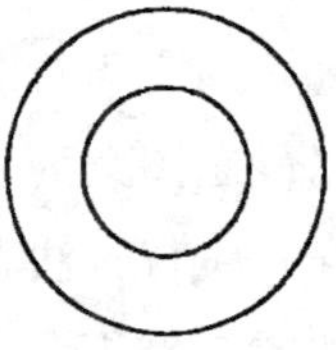

图 5-19　画同心圆

（2）按图 5-20 所示，用圆规在挂历纸上画一个直径为 60 毫米的圆，用剪刀剪下。再用铅笔和直尺分别画两条半径线如图 5-20 所示，用剪刀剪开其中一条实线。然后在图中画有阴影的部分涂上白胶水，最后将圆片黏合成圆锥状，见图 5-21，并待干。

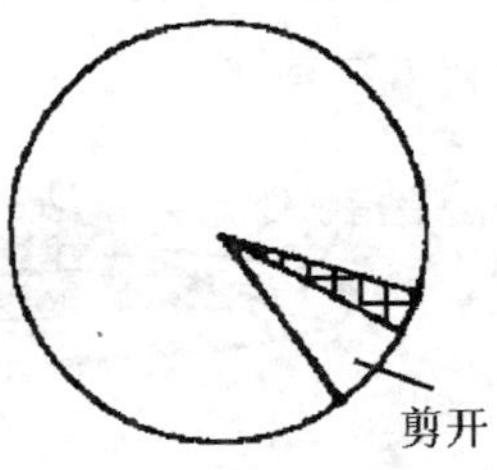

图 5-20　画半径线

（3）在圆锥状纸片的底边内侧，涂上白胶水，黏合在圆环的内圆边缘处，做成一个斗笠状的“飞碟”。注意，黏合时，圆锥的中心应与圆环的中心保持一致，如图 5-22 所示。

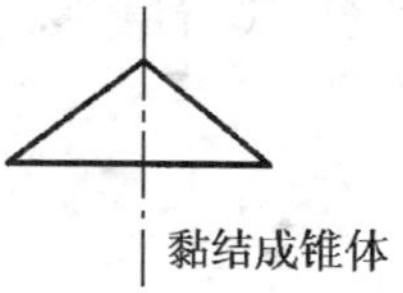

图 5-21　将圆合成圆锥

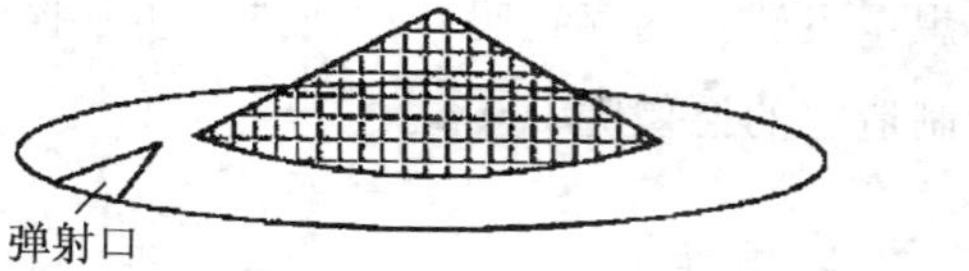

图 5-22　圆锥与圆环中心一致

（4）用美工刀刻成弹射口。注意，加工弹射口时，应保持圆环的平整。

（5）最后对飞碟模型进行美化。同学们可以从自己的审美角度，用水彩笔进行美化。美化时最好将飞碟模型的上下两部分加工成不同的颜色和图案。当飞碟模型静止时，我们经常看到的是其上部；当它飞行时，我们能看到飞碟的上部或下部，所以上部美化以静态图案为主，下部美化则要考虑飞碟的动感效果。

（6）飞行方法是：右手食指和拇指捏住飞碟模型弹射口的旁边，如图 5-23 所示，左手食指和拇指拿着橡筋圈，橡筋另一端套入飞碟模型的弹射口；右手放在胸前，左手将橡筋圈拉长（拉力不必很大）。放飞时，右手指松开，飞碟模型就被弹射出去，旋转着向前飞行了。

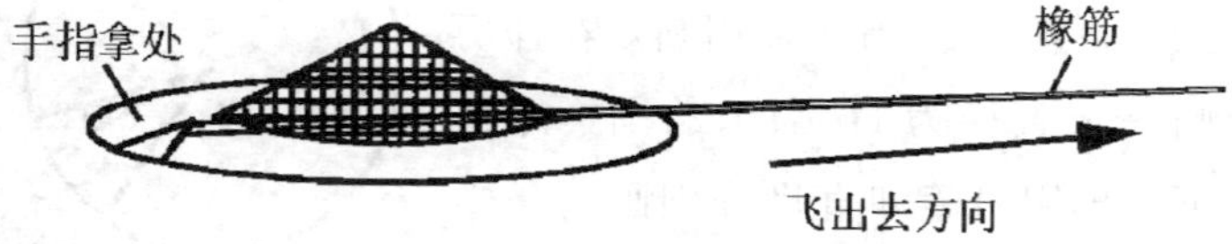

图 5-23　飞行方法

在进行弹射飞行时，还是要注意安全，尽量选择无人或人较少的场所，特别应注意避免飞碟模型在飞行时砸到他人脸上。

第六章 常规模型火箭制作

本章介绍几种经常应用的滞降留空装置如飘带降落、伞形降落等模型火箭制作。这些类型在青少年航天科技活动中，是用得最多的，也是比较容易制作的类型，又是国内外模型竞赛常规项目，如 S3 伞降模型火箭、S6 飘带降落模型火箭等。这里介绍的制作均采用国产的模型火箭固体发动机，制作材料尽可能取于平时身边容易获得的材料，甚至是一些废旧的东西，但是，只要认真按照模型火箭的基本知识设计和制作，取得的实际效果还是很好的。本章介绍的几种头锥、尾部以及尾翼的形状和制作材料，可以适当互换组合，几种滞降留空装置也可以按照实际情况和需要互换组合。其重要的前提，就是处理好模型火箭的重心与压心的基本关系，有关知识上面已作介绍，欲深入了解，制作者可自行探讨和研究。

一、飘带滞降模型火箭

这种模型火箭采用飘带滞降留空装置、抛物形头锥、后掠式三角尾翼，如图 6-1 所示。从外形上看模型火箭由头锥、箭体和尾翼 3 部分组成；从内部看也是由 3 部分组成：发动机、阻燃块和飘带滞降装置。其具体制作如下：

1. 制作材料

1 张 250 毫米×60 毫米挂历纸，1 块 20 毫米×20 毫米×50 毫米泡沫塑料，1 块 2 毫米×50 毫米×100 毫米桐木片，1 只回形针，1 张 150 毫米×1200 毫米薄塑纸，1 枚 2 寸（66.7 毫米）

木螺丝，1 根 5 毫米直径吸管，1 张棉纸，1 根长 300 毫米细布橡筋松紧带，粗纱线、蜡线若干等。

2. 制作工具

剪刀，尺，美工刀，尖头钳，木锉，铅笔，胶水，单、双面胶带，1 根直径 18 毫米铝管或 PVC 管等。

3. 制作过程

（1）首先取 1 张 250 毫米×60 毫米挂历纸，在直径 18 毫米铝管或 PVC 管上卷制一个长 250 毫米圆管，卷制中每一层纸上都要涂上胶水，不仅是为了使每一层纸粘牢，更重要的是使圆管干后会发硬，有助于增大模型火箭箭体的强度。箭体只有干透后才能拔出铝管，否则会变形弯曲。

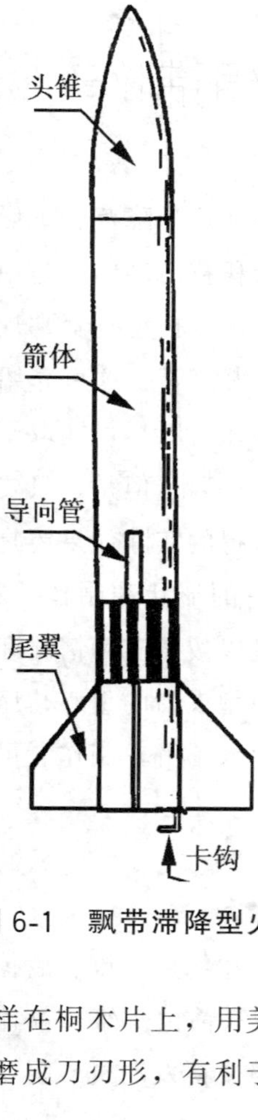

图 6-1　飘带滞降型火箭

（2）按图 6-2 所示尾翼的尺寸，放样在桐木片上，用美工刀刻下 4 片尾翼，用砂纸将 A、B 两边打磨成刀刃形，有利于减小空气中运动的阻力。

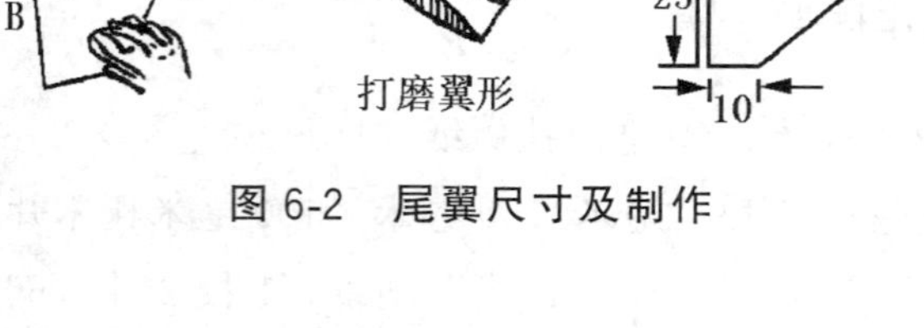

图 6-2　尾翼尺寸及制作

（3）把 4 片尾翼分别置于箭体外圆周上，相隔 1/4 周长，与箭体平行粘在箭体的尾部。尾翼根部黏结部位一定要光滑平整，如图 6-3 所示，以减小阻力。

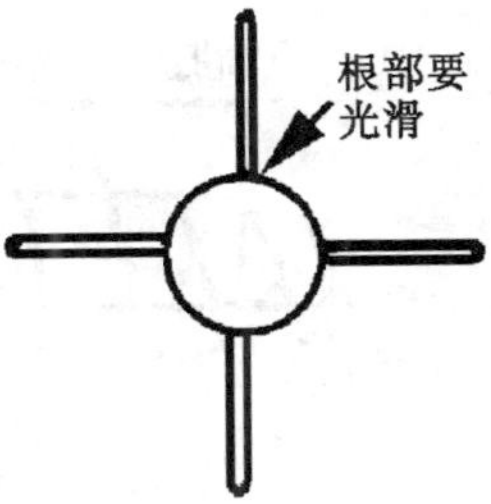

图 6-3　粘尾翼

（4）取一段扁细铁丝或把回形针扳直，按图 6-4 所示的尺寸弯好，并插在箭体尾部，露出 10 毫米，用胶带绕管粘住。

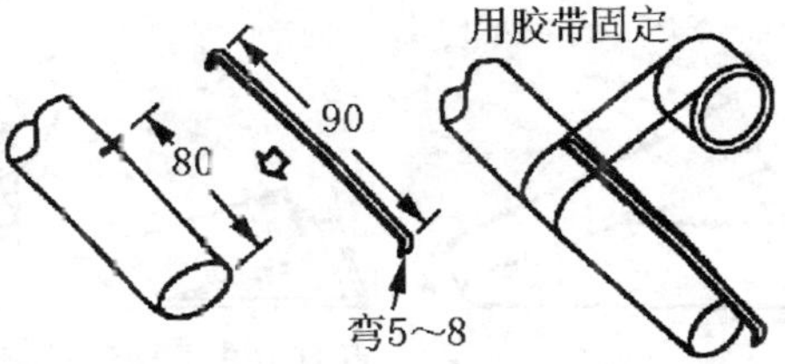

图 6-4　弯铁丝

（5）把塑料泡沫用美工刀削成直径接近 18 毫米的圆柱状，然后塞在箭体上部，用锉刀锉成抛物状头锥，在头锥的底部拧上一个木螺丝。

（6）把棉纸揉成一圆球状纸团，做阻燃块，其直径略大于箭体内径，涂上滑石粉，轻轻地塞进箭体后部。

（7）飘带采用长薄塑纸，它的尺寸按照国际竞赛规定不小于 25 毫米×300 毫米，飘带最小长宽比为 10：1。飘带的材料必须为单一、无孔的轻质材料。把长薄塑纸折成弹簧状，飘带一端粘在一条吸管（用双面胶纸）上，管内穿一根蜡线，两线头打死结，系在细布橡筋松紧带中央，如图 6-5 所示。

（8）细布橡筋松紧带一端系在头锥木螺丝上，另一端用长

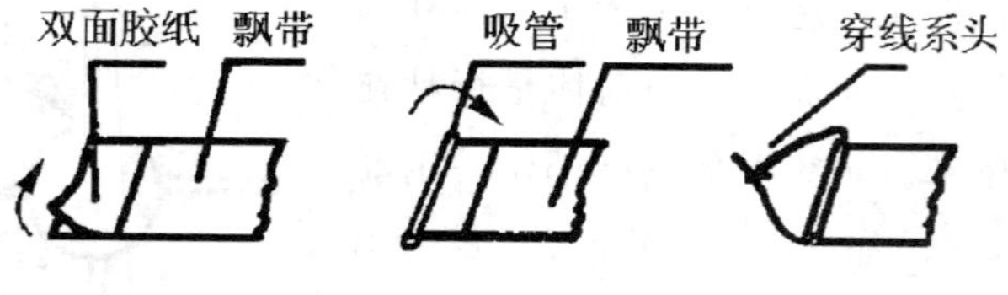

图 6-5　飘带粘在吸管上

250 毫米的蜡线连接，然后结扎在箭体尾部。飘带折叠方法如图 6-6 所示，目的是使飘带在空中容易打开。最后整齐地把飘带和橡筋带等塞进箭体内，再插上头锥。

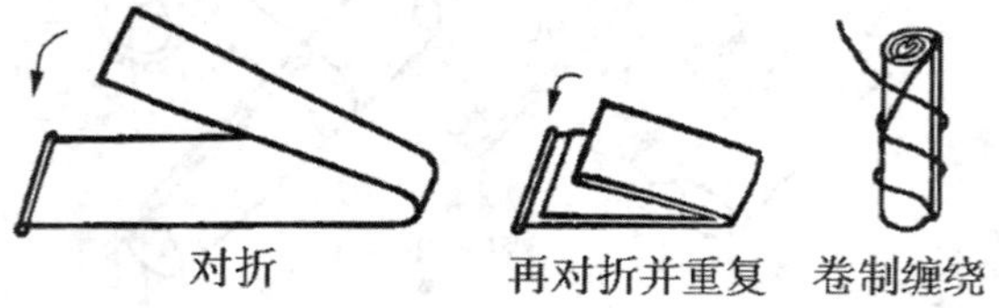

图 6-6　飘带折叠

（9）在箭体外侧，离箭体尾部 150 毫米的位置上，粘上长 30 毫米吸管为导向管，注意导向管与箭体平行。至此，整个模型火箭制作就基本完成了。

（10）细心装上发动机，装上点火头，如图 6-7 所示。最后插上单杆模型火箭发射架，模型火箭就可以发射了。如果要提高模型火箭的留空时间，就要尽可能加大飘带的面积，使飘带折叠方法正确。但飘带面积不能过大，否则会塞得过紧，造成飘带堵在箭体里不

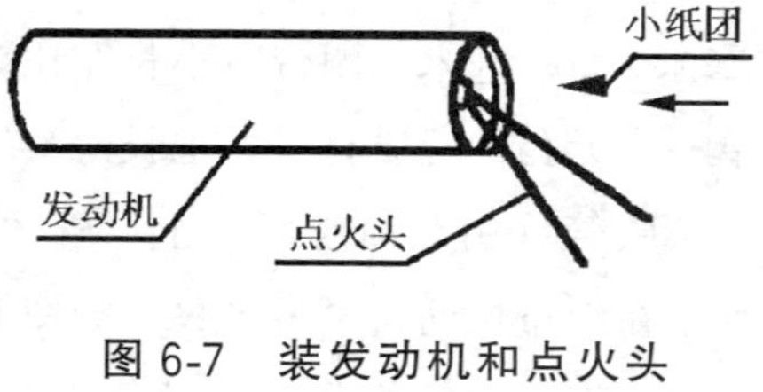

图 6-7　装发动机和点火头

能正常打开回收。

二、伞降模型火箭

伞降模型火箭是普及性航天模型活动中最频繁的一个内容，也是国际航天模型竞赛 S3 项目。比赛规则对模型的外形尺寸有一定要求，参赛模型箭体的最小直径为 30 毫米，最小长度为 350 毫米，并且直径为 30 毫米箭体的直筒段长度不小于整个箭体长度的 50%。为了得到好的成绩，且使模型火箭升到更大高度，必须减小模型火箭的质量，其外形尺寸尽可能是规则要求的下限尺寸。为了使模型火箭具有良好的气动外形，尽可能减小空气阻力，模型的外部形状一般为流线型。图 6-8 为伞降模型火箭的外形尺寸示意图。

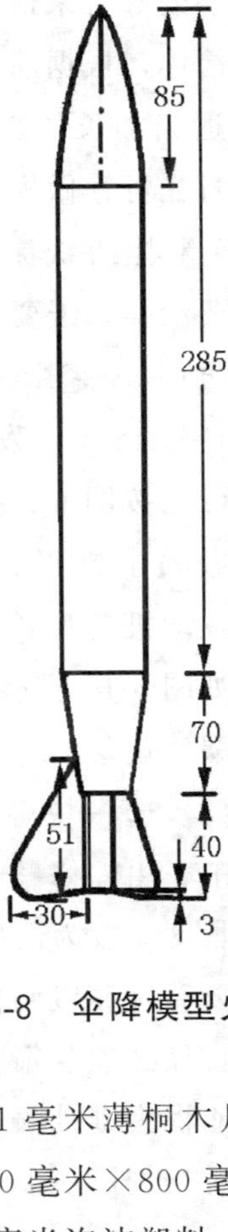

图 6-8　伞降模型火箭

1. 制作材料

200 毫米×100 毫米和 54 毫米×50 毫米旧挂历纸各 1 张，1 张 10 毫米×100 毫米硬卡纸，1 片 50 毫米×150 毫米×1 毫米薄桐木片，1 块 70 毫米×30 毫米×30 毫米轻木，1 张 1200 毫米×800 毫米塑料薄膜台布纸，1 块 350 毫米×30 毫米×30 毫米泡沫塑料，1 根 400 毫米长细布橡筋松紧带，粗纱线、蜡线若干。

2. 制作过程

（1）先做箭体，可以用纸、塑料、玻璃钢等材料制作。对少年模型爱好者来讲，还是提倡用纸来制作箭体，根据箭体的外形尺寸，选一个适当加长的直径 30 毫米的圆柱体如日光灯管做模具。把 200 毫米×100 毫米挂历纸涂上胶水进行卷制，胶水要涂实，纸要卷紧。按以上制作过程再用 54 毫米×50 毫米挂历纸制作直径为 18 毫米发动机套管。

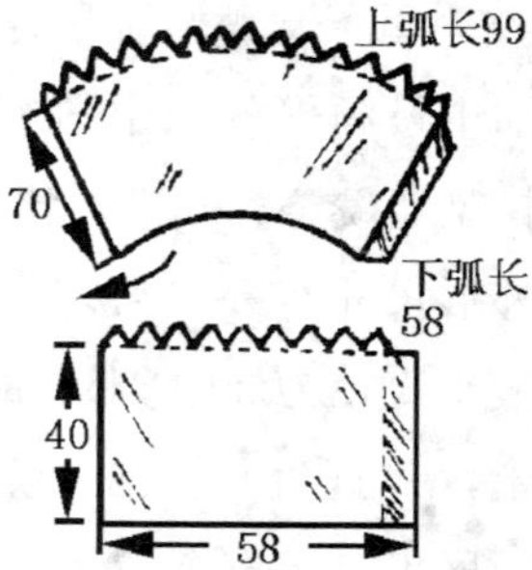

图 6-9　箭体放样

（2）按图 6-9 所示，在卡纸上放样，做一个锥形连接管，然后把箭体、发动机套管和锥体连接管黏结组合，如图 6-10 所示。注意连接部位不能有漏气现象。

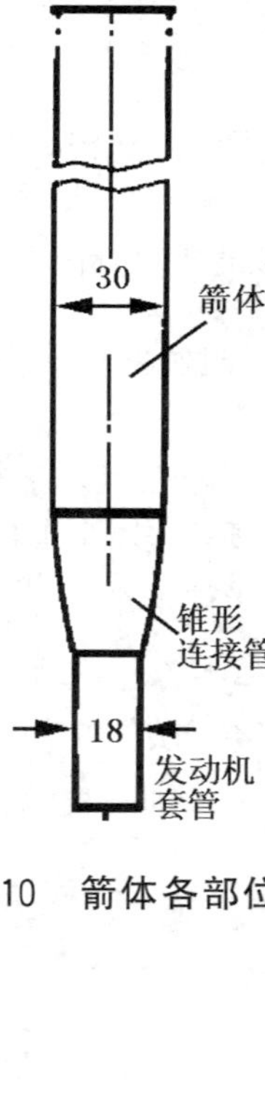

图 6-10　箭体各部位组合

（3）选一块轻木或硬泡沫塑料，用刀削、用锉修整头锥为抛物形，头锥的长度一般为箭体直径的 2～3 倍，头锥要有过渡段与箭体配合。头锥的最大直径必须与箭体直径相同，并且尽可能将头锥外表面处理光滑。将过渡段中心拧一个羊眼圈以便系连接绳。

（4）尾翼采用厚度为 1 毫米桐木片制作，尾翼外形采用圆弧形以减小空气阻力。尾翼为 3 片，每个尾翼面积约 10 平方厘米。每片尾翼之间夹角为 120°，平行于箭体装置，具体尺寸见图 6-8。

（5）对降落伞进行保护的阻燃块可不用棉纸，而用一个直径 29 毫米、厚 25 毫米的圆泡沫块，如图 6-11 所示。阻燃块要先削好后再压磨，这样，既可以较容易进出箭体，又不会漏气，效果比棉纸好，可以提高开伞可靠性。

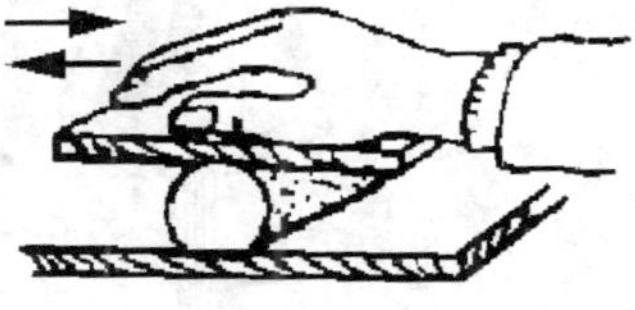

图 6-11　阻燃块

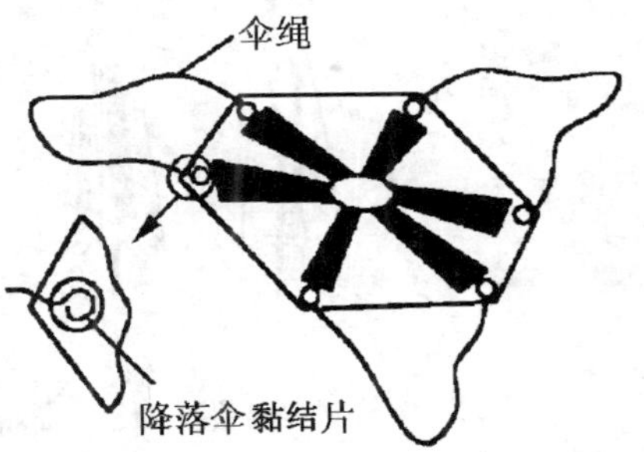

图 6-12　伞绳与伞面连接

（6）降落伞可用塑料台布制作，降落伞形状为 6 角形，伞面直径 80 厘米，伞绳 6 根，伞绳长度为100～160 厘米。图6-12所示为伞绳与伞面的连接方法。

（7）竞赛用模型连接绳的连接方法与普及型模型火箭不同，连接绳的一端用快干胶粘接在尾翼根部，另一端连接在头锥中心的羊眼圈上。降落伞连接头连接一段 10 厘米长的橡筋，橡筋连接在连接绳上距头锥约 15 厘米处。连接绳应使用强度和耐火性较好的细蜡绳，长度为 60～70 厘米。图6-13所示的是降落伞折叠的方法，原则是降落伞在空中能够以最快速度迅速顺利打开。

（8）为了减小模型质量，比赛模型可以不使用卡钩，而是靠发动机与箭体尾部之间的摩擦力来固定发动机，若发动机与箭体之间的配合较松，则可以在发动机的外侧缠绕双面胶带以增加摩擦力。按比赛要求，模型在飞行及下降过程中，不允许发动机或

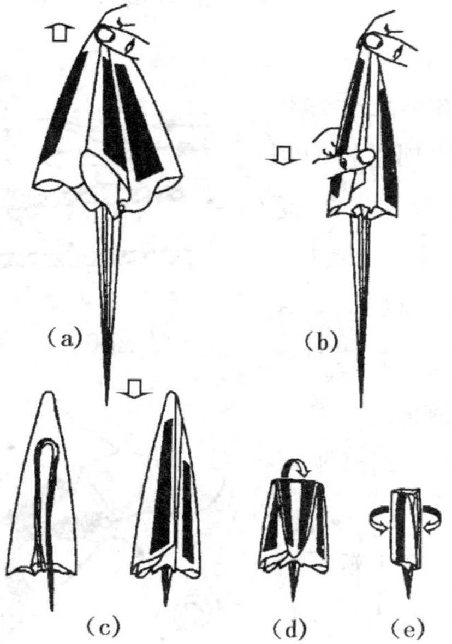

图 6-13　降落伞折叠

燃烧后的发动机壳体与箭体分离，否则，将取消比赛成绩。

（9）为了尽可能减小模型质量，减小空气阻力，比赛箭体一般不使用导向管，而是采用导轨式发射架。根据尾翼数量，可使用 3～4 根直径 10 毫米左右的不锈钢管作为导轨。导轨内径要略大于箭体直径，以保证箭体在导轨内能顺畅滑行。这在第九章还会作详细的介绍。

三、长征 2F 纸质仿真模型火箭

中国的长征 2F 捆绑式运载火箭是一种大推力“巨无霸”火箭，它把中国第一艘神舟号宇宙飞船送入地球轨道，它使中国火箭技术跃上了一个新的台阶，也为中国载人航天打下了坚实的基础。

这里介绍一种全纸质的长征 2F 仿真模型火箭，它可以在两张 16K 卡纸上彩绘制作。制作后模型火箭形象逼真，可以观赏，也可以装上固体火箭发动机进行实际发射表演。更可取的是在模型火箭头锥部位里安置载荷舱，可装载直径为 2 厘米、质量为 18 克的载体飞行。图 6-14 是长征 2F 模型火箭的外形结构图。

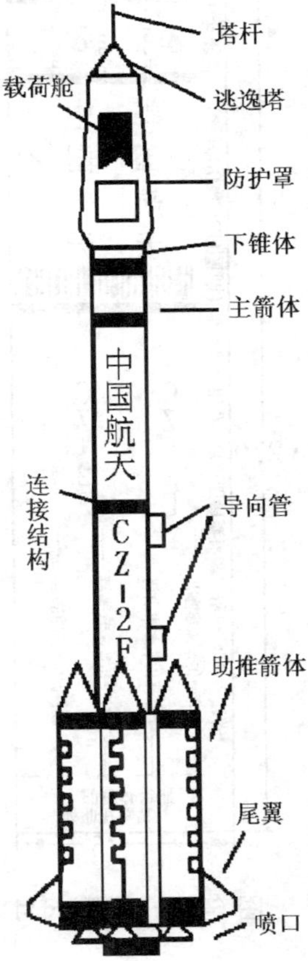

图 6-14　外形结构图

1. 制作材料

2 张 16K 卡纸，1 张 400 毫米×400 毫米薄塑纸，1 根塑料细吸管，粗纱线和长细布橡筋松紧带若干，1 块医用胶布。

2. 制作工具

剪刀、美工刀、白胶，1 套彩色水笔，直径 15 和 22 毫米 PVC 塑料管各 1 根。

3. 制作过程

（1）按图 6-15 所示尺寸，裁下 1 张模型火箭主箭体卡纸和 4 张助推器体卡纸，并绘上有关图形细节，如两节发动机连接结构图样、“中国航天”字样等。然后把卡纸背后和表面稍微抹湿，使卡纸有一点软化，在直径 22 毫米 PVC 塑料管上卷制一个主箭体。图 6-16 为助推器体的图样，同样用卷箭体的方法，在 15 毫米 PVC 塑料管上卷制 4 个助推器体。注意接缝处一定要平整、粘牢，晾干后拔出 PVC 管。

（2）按图 6-17 所示的图形，制作同样 4 个助推器的头锥、尾翼、喷口和底片，分别折合后粘在助推器所规定的部位。图 6-18 所示为组合后的情况。

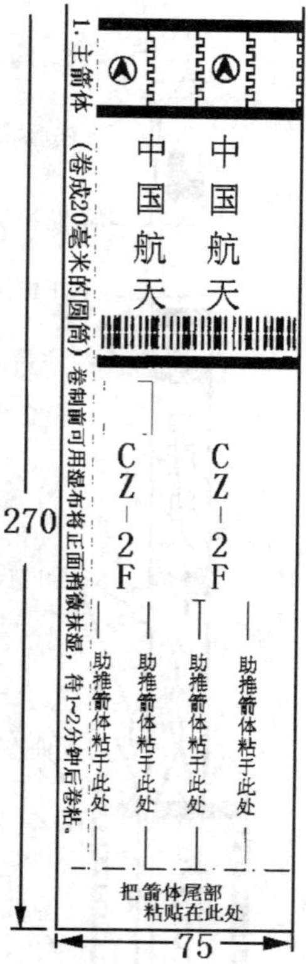

图 6-15 模型尺寸

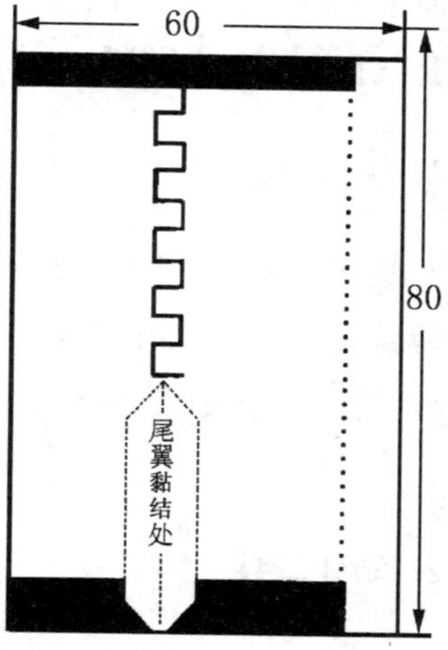

图 6-16 助推器图样

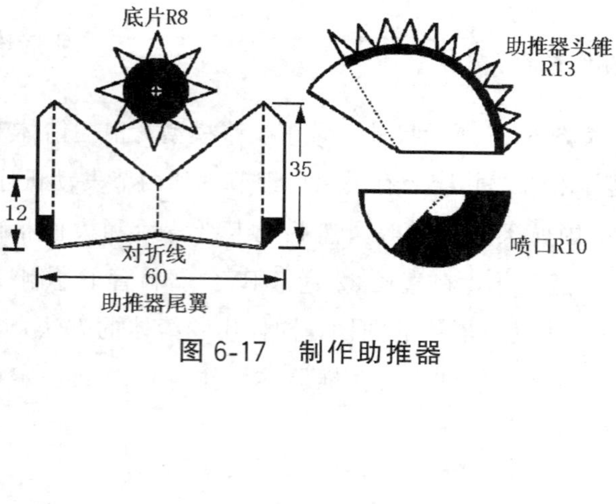

图 6-17 制作助推器

（3）剪下一条直径比箭体稍大，宽 2 厘米的箭体尾部卡纸条圈，直接粘在主箭体底部 0.5 厘米处，以加固和加长箭体尾部。然后，将助推器绕圆周逐个粘在主箭体底部，当然位置必须正确，助推器与箭体必须平行，必须粘得牢固，否则会严重影响模型火箭的飞行。

（4）模型火箭头锥由 4 部分组成：逃逸塔、防护罩、载荷舱、连接锥体和过渡段。制作时，分别按图 6-19 所示的尺寸放样在卡纸上，剪下后分别黏合，再按图 6-20 所示组装，然后在逃逸塔上插入塔杆，塔杆用长 5 厘米的细吸管代替。

（5）在载荷舱的底座纸片上钻个小孔，在其中穿过一条长细松紧橡筋带连接条，并打一个结系住整个头锥的过渡段。橡筋连接条的另一端用医用胶布粘在主箭体上部内侧，如图 6-21 所示。

（6）按前面介绍的方法制作一个直径为 400 毫米的降落伞，将降落伞的绳索系在连接橡筋条接近头锥的部位，塞好用棉纸做的阻燃块后，按要求装入降落伞，插上头锥。头锥的载荷舱里一定要放 18 克左右的物品，这是为了处理好模型火箭的重心和压心的关系，否则会影响模型火箭正常的飞行。

（7）在发动机壳体的上下两端，各粘两条加厚纸条，使发动机的外径与箭体内径相仿，然后涂上胶水装入模型火箭的底部。

（8）如用单杆发射架发射模型火箭，必须在主箭体上安装导向管（如用轨道式发射架则不需要导向管）。卷粘两个长 25 毫米、直径 5 毫米的纸管，再做两个边为 5 毫米的正方形的管架，将导向管粘在正方形管架上，然后一起粘在主箭体上。注意两个导向管必须同轴，并与箭体平行。

模型火箭制作完毕后，可以在空旷的地方发射飞行。

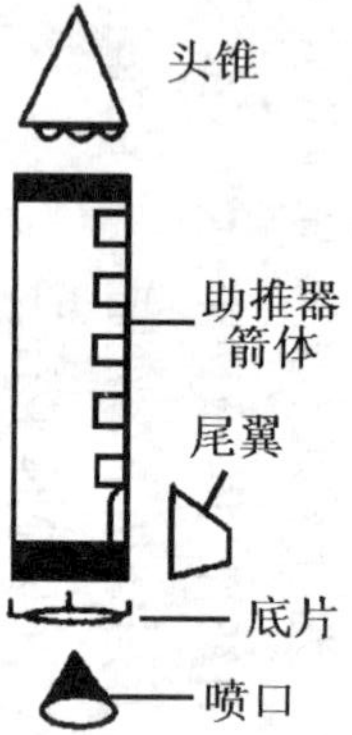

图6-18　助推器总装

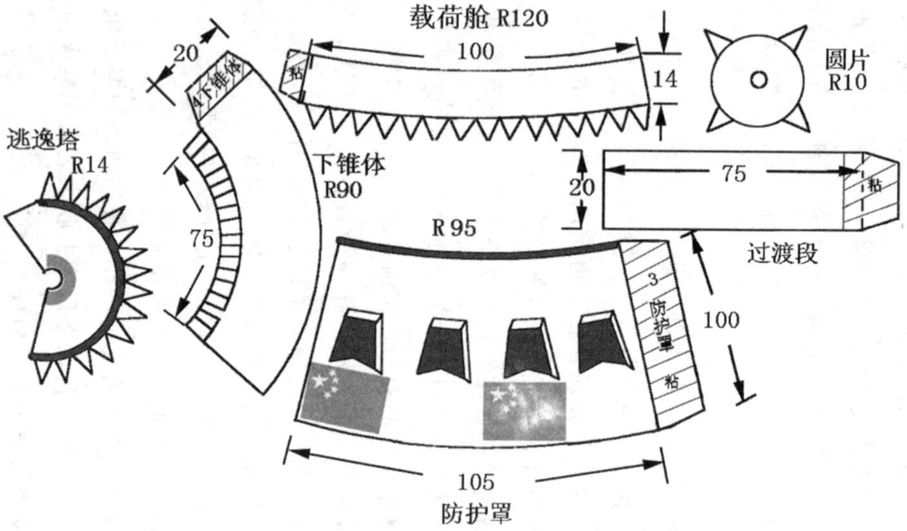

图6-19　模型火箭头锥图样

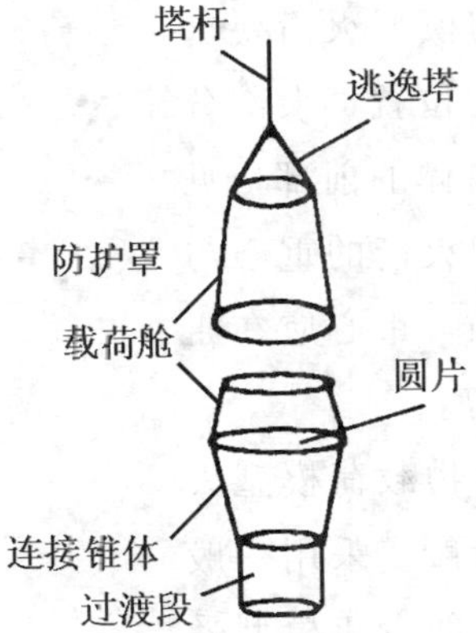

图 6-20 头锥组成

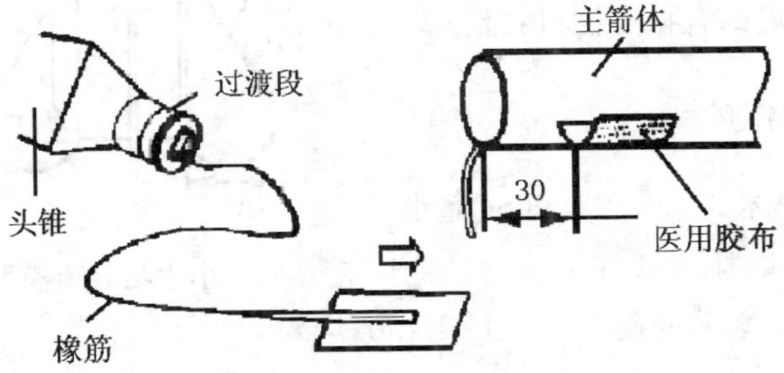

图 6-21 用橡筋和胶布连接

四、小生物载荷模型火箭

模型火箭升空飞行时，可携带小生物进行科学实验，是一项有趣并很有意义的科技活动。国外在 20 世纪 50 年代就应用模型火箭进行生物实验，把一些青蛙、小鼠、昆虫，甚至还有鱼，放在模型火箭的载荷舱里进行科学实验，有时还使用两节模型火箭进行运载飞行，这些实验大部分都获得成功。

进行载荷实验的模型火箭要求比较高，其载荷舱的位置，大部分在模型火箭头部或箭体的前部，见图 6-22。因此，模型火箭的重心与压心位置一定要适当，重心应在压心位置之前一定的距离。

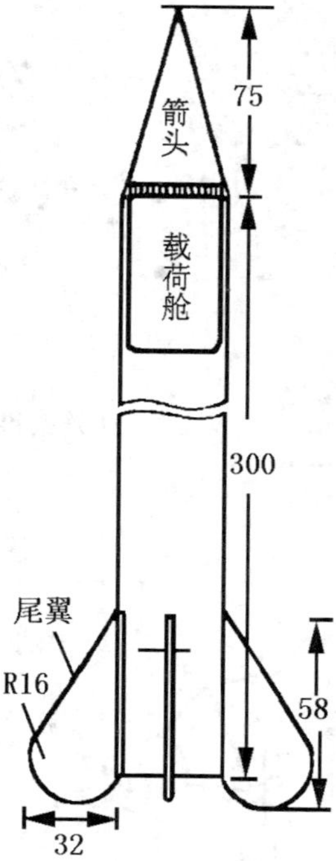

图 6-22　小生物载荷模型火箭

本文介绍的小生物载荷模型火箭，用胶卷盒做载荷舱。采用一般材料制作，可让更多的少年模型爱好者参与制作活动。这既可培养他们的动手能力，又可通过生物实验，进一步开展综合探究性科技活动。

1. 制作材料

300 毫米×100 毫米和 54 毫米×50 毫米的旧挂历纸各 1 张，1 张 10 毫米×100 毫米的硬卡纸，1 只 130 塑料胶卷空盒，1 块 55 毫米×100 毫米的薄桐木片，1 张 800 毫米×800 毫米薄塑纸，1 根 300 毫米长的细布橡筋松紧带，粗纱线、蜡线若干。

2. 制作工具

剪刀、尺、铅笔、胶水、单面胶带等。

3. 制作过程

（1）取一张 300 毫米×100 毫米挂历纸，用数只去盖的胶卷盒作卷芯，卷粘成一只直径为 32 毫米的圆筒，作为模型火箭的主箭体。一般挂历纸卷粘以 3 层为好，晾干后取出胶卷盒。另外，再以同样的方法用 54 毫米×60 毫米纸卷 18 毫米直径的发动机套管一只。

（2）在发动机套管上，按图 6-23 所示位置开个小口，将长 100 毫米细铁丝（直径 2 毫米）弯成卡钩。卡钩的一端插在小口里，用单面胶带固定。在卡钩的另一端按箭体的内径尺寸做两个硬纸环为固定环，把发动机套管带卡钩一起插入一上一下两个圆环，并用胶水粘牢，做成一个发动机固定支架，如图 6-23 所示。

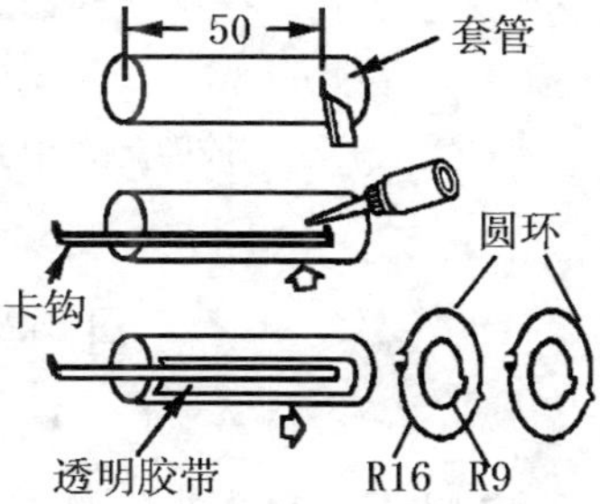

图 6-23　发动机套管

（3）按图 6-24 所示的模型火箭头锥纸样，在卡纸上放样后剪下，并粘贴成锥形头锥。把胶卷盒盖黏结在箭头的底部。4 片尾翼放样在薄桐木片上，裁下后用砂纸磨光。

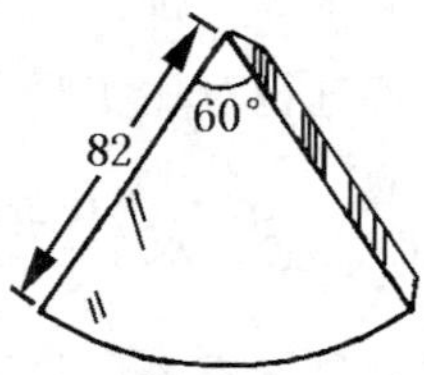

图 6-24　模型火箭头锥纸样

（4）在发动机架的圆环上涂一圈胶水，轻轻地伸入模型火箭箭体尾部，发动机管口与箭体尾部持平。4 片桐木尾翼各以 90°相互垂直，用百得胶黏结在火箭尾部。

（5）用 800 毫米×800 毫米薄塑纸制作一个六角面的降落伞面，然后在 6 个角上用单面胶系住降落伞拉绳。在胶卷盒底钻孔，系一根细橡筋松紧带，另一头系箭体上部。松紧带中间系在降落伞上，如图 6-25 所示。

（6）胶卷盒为载荷舱，可放小昆虫等类的小生物。质量一般

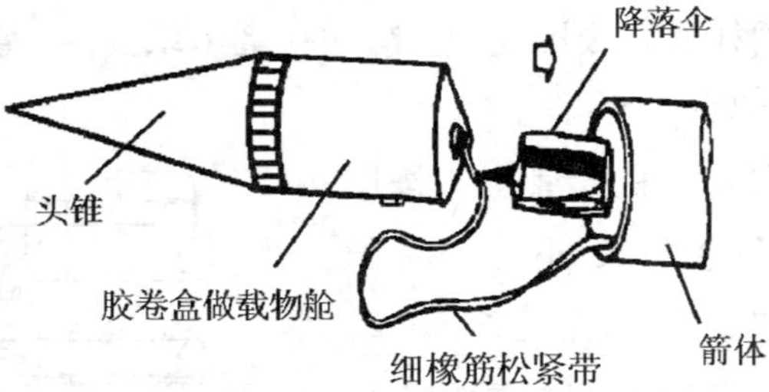

图 6-25　系降落伞

不超过 18 克。放入小生物后，盖上带盖的模型火箭头锥。

(7) 可用西安四凯厂生产的 B 型火箭固体发动机，发动机紧塞在箭尾部，按常规在空旷处发射和回收。观察小生物升空前后情况，进行对比实验，写出实验报告。

五、两级模型火箭

俄国科学家齐奥尔科夫斯基的火箭公式表明，单级火箭所能获得的速度增量，取决于火箭的排气速度和火箭的质量比（发动机工作开始与结束时火箭质量的比值）。为了获得较重的载荷和飞行高度，大型模型火箭可以采用多级火箭方案，即多级火箭的第一级首先点火，其有效载荷就是上级火箭段，第一级火箭工作完成后脱离箭体，模型火箭质量大为减小。接着第二级发动机启动，其推力使其上级火箭段上升和加速。第二级燃料用完后，也被分离，第三级火箭就可启动，使有效载荷不断被加速。采用这样的方法，把有效载荷加速到指定速度所需的燃料也可以大大地减少。如果火箭带同等质量的燃料，那么，多级火箭就可以携带更重的有效载荷。

研制多级模型火箭需要相应的发动机，首先第一节发动机应该取消开伞剂部分；并适当改变延时剂的燃烧时间，使之更加适合接力点火和首级发动机与主箭体分离的要求。其次是箭体结构的设计和制作，要遵循多级模型火箭的飞行要求。一般来说，应该保证多级模型火箭在整个工作过程中都是稳定的。每一级都应安装尾翼片，而第一级尾翼面积应为最大，因为此时模型火箭的重心和压心的位置相应靠后。第二和第三级的尾翼面积要依次减小，以符合气动稳定性的设计要求。具体地讲，就是箭体重心在压心前的适当位置之间的距离，至少应该等于该箭体的直径，并保证其相对稳定。

本节介绍两种使月普通的模型火箭发动机制作两级模型火箭，但两级发动机点火方式不同：一种采用电子延时点火，另一种采用快速导火索点火。它们各有各的特点，可以供模型火箭爱好者研究实践参考，但在实践中一定注意安全。

1. 电子延时点火两级模型火箭的制作

电子延时点火两级模型火箭是由头锥、两段箭体和尾翼、降落伞、固体发动机和集成电路延时电路等组成。它的工作原理是：当点燃首级发动机后模型火箭升空，电子延时器也开始计时，到一定高度后首级发动机熄火，电子延时电路延时时间也结束，这时点燃第二节火箭发动机，并使第一、二级模型火箭分离，第二级模型火箭继续升高，第二级火箭发动机熄火，开伞剂打开降落伞并安全下降，模型火箭回收。在制作实验中应注意以下问题。

（1）模型火箭发动机的选用。由于两级模型火箭的体积和质量比一般的模型火箭大，因此要保持一定的高度和推力，须选择推力较大的 C 型发动机做第一级火箭的发动机。第二级火箭点火并和箭体分离后，火箭的体积和质量都有较大的减小，可选用推力较小的 A 型发动机。它可使模型火箭飞行到 40 米的高度后下坠，并可靠打开降落伞。采用这种方法的优点是：第一级火箭和第二级火箭在飞行过程中均在视线范围内，可见性较好。

（2）模型火箭的重心和稳定性。两级火箭因箭体较长、质量较大，首先，在箭体制作中应尽可能降低火箭的重心，将电子延时电路安置在第一节箭体内，制作中要通过重心测试，使之在整个模型火箭下端的 1/3 处。其次，还要适当加大尾翼面积和加长火箭发射架的导向杆，发挥发射架的导向作用，等达到一定的速度后，再脱离“跑道”，使模型火箭飞行的稳定性大大加强。

（3）电子控制点火时间。两级火箭中 2 只发动机点火时间的控制是制作两级火箭的关键。若延时时间过短，则第一级火箭燃料尚未全部用完，第二级火箭就点火，不仅影响发射效果，而且在箭体分离、剩余燃料落地时，影响安全。第二级火箭的点火采用了集成电路控制，它由延时信号产生与点火电路两部分组成，由独立电源供电。为了减小质量与体积，采用了体积较小的电子元件。经实验确定，第二级发动机点火时刻最好在第一级发动机点火后的 8 秒。

制作材料：

挂历纸、硬塑料、泡沫块、桐木片、薄塑纸、蜡线、细布橡筋松紧带，2 只小型电容器，2 只电阻器，1 只型号为 9013 的三极管，3 个纽扣电池，1 个 6 伏小型电池，1 块 555 集成电路，A 与 C 型发动机各 1 个。

制作工具：

剪刀、美工刀、木锉、白胶、电烙铁等。

制作过程：

A. 按本章第一节介绍的方法制作一枚直径为 18 毫米的伞降模型火箭作为第二节模型火箭。不同的是箭体底部加长 2 厘米，不用卡钩，第二级发动机贴上双面胶纸直接插入第二级箭体底部。把一块40厘米×40厘米薄塑纸剪成六角或八角形，每角用一根长80厘米的棉线黏着，棉线另一端结在一起，与第二级箭体和头锥连接。

B. 用直径3厘米PVC管子做模具，用挂历纸在PVC管上卷一个圆筒，每卷一层，涂上一层白胶（共2～3层），待其干后把PVC管抽出。第一级箭体长度为25厘米。

C. 第一级火箭下端的外壳粘上尾翼3～4片。图6-26所示的是第一级箭体结构及其制作。

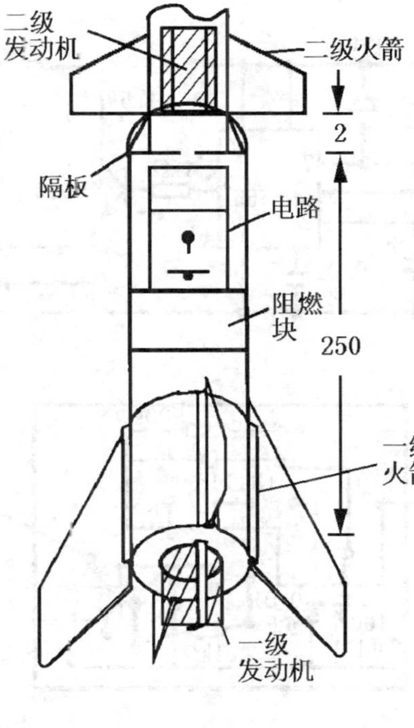

图6-26 第一级箭体结构及其制作

D. 把 C 级固体发动机安装在第一级箭体下端的发动机固定架上。发动机固定架的制作请参照本章第四点的内容。

E. 第二级箭体的头部用一块轻木块，再用木锉锉成直径 3 厘米的半球体，中间钻直径为 18 毫米的孔，并在该底部贴一片胶木片做隔板。其头部黏合在第一级箭体上端。第二级火箭箭体可插入第一级箭体头部的圆孔里。在此之前，点火头安装要仔细进行，可靠连接。

F. 集成电路控制电路见图 6-27，由于元件不多，因此可以直接焊在电路板上。A，B 两端接第二节火箭的导火索。全部元

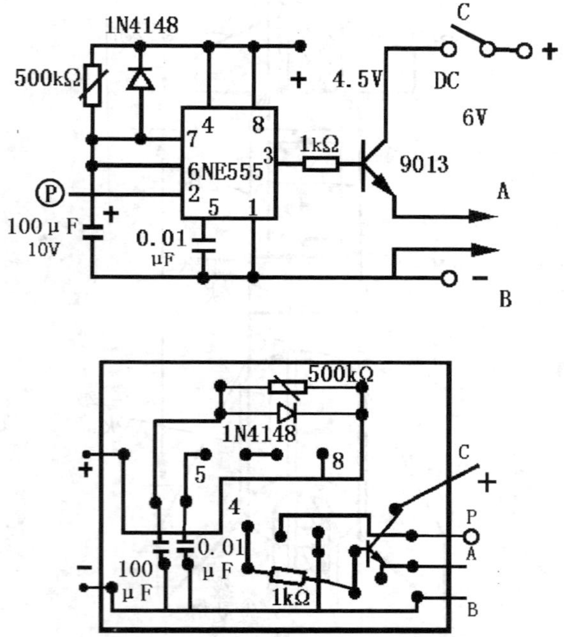

图 6-27　控制电路图

件焊接后，通上电源一试，延时 14 秒左右，包括 6 秒倒计时时间。电路板和电池放在阻燃块上方的空间。

G. 发射模型火箭要有较大的场地，因 C 级固体发动机推力较大，射程较高，所以要做好发射前的准备工作。如：仔细检查火箭各部分的功能是否正常，装上各点火头并将其安放在发动机内，再把火箭放到发射架上。

一切准备好后，先按动箭体上 P 点按钮，再合上 C 点上开关，然后必须在 6 秒钟内发射，第一级箭体自由滚动下落。图 6-28 所示的是上海某校试制的电子控制二级模型火箭的部件照片。

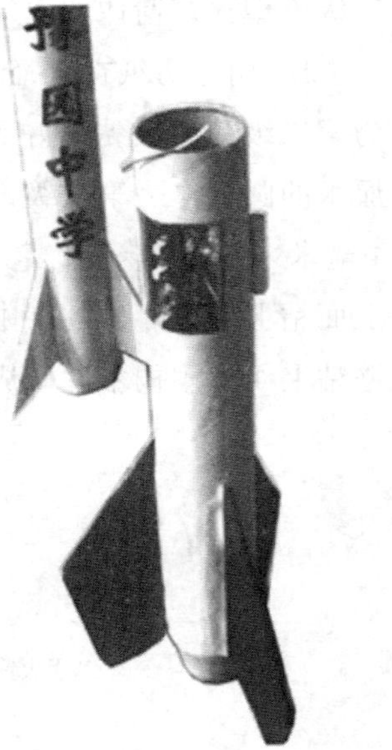

图 6-28　模型火箭部件照片

2. 快速导火索点火两级模型火箭制作

该两级模型火箭由头锥、箭体、降落伞、火箭发动机等组成。第一级发动机点火后，从喷口处喷出高速气体，推动模型火箭升空；发动机工作完毕后，发动机内延时剂和开伞剂开始工作，点燃了导火索，第一级箭体落下，另一级发动机工作；最后完成飞行，降落伞张开徐徐下降，使火箭能顺利收回。整个模型火箭是纸木结构，因此它的发射和回收比较安全。

制作方法：

A. 模型火箭的头锥是用卡纸做的，直径 3 厘米、高 5 厘米的圆锥体，内加配重物。再用卡纸做一个外径 3 厘米、长 2 厘米的扁圆柱体为连接头，内粘上用桐木片做的圆形隔板，用来与第二级模型火箭箭体的上端连接（参考前面的介绍）。

B. 用挂历纸在直径 3 厘米的圆管上卷一个长 26 厘米圆筒作为第二级箭体，黏结好后拔出圆管。同样的直径再卷一个长 13 厘米的圆管作为第一级模型火箭箭体。在箭体下段内壁粘上 4 根 4 毫米×4 毫米×100 毫米的加强木条和发动机固定架，再在架上面粘上桐木片做的有中心钻孔的圆形隔板，在两个箭体下端外壁粘上 4 片用桐木片做成的尾翼，见图 6-29。

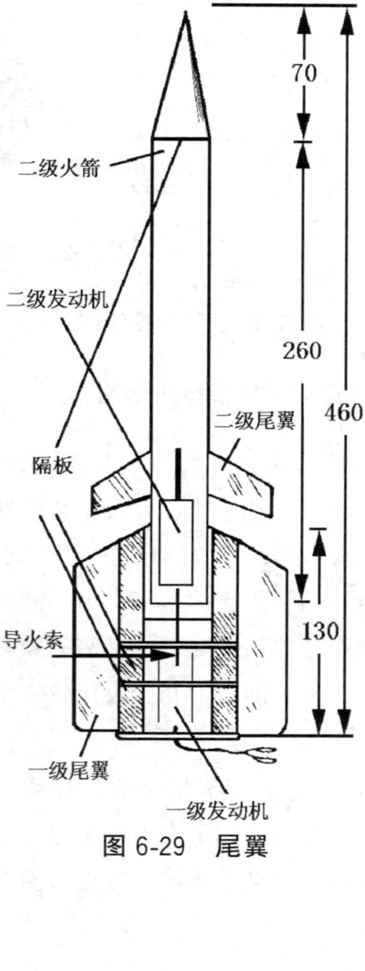

图 6-29　尾翼

C. 按图要求制作外径为 3 厘米、长 8 厘米火箭发动机套，内含发动机固定架，使它正好套在第二级模型火箭箭体尾部（露出 3 厘米）并粘住。

D. 制作一个降落伞。先塞入阻燃块，再按常规要求把降落伞安置在第二级模型火箭的箭体里，用橡筋条连接。

E. 把 A 型发动机安装在第二级模型火箭内。在 B 型发动机大口方向正中，用 2 毫米钻头钻一深 6 毫米的小孔，插入一段长 3 厘米的快速导火索，然后将 B 型发动机装入第一级箭体，让导火索从圆形隔板中伸出，第二级火箭发动机喷火孔与导火索连接，全部制作完成。发令枪药粉倒在棉纸上，经过卷制，可以卷成快速导火索。

F. 发射。因为这个模型火箭的最大推力可达 2 千克，发射高度约 100 多米，但风速大小会影响飞行距离，所以考虑到安全因素，发射模型火箭要在较大的场地里进行。要做好发射前的准备工作，仔细检查模型火箭各个部分的功能是否正常，安装是否正确。模型火箭放在导轨式发射架上，电点火后，模型火箭腾空而起，5 秒钟后两级分离，第二级模型火箭继续飞行。

第七章　仿真航天模型制作

本章介绍的一些航天器的实体仿真模型如航天飞机、卫星、宇宙飞船等的制作，所使用的材料各异，有纸、木以及金属；整个制作难度适合青少年模型爱好者，可作为中、小学校开展航天科技活动的内容。

一、神舟号宇宙飞船模型

神舟一号飞船是中国第一艘宇宙飞船，于 1999 年 11 月 20 日首次发射成功。江泽民同志专门为神舟号飞船题词。神舟号宇宙飞船至今已先后发射了 4 艘，不久中国宇航员即将进入太空，这大长了中华民族的志气，成为中国航天事业一个新的里程碑。

神舟号飞船由轨道舱、返回舱、服务舱 3 部分组成，质量 6700 千克，直径 2.6 米，高 8.8 米，太阳能电池板展开最大宽度为 16 米。图 7-1 为它的外形图。

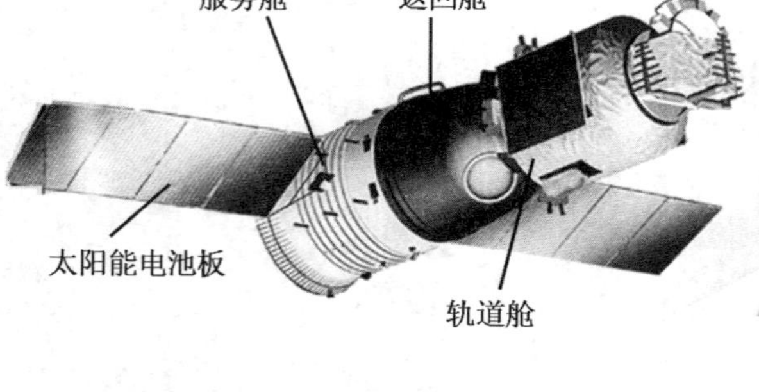

图 7-1　飞船模型外形图

轨道舱：它的外形上下为圆台形、中间是圆柱形，里面分割成工作区和生活区两部分，是宇航员在轨道上工作和生活的场所。舱外装有太阳能电池板，顶端装有天线等。

返回舱：它的外形似钟形，是飞船上升、轨道机动和返回地球时宇航员乘坐的舱段。它与轨道舱相通，宇航员可在两舱之间来往活动。返回舱壁上有舷窗，舱内有操纵设备、显示仪器、减震坐椅、生命保障系统、制动火箭和降落伞等。为防止进入大气层时被高温烧毁，返回舱表面覆盖一层防热材料。返回舱具有特殊外形，以便在再入大气层时减速、降低和提高着陆精度。返回舱是密封的，可在水面上溅落。

服务舱：它的外形是圆柱形，里面有轨道飞行中所需要的仪器和动力装置。服务舱的密封部分装有定向和稳定系统，而在非密封部分装有供机动飞行和返回地球时用的推进剂、发动机和辅助电源等。舱外装有两个太阳能电池板。

太阳能电池板：轨道舱和服务舱两侧分别外装有太阳能电池板，飞船发射上升时太阳能电池板折叠起来，进入轨道后太阳能电池板自然展开，为飞船提供电能。

神舟号飞船返回地面前，将轨道舱和服务舱留在太空轨道，而返回舱单独进入大气层。宇航员可操纵座舱，改变迎角，调节航向，以减小着陆偏差。

1. 制作材料

2 张 16K 卡纸，1 根长 120 毫米细竹签。

2. 制作工具

剪刀，1 套彩色水笔，白胶等。

3. 制作过程

（1）图 7-2 所示，把宇宙飞船返回舱的部件实样图复制在白卡纸上，这些部件有舱体、舱体下延片和上部连接圈。可以用彩笔进行颜色的绘制，返回舱体的颜色为深红。

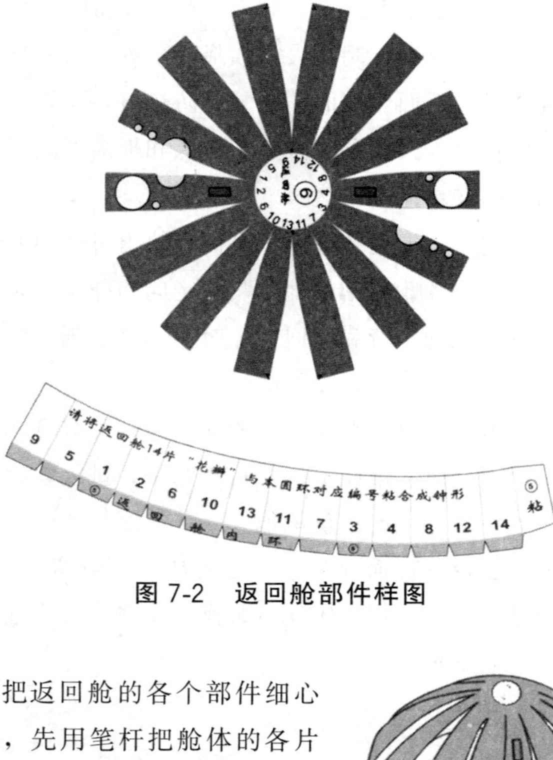

图 7-2　返回舱部件样图

（2）把返回舱的各个部件细心地剪下来，先用笔杆把舱体的各片卡纸加工成圆弧状，然后将它们粘在舱体下延片上，注意各片一一对号黏合，各片之间的间缝越小越好。图 7-3 为返回舱示意图。

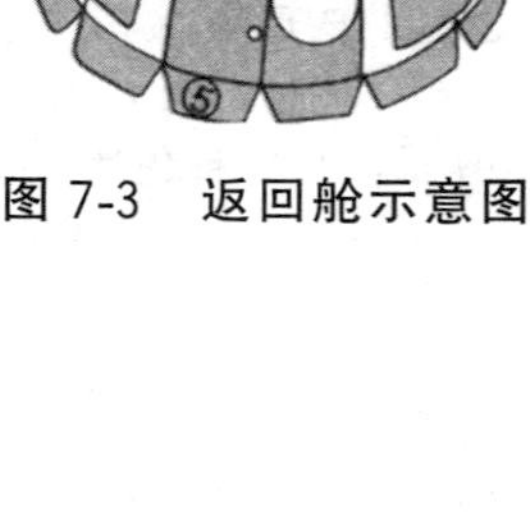

图 7-3　返回舱示意图

（3）按图 7-4 所示，将服务舱、

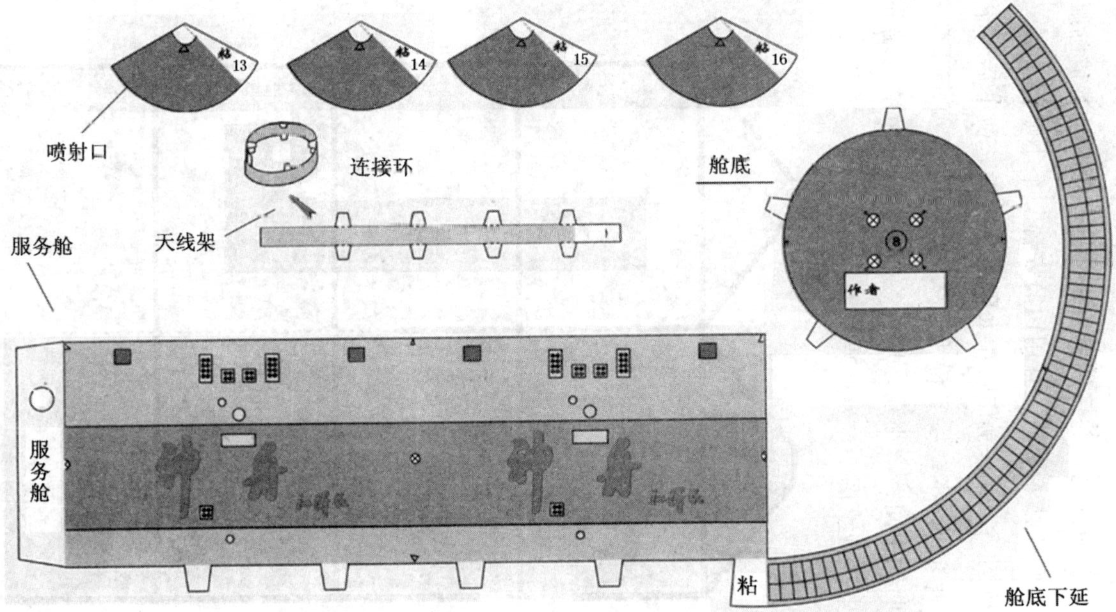

图7–4　部件样图

舱底和 4 个小喷射口等，复制在白卡纸上，涂上淡蓝色，并仔细剪下来。把各纸片加工成圆弧状后黏结，在舱底片钻 4 个孔，且用白胶安置 4 个小喷射口。

（4）按图 7-5 所示制作两片太阳能电池板，剪下后将卡纸对折，在中间涂满胶水，压平待干。太阳能电池板要求非常平整。在服务舱两侧中间钻个小孔，用竹签插入对穿，竹签两端分别插入太阳能电池板。图 7-6 为总装图。

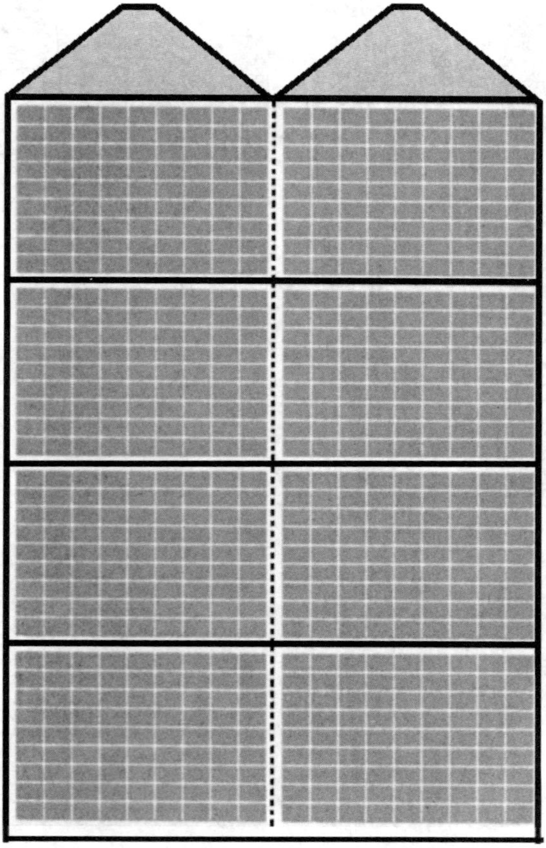

图 7-5　太阳能电池板

图 7-6　总装图

（5）图 7-7 所示为轨道舱各部件图，有舱体、折合的太阳能电池板及顶部天线架等。将这些部件按图剪下来，并按图 7-8 所示折合并黏结到位。

（6）最后把轨道舱、返回舱和服务舱 3 大部分黏合起来，见图 7-6。注意要求在同一个轴心，粘牢各部件。神舟号宇宙飞船模型可以用透明玻璃丝悬挂；也可以做一个底座，用直径 1 毫米细钢丝插在飞船的底部，将另一端固定在底座上。在钢丝弹力作用下，宇宙飞船十分动感。

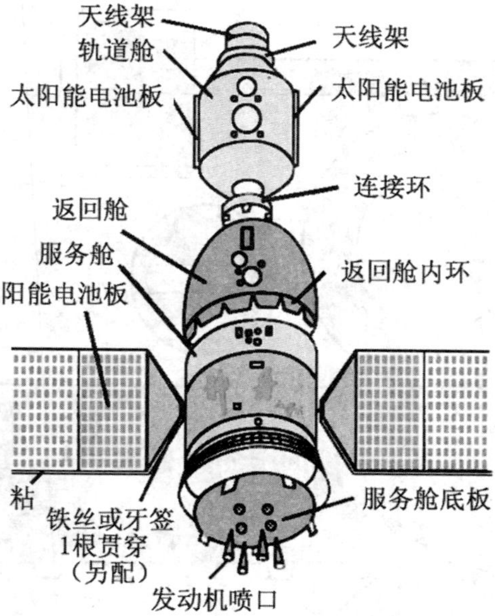

图 7-7　轨道舱部件图

二、东方红一号卫星电动模型

东方红一号卫星是中国第一颗人造地球卫星。1970 年 4 月 24 日用长征号运载火箭，在中国西部的酒泉卫星发射场成功发射，它的任务是进行卫星技术试验，探测电离层和大气密度。卫星质量为 173 千克，初始轨道参数是：近地点 439 千米，远地点 2384 千米，倾角 68.5°，运行周期 114 分钟。卫星外形为直径约 1 米的近似球体的多面体。卫星用银锌电池作电源，采用自旋姿态稳定方式，转速为 120 转/分。卫星顶部装有超短波鞭状天线，腰部有短波交叉振子天线和微波雷达天线，卫星采用被动式热控制，保证温度处于允许范围内。装载的仪器和设备主要有：功率 2.5 瓦、频率 20.009 兆赫的发射机，功率 100 毫瓦、频率 200

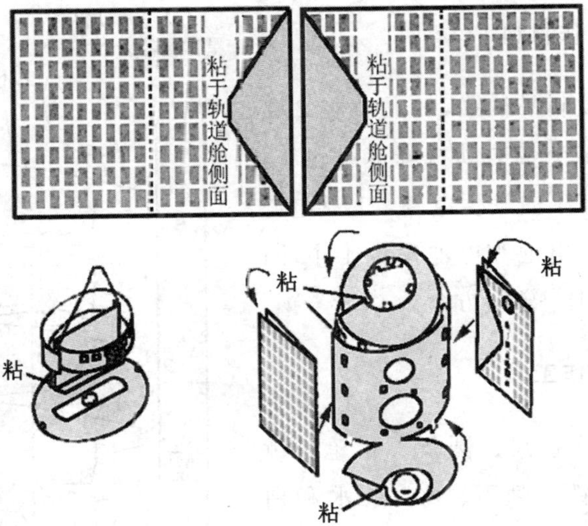

图 7-8 天线架轨道舱制作示意图

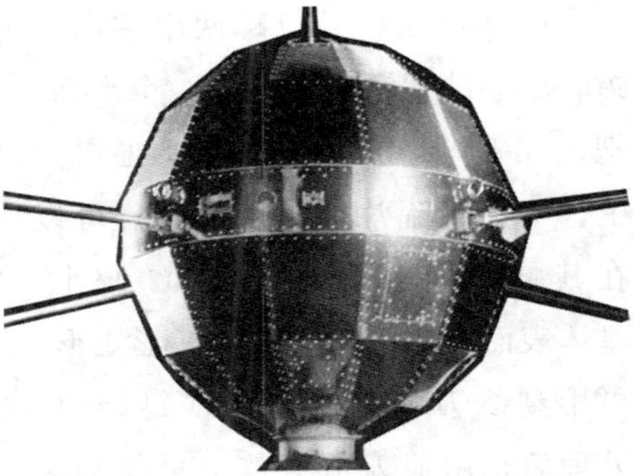

图 7-9 东方红一号卫星模型外观

兆赫的发射机，遥测装置，音乐发生器，雷达应答机，雷达信标机，科学实验仪器和二程参数测量传感器等。卫星以 20.009 兆赫频率发射《东方红》乐曲无线电信号、工程遥测参数和科学探测数据，同年 5 月 14 日停止发送信号。图 7-9 所示的是它的外貌。

这里介绍用饮料易拉罐铝皮制作一个电动旋转的东方红一号人造卫星，底座里安装东方红乐曲发生器，卫星模型能动又会发出悦耳的乐曲，甚是有趣。

1. 制作材料

2 只饮料易拉罐，2 根直径 2 毫米钢丝，1 个带电动机降速齿轮箱，1 个东方红乐曲发生电路，1 只电源开关，3 伏电池和电池盒各 1 个，1 张卡纸或 1 个塑料方盒。

2. 制作工具

剪刀、直尺、圆规、铅笔、锤子、电烙铁、刻刀、502 胶水和白胶水等。

3. 制作过程

（1）把饮料易拉罐两个端面去掉，小心地把铝皮平整为一个平面，把图 7-10 所示的图样复制在铝片上。一个铝罐片的长度不够，可以在其腰部折边黏结，用 502 胶水。星体表面上铆钉点联结的梯形矩形，可用刻线刀划出或用小铁钉敲出。处理后，用剪刀剪下整个星体和两片直径为 20 毫米圆片，如图 7-10 所示。然后，把两个半球星体表面折线处铝片微作折动后，分别粘在两个铝圆片上，注意星体表面铝片间隙一定越小越好。

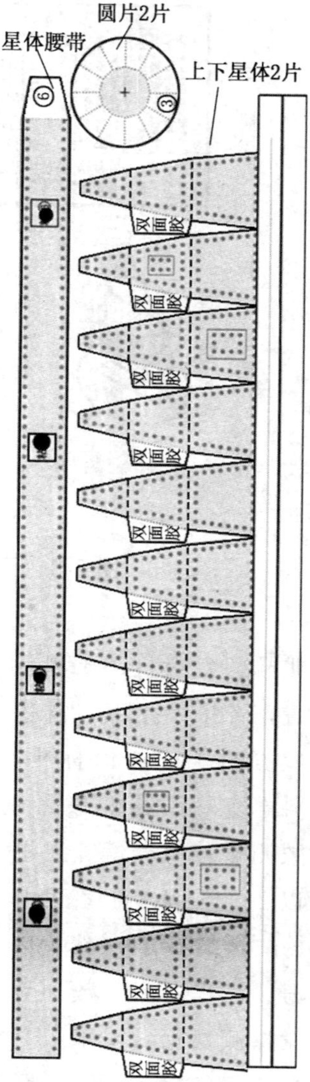

图 7-10　星体图样

(2) 将图 7-10 所示星体腰带剪下，套在下半球边上，用 502 胶水粘牢。在腰带上圆周四等分处钻 4 个直径 2 毫米的小孔，插入两根长 12 厘米自行车钢丝。在上下半球顶部正中钻一个小孔，插入长钢丝 1 根，用螺帽固定，顶部露出 3 厘米长做星载天线，下部留出 10 厘米，然后两半球合拢黏结。每个孔和间缝用 502 胶水封粘，如图 7-11所示。

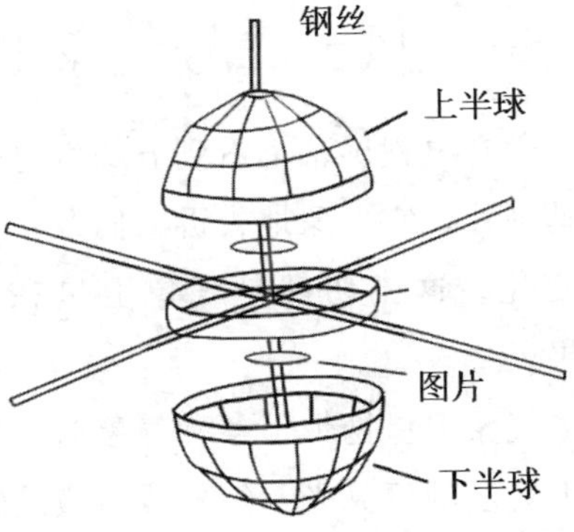

图 7-11　两个半球合拢黏结

(3) 按图 7-12 所示，制作一个纸盒或塑料盒，安置齿轮箱和乐曲发生器、电源盒等。齿轮箱的传动轴伸出盒体，与星体中心轴连接，可以焊接等方法连接。

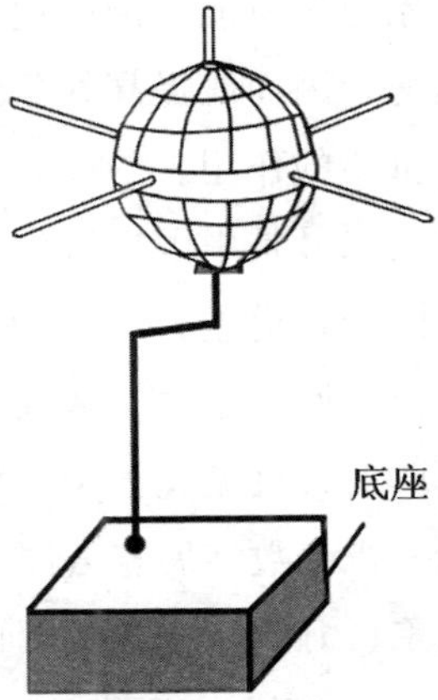

图 7-12　底座制作

(4) 图 7-13 所示的是音乐发生器的电路图，元件都焊接在音乐集成电路上，扬声器用微型的。电源开关一合上，卫星模型就会转动，同时发出《东方红》乐曲声。

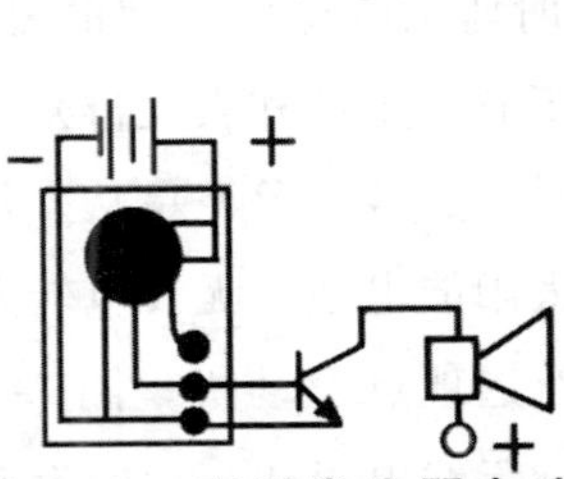

图 7-13　音乐发生器电路

三、风云二号气象卫星模型

你在电视屏幕上看到五颜六色的卫星云图，像一幅风云雨雪的动画片，它形象地告诉人们万千气象的来龙去脉以及风起云涌的变化。这一切都是气象卫星在地球的上空“高瞻远瞩”的结果。

气象卫星携带了各种气象遥感仪器，能够接受和测量地球及其大气层的可见光、红外线与微波辐射，并将它们转换成电信号传送到地面；地面站把这些电信号复原绘制成各种云层、地表和洋面图片，再进一步处理和计算，得出各种气象资料。

气象卫星所能观测的地域广阔，观测的时间长，观测的数据汇集迅速，因而能提高气象预报的质量，对灾难性的天气提前预报有着重要的作用。

风云二号是中国自行研制的气象卫星，它运行在 3600 千米的地球同步轨道上，每 25 分钟能发出可见光、红外线、水气 3 个通道全景圆盘云图各一张。风云二号卫星的基本任务是：第一，获取白天可见光云图、昼夜红外云图和水气分布图；第二，转发高分辨率数字展宽云图，进行云图传真广播；第三，收集和转发气象、海洋、水文等部门数据收集平台观测的数据；第四，监测太阳 X 射线和卫星运行轨道的空间粒子辐射数据。它全天 24 小时监测海洋、陆地的气候变化情况，及时预报气象，为中国的工农业生产和人民群众的生活服务。

风云二号气象卫星从外形看主要由以下几个部分组成：星体上的太阳能电池、无线电转发消旋天线、可见光与红外线辐射仪器以及远地点发动机，图 7-14 为卫星实体照片。星体上端有两个消旋无线电天线，中间有旋转器使天线在星体旋转中始终对着地球表面。星体的侧面有一组可见光与红外线仪器，探测地球的气象情况。

图 7-14 风云二号气象卫星模型

1. 制作材料

1 张 16K 白卡纸，1 根牙签。

2. 制作工具

彩色水笔一套，剪刀，白胶水。

3. 制作过程

（1）按图 7-15 所示卫星模型图样，复制在白卡纸上，用彩笔绘出星体上的细节，然后剪下星体。注意星体与一个圆端面连接，不要把它们剪开。齿折面可用美工刀轻轻划出折边并弯折成直角。

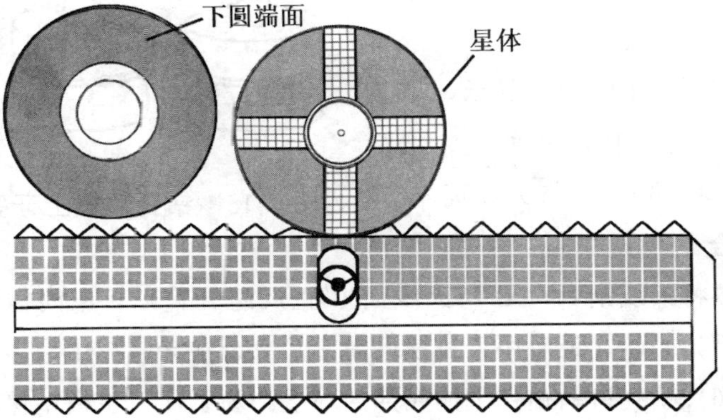

图 7-15 卫星模型图样

（2）如图 7-16（a）所示，用笔杆把星体卡纸加工成圆弧，再黏合成星体；将图 7-16（b）所示上下两端面黏合后，最后形成如图 7-16（c）所示的圆柱形星体。

（3）如图 7-17 所示，复制卫星天线喇叭口 A、B，支架、喷气口部件图样，把它们加工成圆弧状，粘上胶水黏合成喇叭形。

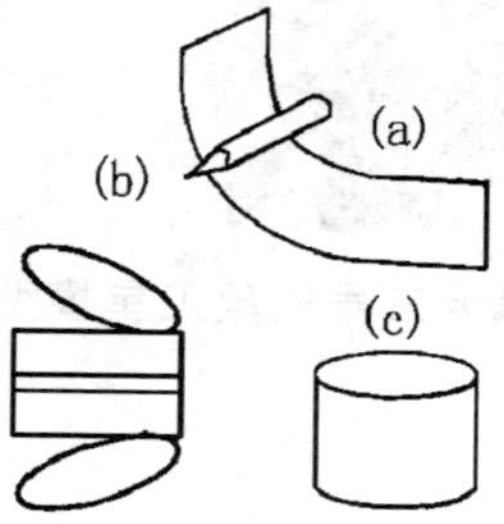

图 7-16　加工圆弧

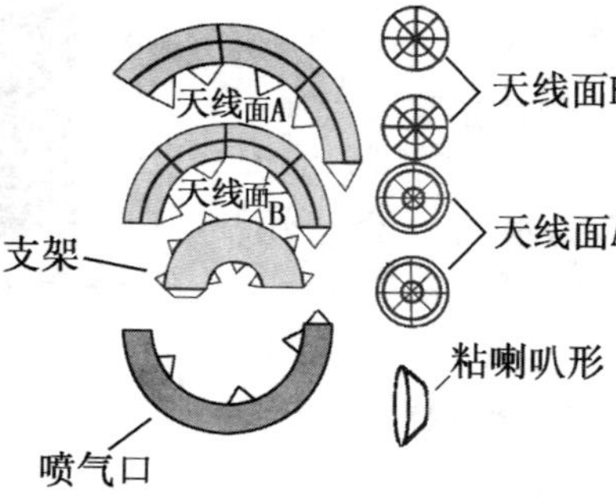

图 7-17　卫星部件图样

（4）取天线支架部件粘在卫星体上端，正中钻一小孔，插上牙签一枚，见图 7-18。

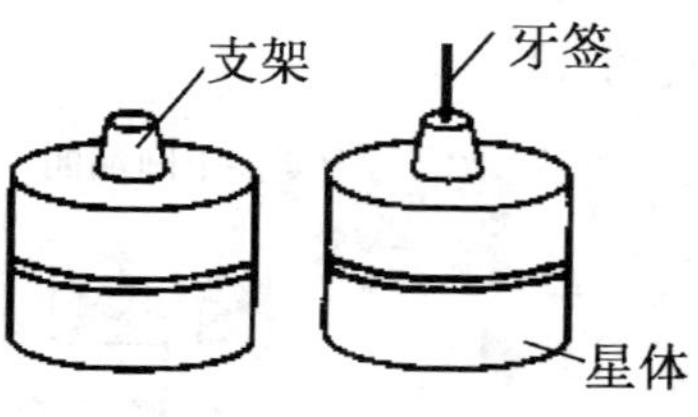

图 7-18　钻孔后插上牙签

（5）如图 7-19 所示，复制天线面 A′、B′，并剪下。然后将天线喇叭口 A 与天线面 A′正反组合粘贴，中间插粘天线横梁；再将天线喇叭口 B 与天线面 B′正反组合粘贴，中间插粘天线横梁另一端，最后用天线横梁另一片黏合在牙签正中。

（6）喷气口粘贴在星体底部的环上。为了使卫星模型保持竖立，按图 7-20 所示将复制的三角托架和标牌并剪下，将其粘贴组成三角托架。

图 7-21 为风云一号气象卫星模型总装图。

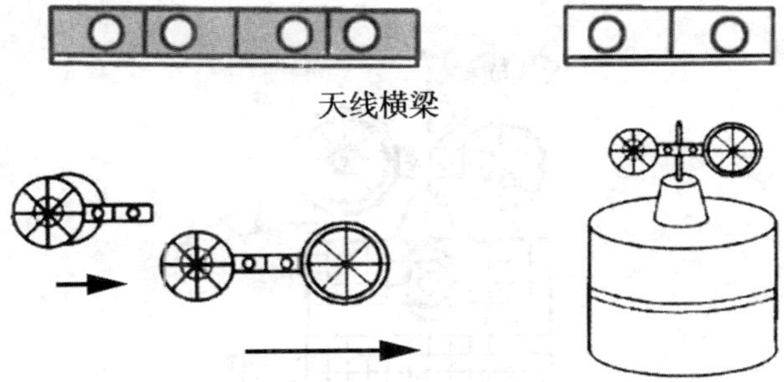

图 7-19　制作天线横梁

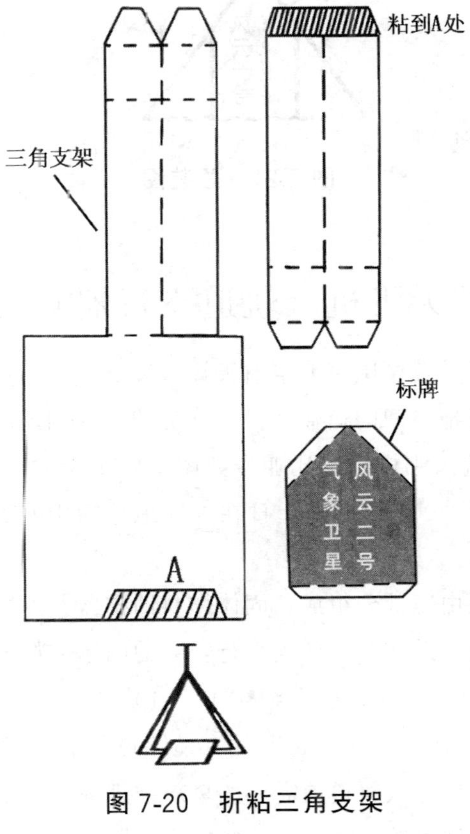

图 7-20　折粘三角支架

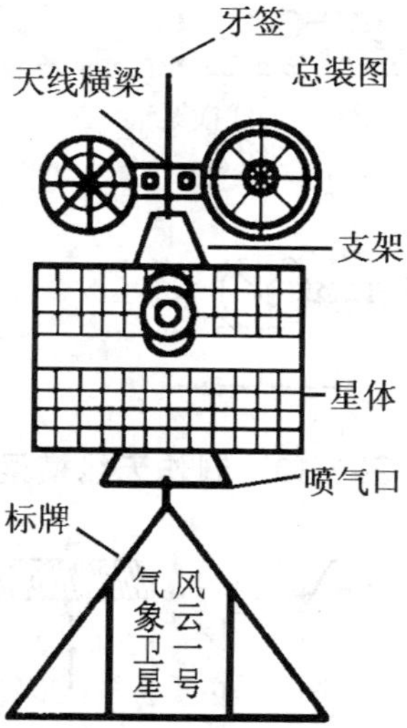

图 7-21　总装图

四、航天飞机（轨道飞行器）实体模型

航天飞机是美国国家航空航天局（NASA）开发的能多次使用的往返于近地空间的运输工具。1981 年 4 月 12 日美国成功发射的第一架航天飞机哥伦比亚号如图 7-22 所示。可惜的是它第 28 次飞行，于 2003 年 2 月 1 日在返回地球途中坠毁，7 名宇航员牺牲。

航天飞机由三部分组成：固体燃料助推器、外接推进剂储存舱和航天飞机。助推器是两支平行安装的固体燃料火箭，每支长 45 米、直径约 3.7 米，推力约 1.18×10^7 牛顿，它可以回收并重复使用约 20 次。外接推进剂储存舱呈圆柱状，是储存轨道飞行器主发动机在进入轨道前需要的全部推进剂（约 7.03×10^5 千克）的容器。储存舱不能回收。轨道飞行器是用来运载有效载荷

图 7-22　哥伦比亚号航天飞机

完成各种任务和进行轨道飞行的部分，它的外形很像一架大型无尾三角翼飞机。轨道飞行器的翼展约 24 米、机长约 37 米、机高约 17 米，机身后部装 3 台液氢—液氧火箭发动机，这 3 台发动机在海平面总推力是 5.10×10^6 牛顿。机身前部为驾驶舱，舱内可容纳 3 名乘员——指令长、驾驶员和飞行工程师。机身中部是货舱，长约 18 米，直径 4.6 米，货舱舱门设在背部，可向外打开，轨道飞行器空质量 7.5×10^4 千克，可重复使用 100 次。整个航天飞机起飞质量约 2×10^6 千克。

航天飞机起飞时，两台固体火箭发动机和 3 台液体火箭发动机同时点火，垂直发射，上升到 40 千米处助推器分离，用降落伞回收。这时，轨道飞行器用自身 3 台发动机继续上升，在进入轨道前将推进剂抛掉。轨道飞行器在轨道上可作机动飞行执行任务，时间为 7 天左右。任务完成后，用反向推力使飞行器进入大气层，然后像普通飞机那样利用机翼在空气中产生的升力返回地面，它的着陆速度约 330 千米/小时。

航天飞机的主要用途有：往轨道上施放各种人造卫星，回收或维修出了故障的卫星，进行种种空间站试验，进行空间站和地面间的运输和执行应急营救任务等，除此之外，航天飞机还可执行各种军事使命，如侦察、轰炸和仿卫星等等。

本文采用木材料制作实体仿真航天飞机模型，如果材料选择良好，工艺技术到位，制作水平精湛，那这模型一定是优秀的工艺品。图 7-23 所示为实体模型航天飞机 3 部分的相对位置图。本文介绍的一般选用松木材料，取材容易，制作方便。其基本尺寸也不大，如果需要做更大一些航天飞机模型，只需按一定比例放大即可。

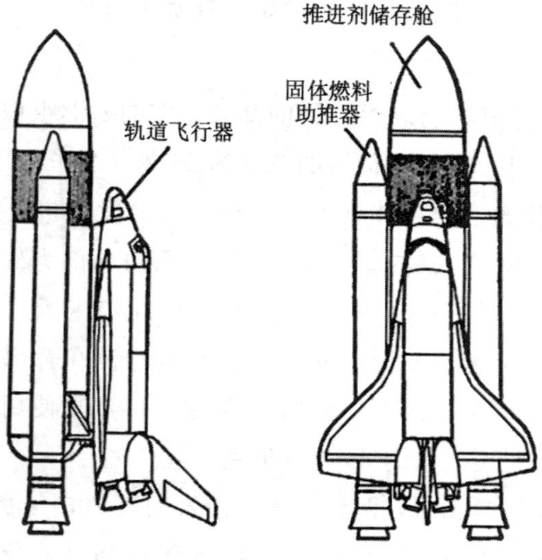

图 7-23　航天飞机 3 部分相对位置图

1. 制作材料

制作用的松木条规格是：机身——28 毫米×32 毫米×170 毫米 1 根，机翼——10 毫米×48 毫米×132 毫米 2 根，发动机整流罩——8 毫米×17 毫米×80 毫米 1 根，垂直尾翼——6 毫米×23 毫米×70 毫米 1 根，大喷气口——12 毫米×12 毫米×30 毫米 3 根，小喷气口——6 毫米×6 毫米×15 毫米 2 根，储存舱——46 毫米×46 毫米×245 毫米 1 根，助推器——20 毫米×20 毫米×240 毫米 2 根。

2. 制作工具

斜口刀、刻刀、木锉、砂纸板、角尺、手摇钻、台虎钳。

3. 制作过程

要制作航天飞机实体模型，首先要了解其基本结构。图 7-24 为航天飞机模型的三视图，它反映了该模型的主要部件的基本全貌。我们可以将其一分为四：1 件推进剂储存舱，2 件助推器，1 件轨道飞行器。我们可以一件件做，最后把它们组合起来。

(1) 制作样板是模型制作的第一步。最复杂的是轨道飞行器，故需画出样板，图 7-25 是其反切面样板示意图。对照图 7-24 它取轨道飞行器的 5 个切面 A、B、C、D、E，其他几个部件是圆柱体，不用制作样板。用复写或复印的方法把图 7-25 复制在硬卡纸上，并剪下来。

(2) 先把轨道飞行器、储存舱和助推器的外形侧面图复制在卡纸上，再设法复制在对应木料上。然后用刀削的方法处理各个材料。材料经基本处理后，用木锉细加工，最后用砂纸精细加工。

(3) 轨道器的翼型是流线型，可按图 7-26 所示的翼型处理加工，使其厚薄相宜。

(4) 发动机喷气口制作方法与机身处理相同，不过由于它的体积较小，因此制作有点难度。喷气口内，最好能用刀挖或用手摇钻钻个圆坑，使其更有真实感。

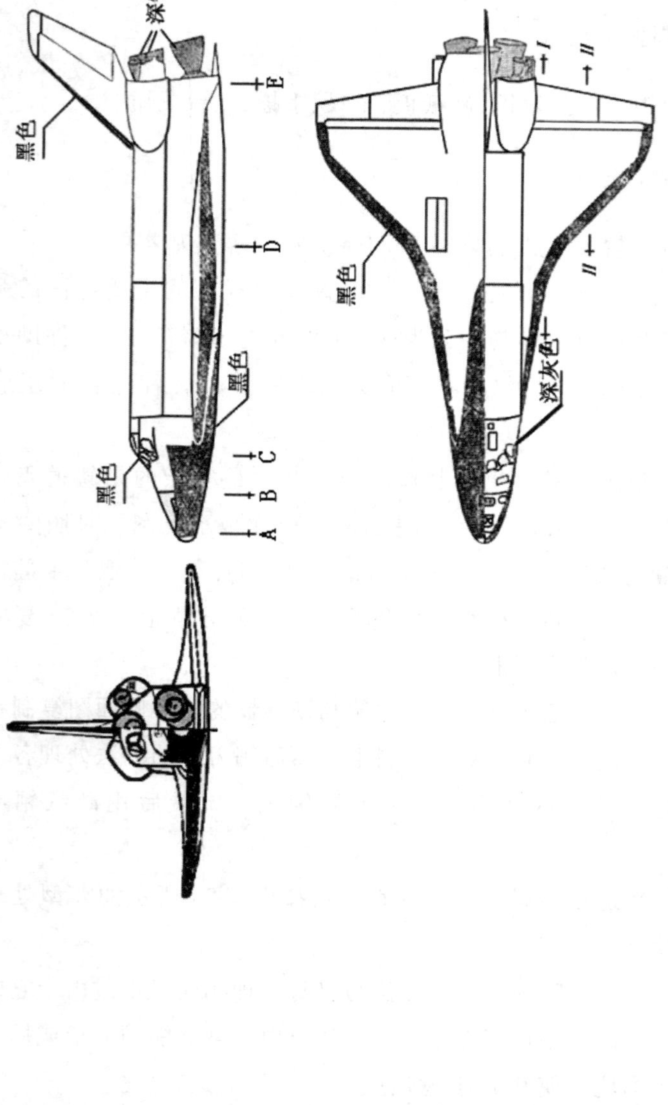

图7-24　三视图

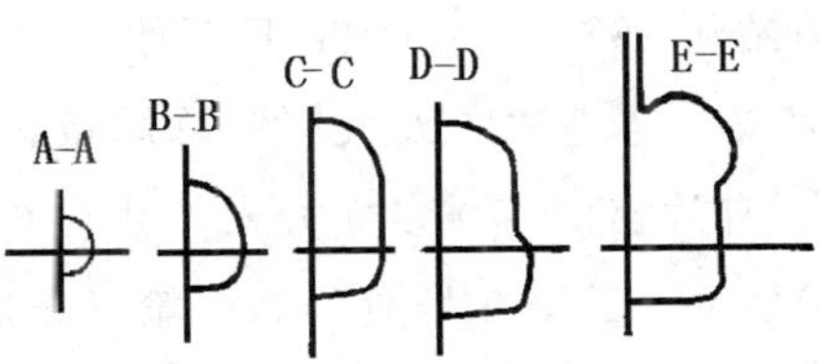

图 7-25　反切面样板

图 7-26　翼型

（5）轨道飞行器和储存舱、助推器上的各种细节，可用刻刀刻出。

（6）各个部件制作完后，用白喷漆喷涂一遍。待其干后用水砂纸磨光，反复多遍直至光洁无暇，感觉满意为止，再把各部件组合后，喷涂磨砂。

（7）按工作图的要求把一些黑边、黑框等处用细笔细心地描绘出来。全部制作完后，再上光。

（8）为了让航天飞机模型竖立起来，要做一个底座，在底座中间插一根自行车钢丝，将钢丝的另一端插在航天飞机尾部。

五、和平号空间站模型

和平号空间站是前苏联——俄罗斯的第三代空间站，它是当今世界上最大、飞行时间最长的空间站。它与宇宙飞船载人登月、航天飞机载人飞行一起，成为人类征服太空的标志而载人史册。

和平号空间站从 1986 年 2 月 20 日开始发射，1996 年 4 月 26 日全部组装完成。这座“航天大厦”总质量为 1.23×10^5 千克，总长 87 米，有效容积 470 多立方米，共有 6 个舱段，包括核心舱、量子 1 号舱、量子 2 号舱、晶体舱、光谱舱和自然舱，见图 7-27。和平号空间站不仅是人造天宫，也是第一家太空工厂。宇航员在上面生产出了优质半导体材料和高纯度的药物。它还是国际合作的大舞台。截至 1999 年 5 月，和平号共接待了 29 艘载人飞船和 9 架次航天飞机，44 人次宇航员，其中包括美国、英国、德国、日本、奥地利、阿富汗和保加利亚等国的宇航员。和平号空间站于 2001 年 3 月 23 日结束工作，并坠落在地球海洋上。

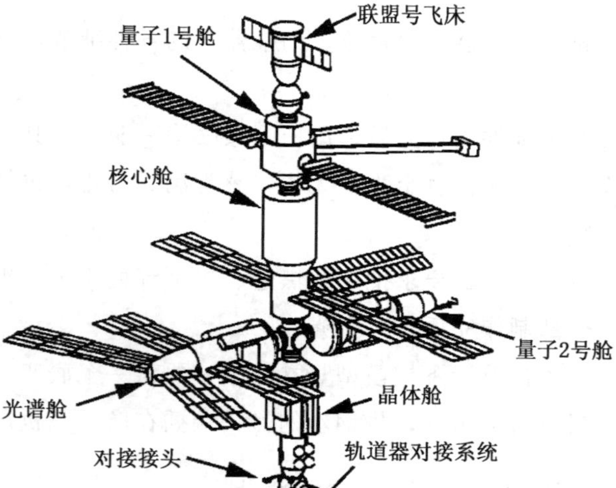

图 7-27　总装

本节介绍和平号空间站的主要部分——和平号核心舱的微型实体模型制作。它由 4 大部分组成：过渡舱（与航天器对接）、工作舱（宇航员工作的地方）、机组舱（仪器动力设备）和太阳能电池板（提供能源）。基本结构以圆柱体、球形为主，采用PVC管和板及塑料球等材料，使初学者、模型爱好者取材和制作容易些。

1. 制作材料

太阳能电池板：1块宽50毫米、长300毫米的双面蓝色KT塑料板；连接体：1块直径35毫米、长50毫米的圆松木块；机组舱：1根直径35毫米、长60毫米PVC塑料管；工作舱：1根直径25毫米、长60毫米PVC塑料管；过渡舱：1只直径20毫米塑料球；1根直径12毫米、长20毫米塑料管；1根直径0.5毫米、长300毫米铜丝；1根直径2毫米的自行车钢丝；订书钉、小铁钉，还有502胶水、强力胶、硝基清漆、银色喷漆。

2. 制作工具

手工锯、锉刀、美工刀、钻子、剪刀。

3. 制作过程

（1）按图7-28所示的尺寸和材料，用锯子分别锯两段PVC管，同时分别锯两段直径与PVC管的内径相仿的松木块，分别沾一点强力胶塞入两根PVC管，露出足够长度。晾干后，用锉刀和砂纸板对木块和PVC管口加工，制作成半锥形的连接口。

（2）按图7-29所示，将两根PVC管连接起来，要用强力胶粘牢。用KT板割出直径与两根PVC管内径一致的圆板，封粘两个PVC管口。用少量硝基清漆调滑石粉，涂刷松木块和它们与PVC连接处和两个封口。待其干后，用细砂纸反复打磨。做成工作舱和机组舱。

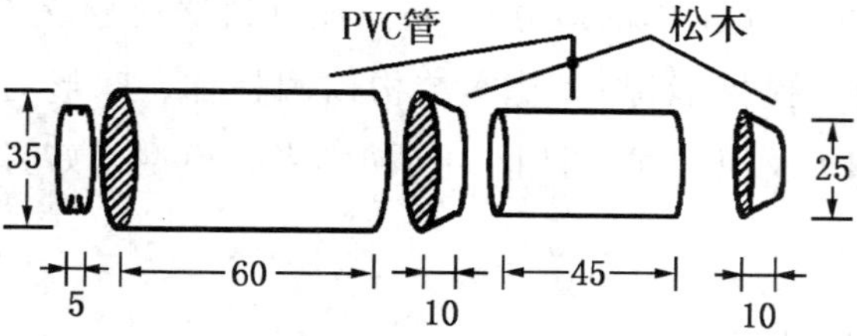

图 7-28　核心舱制作

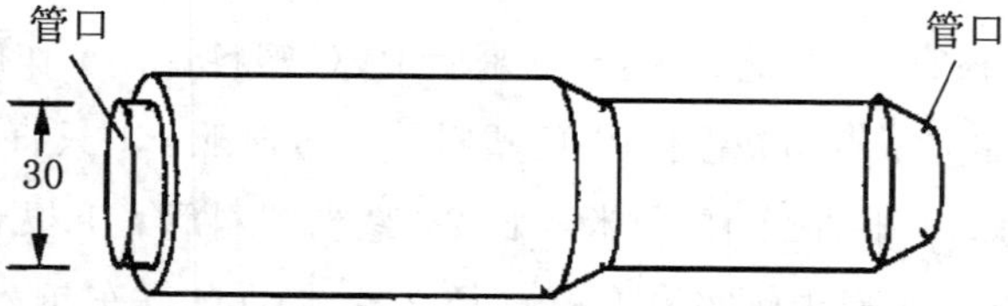

图 7-29　连接两根 PVC 管

（3）把直径 12 毫米、壁厚 3 毫米的 PVC 管锯成 6 段，每段长 5 毫米，用砂纸打磨光洁。另取一个塑料球，将 6 段管料分别粘在球体的 6 个面上，做成一个过渡舱，如图 7-30 所示。将过渡舱的一面粘在工作舱的端面上，要求 3 个舱处于一个轴心上。

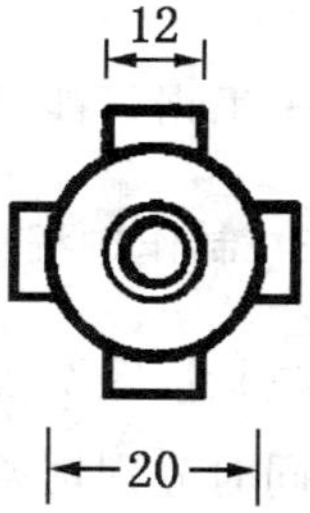

图 7-30　过渡舱

（4）按图 7-31 所示把铜丝、小铁钉和订书钉等用 502 胶水粘在各舱的有关部位，构成舱面上各种细节。在工作舱水平面和轴心上钻一个对穿的双孔，插一根长 60 毫米的钢丝，准备安装太阳能电池板。

（5）舱体涂刷一遍清漆，用银色喷漆上色，喷漆时要注意稀薄，不宜过厚。最后做太阳能电池板，取双面蓝色 KT 板，按图

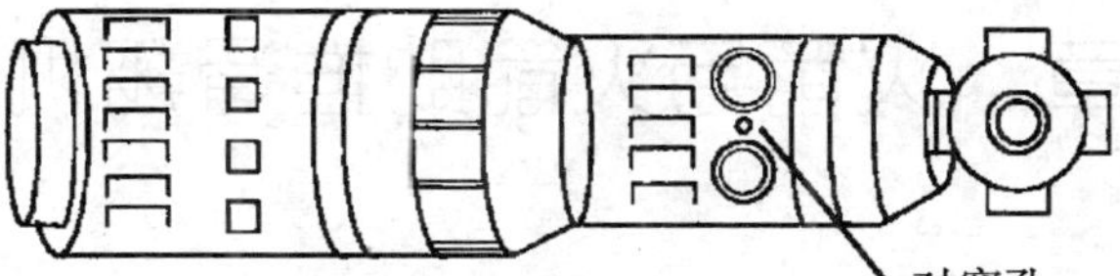

图 7-31　舱面各种细节制作

7-32 所示，先用铅笔画出各线条，用美工刀刻出 2 毫米线条，露出白色条形电池板模样，然后在两片电池板正中分别插入钢丝。

（6）空间站模型可以用悬挂方法展示，只需找出重心点，钻上羊眼圈，用线悬挂。

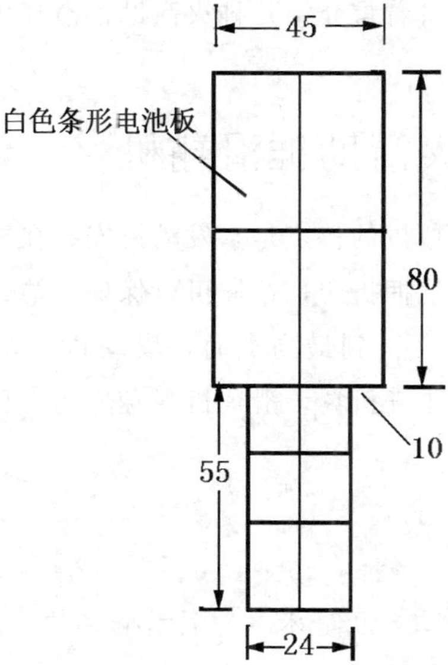

图 7-32　制作电池板

第八章　火箭与火箭助推滑翔机制作

火箭与火箭助推滑翔机是航天模型中的最有吸引力的一种。它的飞行过程同航天飞机非常相似，在模型火箭发动机的推动下，滑翔机垂直爬升到约 100 米的空中，在最高点模型火箭变成滑翔状态，依靠空气动力滑翔回收。同样，火箭与火箭助推滑翔机技术涉及面广，制作有一定难度。在它的设计和制作中，既要处理好模型火箭携带滑翔机后重心和压心的关系，尽可能提高飞行高度和保持良好的飞行姿态，还要考虑滑翔机空气动力的性能，使之能正常滑翔回收。第三章已经介绍火箭与火箭助推滑翔机一些基本结构，本章将着重介绍几种火箭助推滑翔机模型的制作，供模型爱好者参考。

一、变翼式火箭助推滑翔机

变翼式火箭助推滑翔机的特点是，发动机安装在整个滑翔机的头部，前机翼用丝线绕捆折合，这样可以保证火箭升空的速度和稳定性。当模型火箭飞行到最高点时，发动机开伞剂燃断丝线，抛出发动机，同时张开机翼，滑翔机滑翔回落。图 8-1 即整个飞行过程示意图。

1. 制作材料

机翼：1 片 360 毫米×70 毫米×3 毫米桐木片，水平尾翼：1 片 50 毫米×140 毫米×1 毫米桐木片，垂直尾翼：1 片 55 毫米×45 毫米×1 毫米桐木片，机身：1 根 360 毫米×6 毫米×5 毫米桐木条，发动机支架：1 块 50 毫米×15 毫米×5 毫米桐木块，头锥：1 块 30 毫米×20 毫米×20 毫米桐木块，发动机套管：1 张挂历纸 70 毫米×54 毫米，1 根直径 0.5×8 毫米的钢丝，2 根橡筋圈，1 块尼龙布，丝线若干。

2. 制作工具

砂纸、美工刀、尖嘴钳、铅笔、直尺、快干胶等。

3. 制作过程

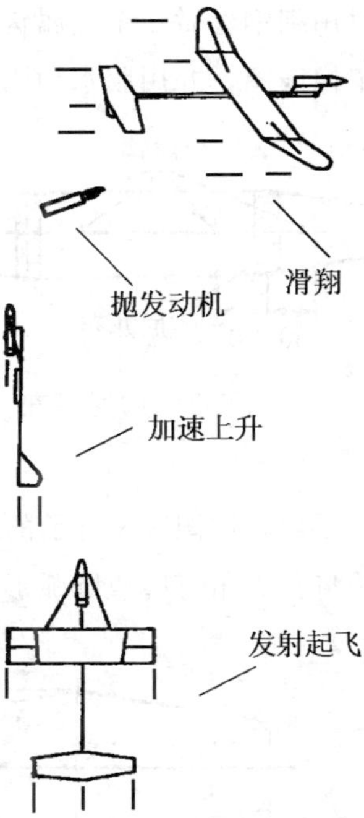

图 8-1　滑翔机飞行过程

(1) 用美工刀将前机翼切割成图 8-2 所示的形状（图中上端为机翼前缘），并用砂纸将机翼打磨成流线型，翼尖打磨成圆弧形。

(2) 如图 8-2 所示，沿虚线将机翼切开，打磨切面，使机翼上反角为 30°，或翼尖上反高度为 42 毫米。

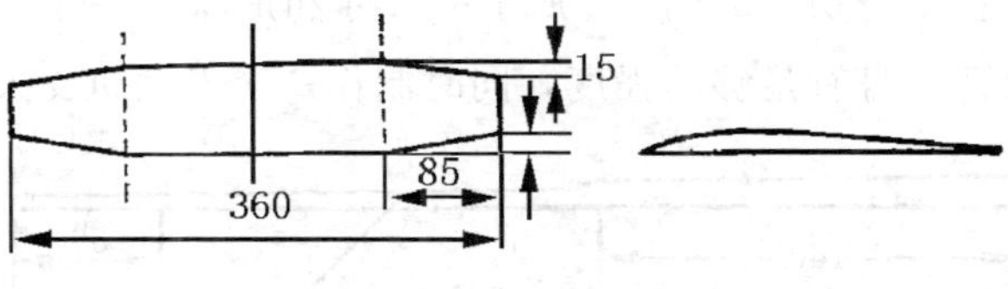

图 8-2　加工翼尖

(3) 剪 2 块 20 毫米×70 毫米尼龙布，在图 8-3 所示机翼背面图示位置涂适量的快干胶，把尼龙布贴上去，将机翼两切面连接起来。注意：机翼两端必须是可折动的，故切面不能涂胶。同时用细钢丝做 4 个金属钩，金属钩一端插在机翼中线上，钩子固定橡筋圈，并用胶水加固，如图 8-4 所示。

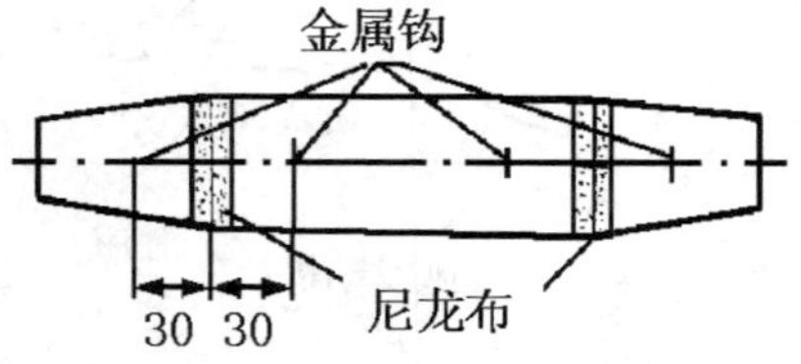

图 8-3　贴尼龙布

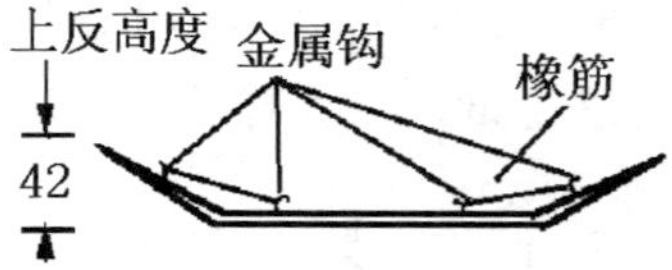

图 8-4　机翼两端

（4）按图 8-5 所示的尺寸要求，制作水平尾翼和垂直尾翼，并将其尖角打磨成圆弧形。

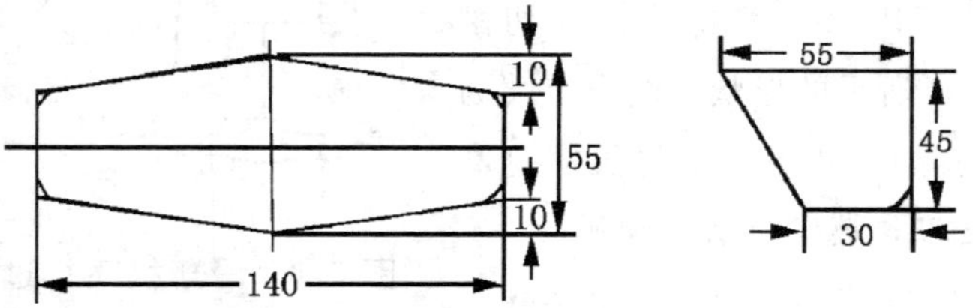

图 8-5　水平尾翼和垂直尾翼尺寸

（5）将机身切削成图 8-6 所示的尺寸和形状，并用砂纸打磨光滑，保证机身有足够的强度，同时制作一个发动机支架。

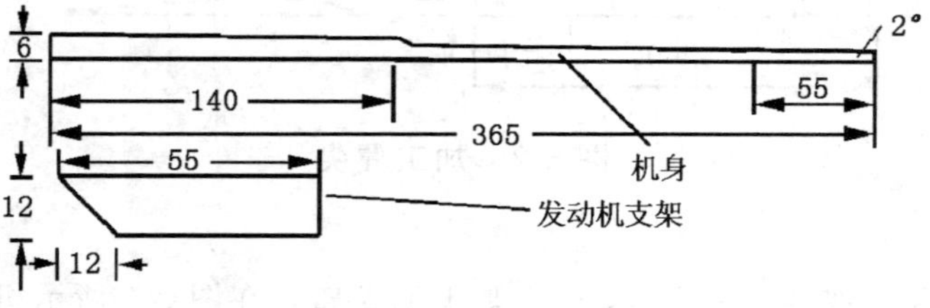

图 8-6　机身尺寸

（6）如图 8-7 所示，用桐木块做个头锥，头锥中间尽可能挖空，在头锥的半腰处钻一对穿孔；也可以找一个直径相仿的牙膏盖代用。然后，用挂历纸做个发动机固定环和发动机套管；再用胶水将头锥及发动机固定环黏结在发动机套管一端，使发动机固定环紧靠头锥。注意涂胶要适量，防止胶水流入固定环内侧，使发动机装入固定环过紧。

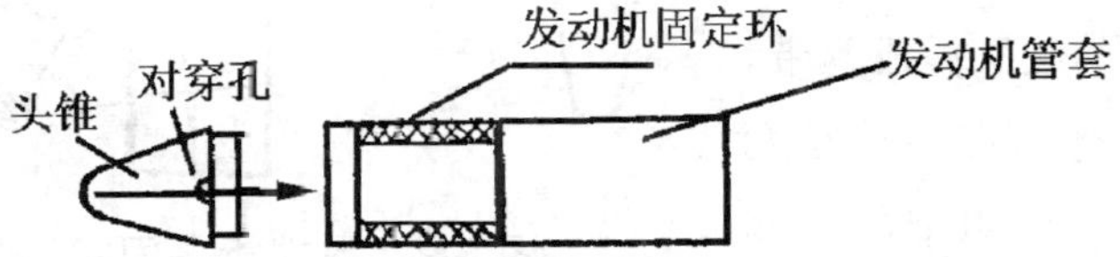

图 8-7　头锥制作

（7）各部件制作完毕，可以按图 8-8 进行总装配，装配顺序如下：发动机支架—机身—水平尾翼—垂直尾翼—头锥—机翼—导向管。注意发动机套管轴线必须与机身轴线平行，机翼平面与滑翔机纵平面垂直，且中心线须沿着机身轴向。

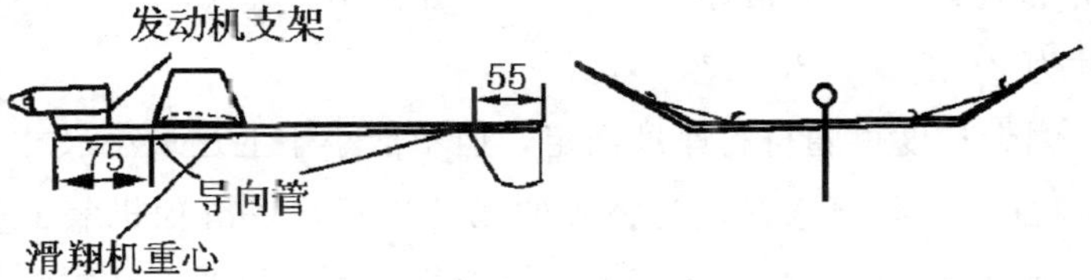

图 8-8　总装配

（8）飞行前必须对滑翔机进行手掷试飞。试飞时，滑翔机不带发动机重心在前机翼后缘。如头轻可以在头部增加适量配重；如头重可在发动机支架上钻孔以减少质量。

（9）发射前的准备。

滑翔机：将丝线的一端固定在橡皮筋上靠翼端的部位，将机翼折叠，用丝线缠绕一周，另一端穿过头锥上的小孔，用相同的方法固定机翼的另一端。注意：翼端折叠固定后，要紧贴机翼，如图 8-9 所示。

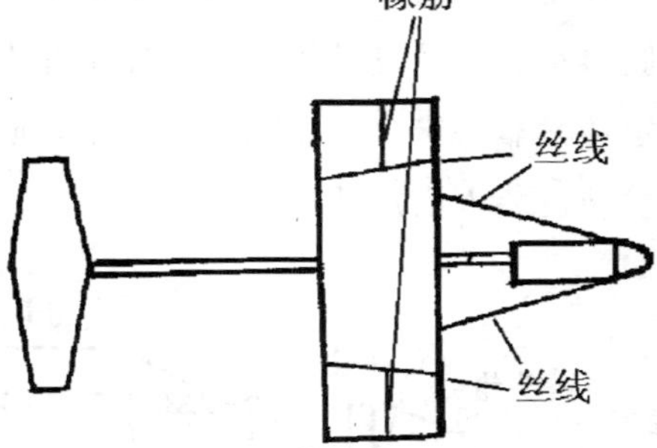

图 8-9　翼端折叠固定

发动机：用薄的强度较好的纸条做成飘带，用胶带将飘带黏结在发动机后端，飘带的一侧和发动机后端面平齐，并卷在发动机上，如图 8-10 所示。把点火头插入发动机喷管底部，用小纸团将发动机固定，然后，将发动机装入发动机套管内。飘带最小尺寸为 25 毫米×300 毫米。飘带长度可随材料厚度而定，但不能小于上述最小尺寸。

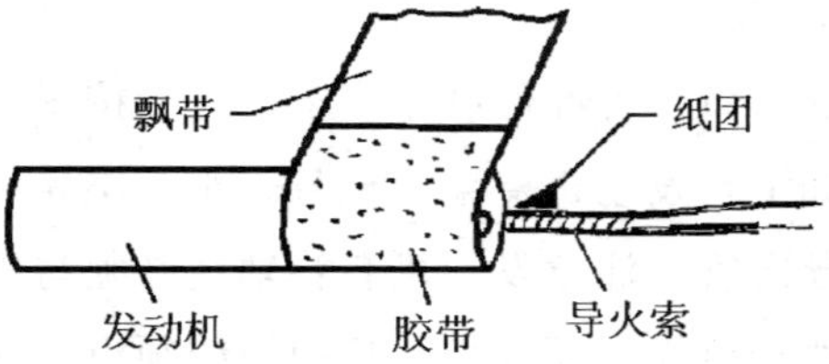

图 8-10　卷飘带

（10）发射要选择较为空旷的场地进行。将滑翔机装上发射架，确保滑翔机能在导向杆上顺畅滑行，不能过紧。注意，发射方向与地面夹角不能小于 60°。

4. 变翼式火箭助推滑翔机的改进

上述变翼式助推滑翔机前机翼两端的折叠用丝线固定。当它飞到一定高度时，发动机开伞剂燃烧丝线，通过橡筋力张开前机翼，使助推滑翔机在空中滑翔。由于此翼型前机翼虽然折叠，但仍有一定宽度，因此上升时在侧向风力的作用下，火箭助推滑翔机将不能很好地垂直上升到一定的飞行高度。

图 8-11 所示的是改进的机翼折叠旋转型助推滑翔机示意图。它的机翼除了能折叠外，还能旋转 90°，使飞行的性能有很大改善。它的改进步骤如下几点：

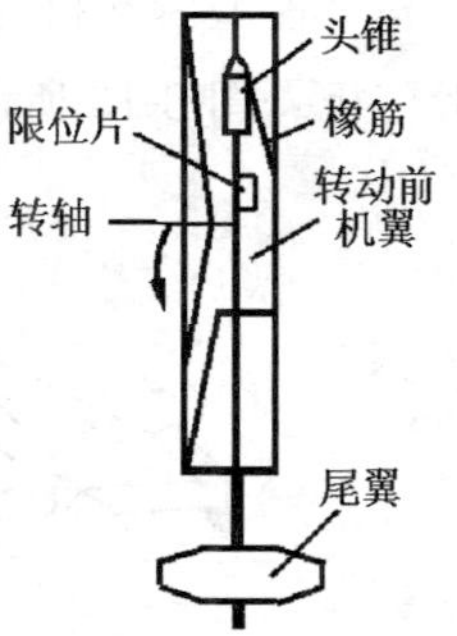

图 8-11　助推滑翔机

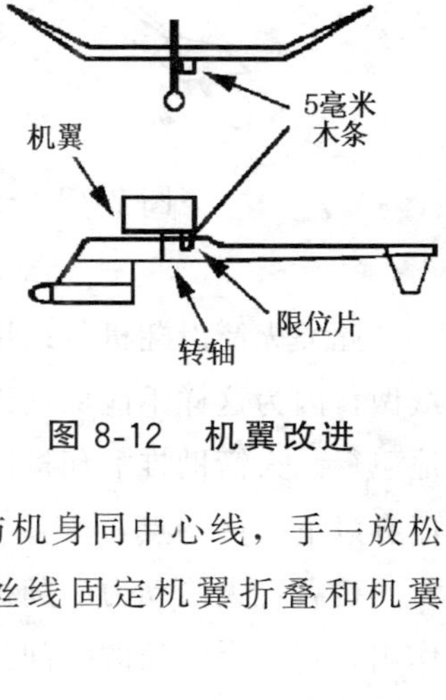

图 8-12　机翼改进

按上述方法加工大部分部件，但总体组装有新的变化，图 8-12 所示的是改进中的一些情况。首先，机头位置与原来相反；其次，在前机翼背后的中心线位置粘一条 5 毫米厚的木条；再次，在机身与前机翼的中心安装转轴，先用大头针简单固定，通过手掷试飞后决定重心点，用大头针对穿机身作为转轴；最后在前机翼后下端的机身处，用 5 毫米 ×10 毫米小木片粘在机身上，为前机翼旋转限位。机翼一端用橡筋连接机头。此时旋转机翼 90°与机身同中心线，手一放松前机翼弹回滑翔状态。起飞前仍用丝线固定机翼折叠和机翼旋转。

二、一体式火箭滑翔机

弹射模型飞机结构简单，容易制作。它是以橡筋为动力，靠橡筋弹射获得较大的初速度升空，然后依赖其惯性滑翔飞行。那么能否用火箭发动机推动滑翔机升空，并且提高这类模型飞机的留空时间呢？这里介绍的是用模型火箭发动机做动力，推动滑翔机升空，当发动机动力消失后，滑翔机以空气动力滑翔盘旋回落。整个模型滑翔机与火箭为一体组合结构，故称之为一体式火箭滑翔机。图 8-13 所示的是几种一体式火箭滑翔机的外形。

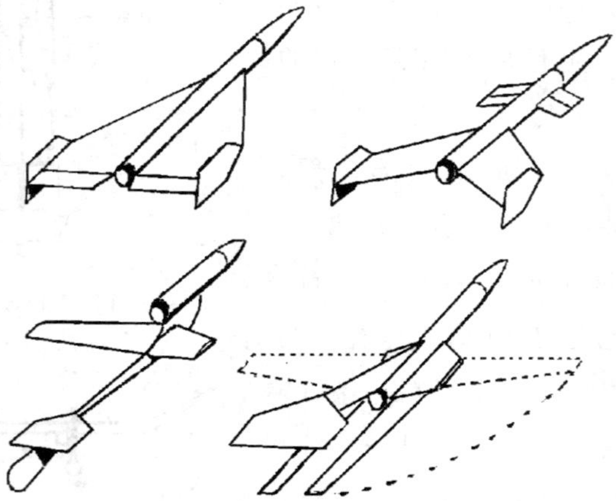

图 8-13　一体式火箭滑翔机外形

此类火箭滑翔机可以用轻木、桐木或塑料来制作，但不能用纸做，因为这样不能保证模型的精确度和强度，不能使模型稳定地飞行。火箭助推滑翔机的大小与弹射模型飞机相仿，除此之外还有以下一些特点：

机翼：火箭动力滑翔机在爬升阶段一直受到“起飞”的推动作用，是一个较长的时间过程。为了保持上升阶段能稳定飞行，机翼的升力不能太大，翼型可采用浅弧或双弧型，机翼的面积要小些，并且要有较大的上反角和后掠角。

机身：与机翼相比，机身应比较细长。

尾翼：垂直尾翼和水平尾翼的面积都比较大，并且形状和火箭的尾翼类似。

全机质量应该比较小，在推力有限的情况下，减小质量可以增大升空高度和留空时间。

火箭滑翔机的飞行和弹射模型一样分为 2 个阶段：爬升和滑翔阶段，关键是爬升阶段。设计火箭助推滑翔机的先决条件是使模型飞机有一个稳定的爬升阶段。一般此类模型的火箭发动机安放在滑翔机较前的位置，使滑翔机重心靠前，这样飞行比较平稳。

1. 制作材料

机体：1 根 3 毫米×4 毫米×170 毫米桐木条，头部：1 根 3 毫米×12 毫米×70 毫米桐木条，机翼：2 片 2 毫米×50 毫米×100 毫米桐木片，垂直尾翼：1 片 1 毫米×20 毫米×25 毫米桐木片，水平尾翼：1 片 1 毫米×25 毫米×40 毫米，1 只 A/2 发动机，1 块薄铜片等。

2. 制作工具

剪刀、美工刀、砂纸等。

3. 制作过程

（1）全机用较轻的桐木制作，图 8-14 为滑翔机俯视图，按图所示加工前机翼、水平尾翼和垂直尾翼。机翼选用 2 毫米厚的木片用砂纸打磨，制成所需要的翼形。垂直尾翼的长度等于水平尾翼的一半，它们是 1 毫米薄桐木材料，因此只需按尺寸用美工刀刻出，稍打磨即可黏结。

（2）图 8-15 是滑翔机侧视图。机身、机头的制作按图进行，加工完即可把机头、机身、水平尾翼和垂直尾翼组合黏结。

（3）图 8-16 是滑翔机正视图。先把机翼拼接边粘成 25°，将

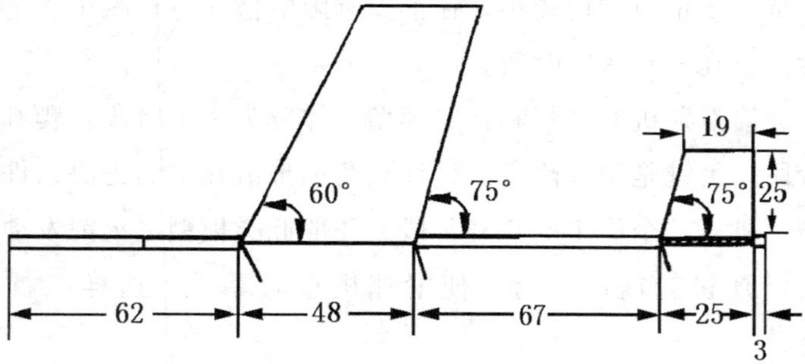

图 8-14　俯视图

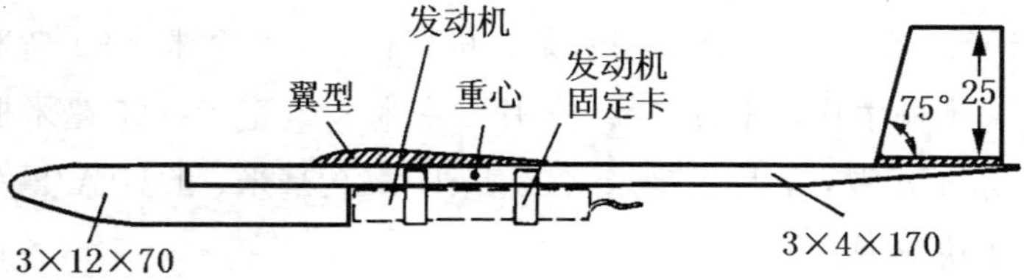

图 8-15　侧视图

两片机翼黏合后，再粘在机身所在位置。用薄铜片按照图 8-17 的形状做 4 个卡子，然后用强力胶将它粘在机身两侧，用来固定火箭发动机。它的形状和位置可以通过发动机的尺寸来适当调整。

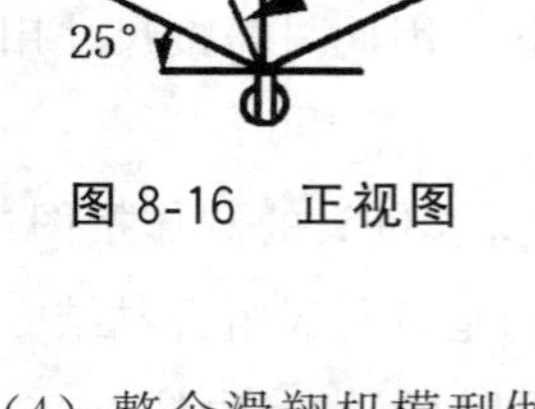

图 8-16　正视图

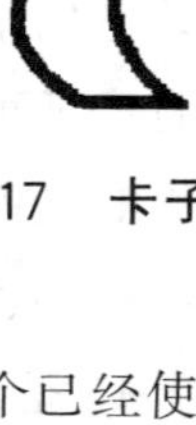

图 8-17　卡子形状

（4）整个滑翔机模型做好以后，装上一个已经使用过的废发动机，进行手掷飞行。调整重心，使其位于机翼后缘 1/3 处。若重心位置不当，可在机头适当配重。手掷试飞时，必须使飞机能平稳向正前方滑翔，不能有严重左右转弯现象。

（5）火箭滑翔机水平发射起飞。发射前，还要做一个起飞板，按图 8-18 所示找一块 30 平方厘米的正方形玻璃板，在上面粘两个木块，使木块能托起滑翔机的机翼。

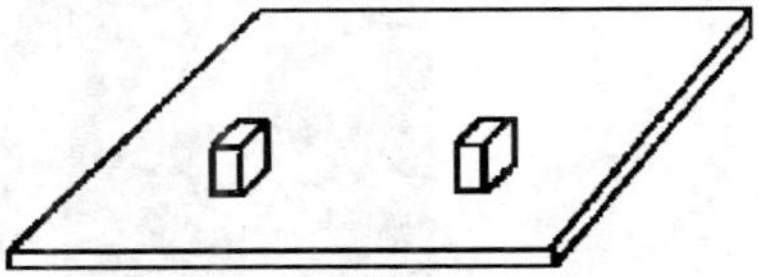

图 8-18 正方形玻璃板

（6）发射时，将飞机模型放在起飞板上，玻璃板平放在凳子上（也可以将玻璃板微微上倾）。

发射模型火箭飞机要注意安全，要选择在开阔的地方进行，人须离开发射架十多米远。另外，还应有辅导老师在场进行指导，记录飞行时间。

三、外挂式火箭助推滑翔机

图 8-19 所示的是一种外挂式火箭助推滑翔机模型成品。此类模型并非模型火箭和滑翔机模型简单组合，因为大多数滑翔机都不宜垂直起飞，否则，将会因机翼升力瞬时增大，产生绕重心旋转的顺时针方向合力矩，从而使滑翔机飞行翻滚而无法继续平稳爬升。这里介绍一种火箭助推滑翔机，滑翔机挂在模型火箭的尾部，在垂直上升过程中具有克服翻滚和失速的能力。这里我们假定飞机压心位于机翼翼弦 1/4 处，重心在翼弦 1/3 处，如图 8-20（a）所示。如果在机头上附加重物（火箭发动机），容易致使重心位置移至机翼压力中心前面，如图 8-20（b）所示，这样滑翔机的合力矩将使得滑翔机能以任何角度和任何方向发射，当然也能使其垂直起飞在空中直线加速。还应当考虑到在发动机结束

图 8-19　外挂式火箭助推滑翔机模型

工作后(2～3 秒)，根据质量损失情况（包括燃料质量消失，发动机是否脱离等)，来设计滑翔机重心回复位置，从而得到最佳滑翔效果。

本文介绍的火箭助推滑翔机采用外挂结构。起飞时，借助火箭发动机推力，顶销锁紧；动力一消失，顶销松开，模型火箭与

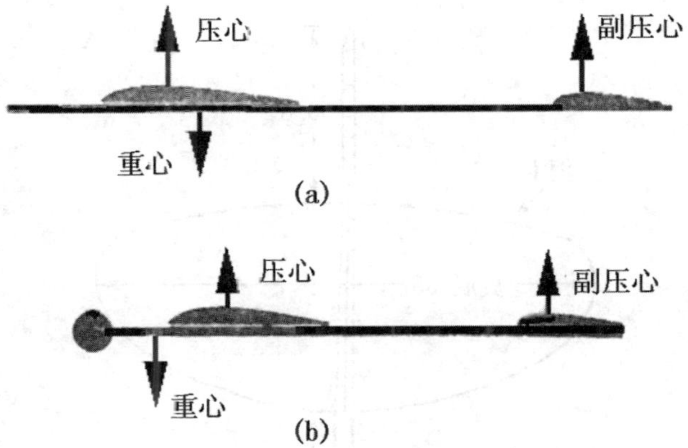

图 8-20　重心和压心位置

滑翔机自行脱钩分开，分别降落、回收、退出。

1. 制作材料

机身：1 根 3 毫米×7 毫米×220 毫米桐木条，机翼：1 块 2 毫米×60 毫米×140 毫米桐木片，水平尾翼：1 片 1 毫米×25 毫米×55 毫米桐木片，垂直尾翼：1 片 1 毫米×25 毫米×25 毫米桐木片，顶销与座：1 块 2 毫米×7 毫米×50 毫米松木片，顶销座：1 片 0.4 毫米×7 毫米×40 毫米层板，火箭头锥：1 块 18 毫米×18 毫米×50 毫米桐木块，导向管：2 根直径 4 毫米×20 毫米纸管，箭体：挂历纸. 卡钩：扁铁条。

2. 制作工具

剪刀、美工刀、砂纸、白胶和百得胶等。

3. 制作过程

(1) 图 8-21 所示的是滑翔机的各机翼尺寸，制作机翼、水

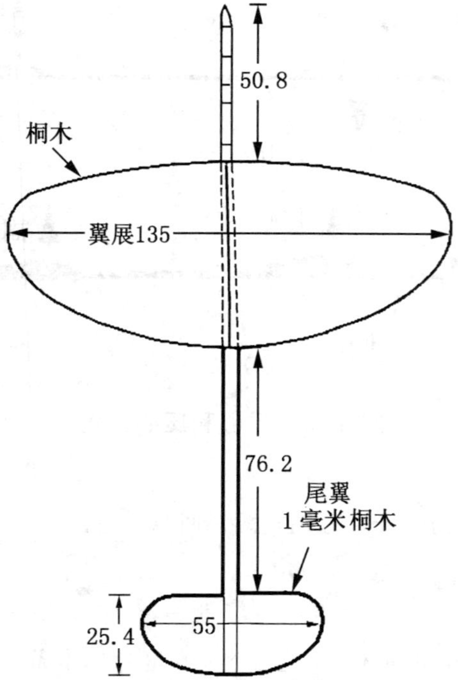

图 8-21　滑翔机机翼尺寸

平尾翼和垂直尾翼。机翼选用 2 毫米厚的木片，先用刀刻下机翼，然后用砂纸打磨，加工成所需要的翼型。垂直尾翼和水平尾翼用 1 毫米薄桐木材料，因此只需用美工刀按尺寸和形状刻出来，稍加打磨即可黏结。

（2）机身、机头的加工制作按图 8-22 所示进行，在机头位置上，沿机翼面方向刻一条深 2 毫米的槽，能把顶销片插入槽内，并用胶水粘牢。最后把机头、机身、水平尾翼和垂直尾翼组合黏结。

（3）先把机翼拼接边砂成一定角度，使两片机翼黏合后上反翼尖 24 厘米，如图 8-23 所示。待干后，粘在机身所在位置上，完成滑翔机的总装。

（4）在整个滑翔机做好以后，要进行手掷飞行，并调整重心，使其位于机翼后面 1/3 处。若重心位置不当，可在机头适当配重。手掷试飞时，必须使飞机能平稳地在空中滑翔。

（5）接下来按图 8-24 所示制作常规模型火箭。先卷制长 150 毫米、直径 18 毫米的箭体，削制头锥，最后制作飘带，并安装卡钩和导向管。

在箭体尾部安装顶销座，如图 8-25所示。顶销座是由两片薄层板夹一块松木片构成。原则是让滑翔机的顶销能轻松地在箭体上下移动。

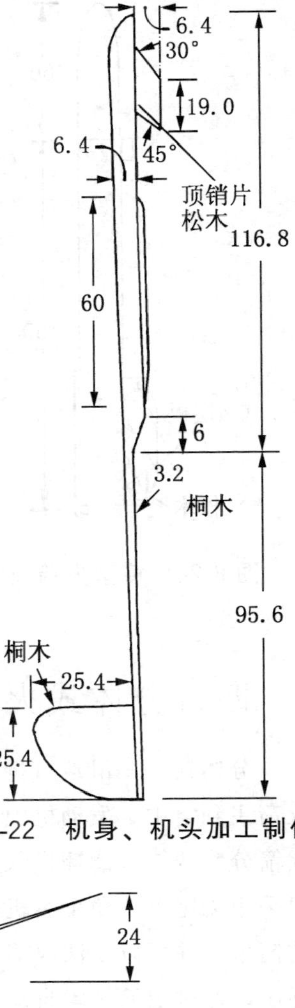

图 8-22　机身、机头加工制作

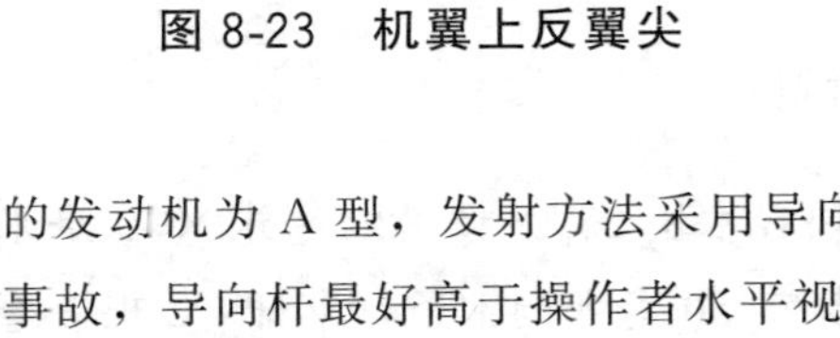

图 8-23　机翼上反翼尖

（6）使用的发动机为 A 型，发射方法采用导向杆、电点火。为了避免意外事故，导向杆最好高于操作者水平视线以上。

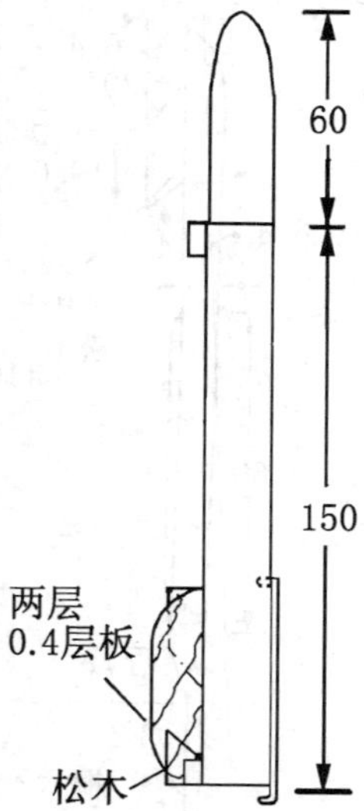

图 8-24　模型火箭尺寸

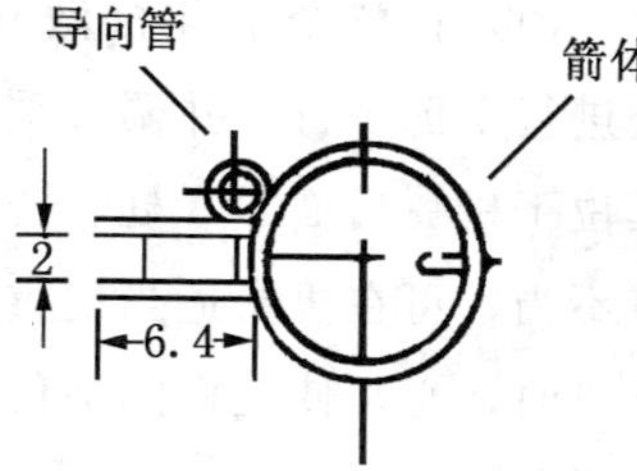

图 8-25　安装顶销座

四、分体式火箭助推滑翔机

分体式——滑翔机折叠后安放在模型火箭的箭体里。当模型火箭飞到空中，发动机中的开伞剂把滑翔机弹射出箭体，使模型火箭分为两体，滑翔机张开翼面自由飞行着落。这里设计的滑翔机采用无尾翼三角伞翼机的形式。它的特点是：伞翼面柔软、结构简单，并可以设法收缩，安装在模型火箭箭体里。当滑翔机被弹出，通过橡筋拉索自动打开伞翼面滑翔飞行。伞翼滑翔机可独立飞行，也可以携带箭体回落。

1. 制作材料

头锥：1 块轻木块 25 毫米×25 毫米×50 毫米，机身：1 根 4 毫米×4 毫米×250 毫米桐木条，伞杆：2 根 3 毫米×3 毫米×

250 毫米桐木条，伞面摇杆：1 根 3 毫米×3 毫米×40 毫米桐木条，尾翼：1 片 2 毫米×50 毫米×200 毫米桐木片，伞面板：1 片 2 毫米×10 毫米×40 毫米桐木片，发动机套架：1 片 2 毫米×25 毫米×25 毫米桐木条，伞面：尼龙布，弹力拉索：橡筋条，箭体和发动机套：挂历纸，阻燃块：泡沫塑料块，大头针等。

2. 制作工具

剪刀、美工刀、钻子、砂纸板、白胶等。

3. 制作过程

（1）按图 8-26 所示模型火箭的尺寸，用挂历纸卷制直径为 25 毫米、长 320 毫米的箭体，并按图的要求制作尾翼和发动机固定架。同时装置卡钩和导向管，除了头锥以外，模型火箭的其他部件也要一一到位。具体做法参照前几章。

（2）本模型火箭对其阻燃块有所要求：要用较好的工艺处理泡沫塑料块，圆块的尺寸要正确，它的外面要包上薄锡纸以更好地阻燃。阻燃块在箭体里须能较轻松地移动又不漏气，让发动机的开伞剂充分发挥作用。

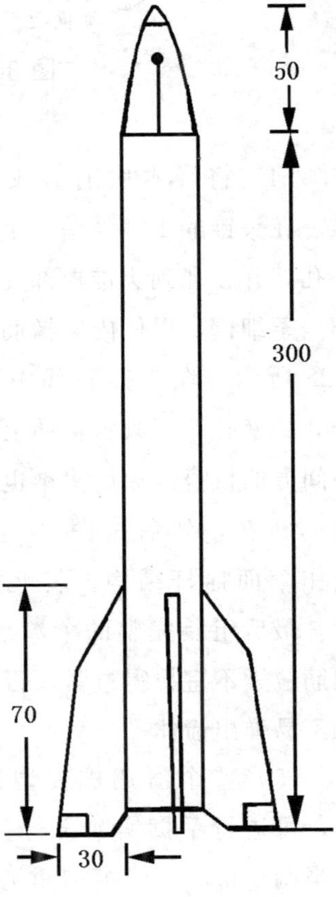

图 8-26 模型火箭尺寸

（3）取一根桐木条，按图 8-27 所示的要求，制作一个活动的可折动伞翼面架。然后以大头针做转轴，粘上尼龙布的翼面。做好后可试试伞面折动是否灵活。

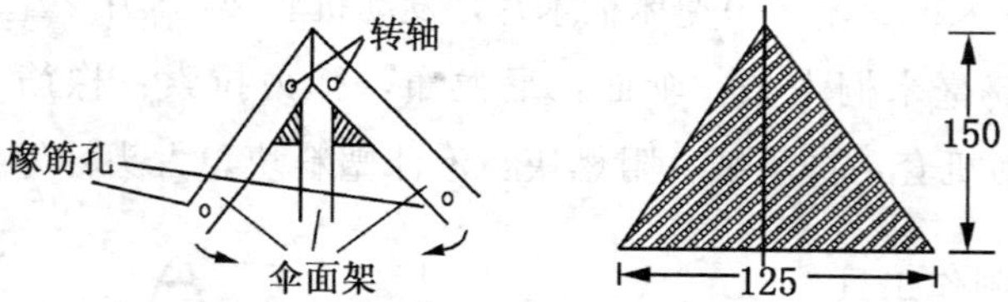

图 8-27　面架制作

（4）将轻木块削磨成火箭头锥。在头锥的 1/2 处钻一个 2 毫米小孔，并在孔到头锥根部处一边各刻一条细槽，以便内嵌橡筋，如图 8-28 所示。在头锥底部中心钻一个 3 毫米孔，用胶水粘插上两头圆中间方的机身。火箭头锥也是滑翔机的机头，然后按图 8-29 所示，制作伞面摇杆结构。装上橡筋拉索，最后组装完整的伞翼滑翔机。橡筋拉索不宜拉得过紧，否则滑翔机不易弹出箭体。

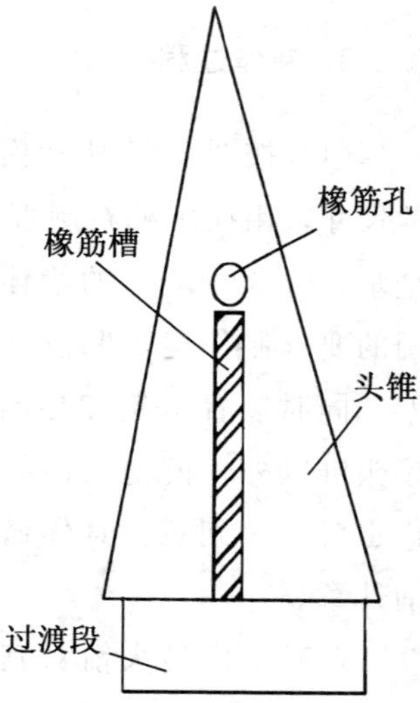

图 8-28　头锥制作

（5）整个滑翔机模型做好以后，可进行手掷实验飞行。然后，适当调整重心，使模型重心位置与距伞翼后缘 60%左右为好。若重心位置不当，可适当调整伞翼在机身的位置。在手掷试飞时，观察滑翔机是否严重左或右折向飞行。如需要改变伞翼机盘旋半径，也可通过调整伞面中心线位置来解决。

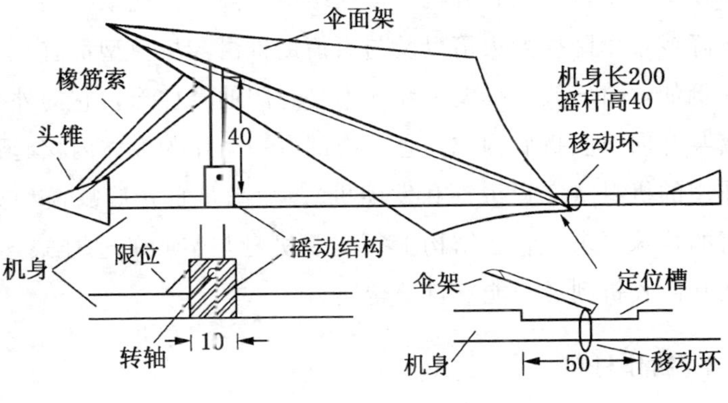

图 8-29　伞面摇杆结构制作

（6）压下伞面摇杆，折拢伞面架，用尼龙伞面包拢机身；然后在伞面上涂上滑石粉，用丝线稍作绕扎，把线头与阻燃块一起轻松塞入箭体内；当阻燃块离开箭体时，滑翔机也能轻松脱离箭体，并打开伞面。

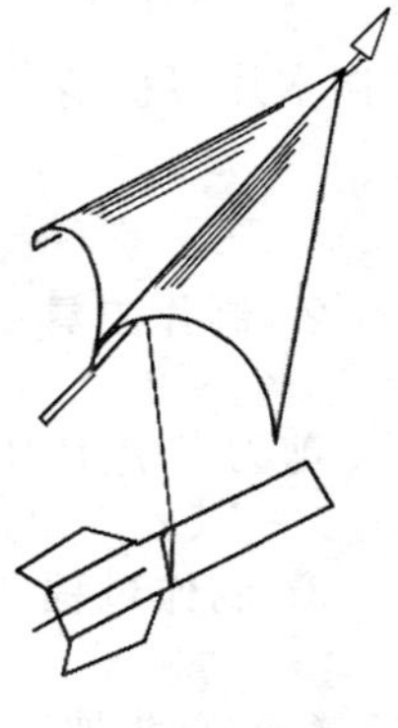

图 8-30　箭体与滑翔机

（7）本模型火箭可使用 B 型发动机。可将模型插在导杆式起飞架上垂直发射，要注意安全。模型飞到一定高度时，伞翼滑翔机与箭体分离，箭体自由滚动飘落。如要箭体悬挂在伞翼滑翔机上一起回落，只需将其用蜡线系在滑翔机重心处即可，见图 8-30。

五、自转旋翼模型火箭

自转旋翼留空模型火箭（S9A）在动力爬升和惯性飞行之后，原先向下收折的桨叶，自动展开并在空气动力的作用下旋转，模型火箭以旋翼直升机的形式缓缓下降，因此该模型的结构与伞降或带伞降模型火箭以及与火箭助推滑翔机模型都有很大差别。例如，自转旋翼模型火箭体不是封闭的圆柱形，它的外壳由旋翼桨叶向下收折后构成；它的内部有一个作为箭体内核起到支柱作用的机身（安置头锥和发动机）。为满足自转旋翼模型火箭飞行的特殊要求，它在结构上须实现机身与桨叶的悬挂式连接，且桨叶由收折到展开能够自动转换。

1. 制作材料

旋翼：4片1.5毫米×256毫米×340毫米轻木片，头锥：1块30毫米×30毫米×60毫米轻木块，尾翼：1片1.5毫米×55毫米×220毫米轻木片，尾部隔框：1片2毫米×30毫米×50毫米桐木片，机身：用挂历纸，拉索：用橡筋，桨叶铰链：用尼龙布。

2. 制作工具

剪刀、美工刀、砂纸板、钻子、白胶等。

3. 制作过程

（1）首先取直径18毫米的PVC管或铝管做模具，用挂历纸卷制机身，做一长度为310毫米、直径18毫米的圆柱形纸管，在其下部安装火箭发动机。制作时，一定要在整张纸上涂满胶水，且纸卷要卷得紧，还要注意纸层间不应出现气泡，待其干后取出模具。

（2）头锥用轻木材料手工削制成圆锥体，然后将其表面打磨光滑。头锥顶部表面锯出两条宽1毫米的十字槽沟，用于嵌装橡筋拉索，使桨叶展开后可复位。头锥底部应准确加工好端面形状，桨叶根部为月牙形，如图8-31所示。

（3）为加大箭体强度，保证发射时箭体的形状，机身圆管的下部套装黏结两个外径 30 毫米、内径 19 毫米的圆形隔板。隔板用 2 毫米厚的桐木片制作，如图 8-32 所示，隔板与机体之间装发动机卡钩。

（4）在距离机身底端 10 厘米处的侧壁面上，沿直径方向钻两个直径 1 毫米的小孔。在模型发射之前，将该孔与已收折的桨叶上相对应的孔，用细棉线穿过捆住，使桨叶定位。在发动机工作的后期，引燃开伞剂并烧断细线时，该孔还用于排出部分气体。

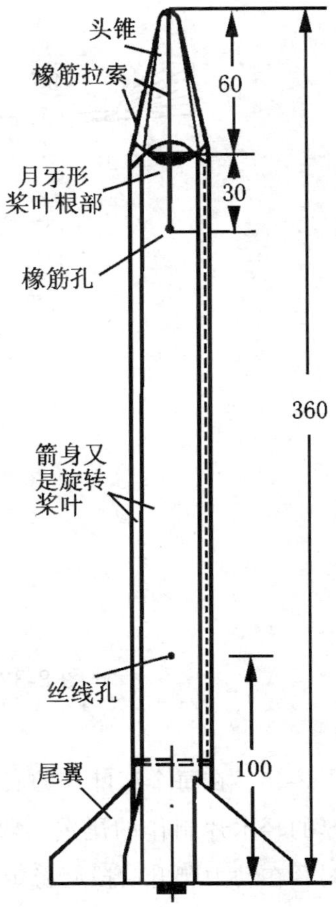

图 8-31　自转旋翼模型火箭

（5）旋翼由 4 片轻木片材料做成桨叶。每片用刀刻成 26 毫米×340 毫米，用水浸湿泡软，并分别以纵向包贴到直径为 28 毫米的圆柱形管上，再用橡筋条缠绕捆住。用电吹风吹干后取下，这时的桨叶片的截面由平板形变成弧形。已成形的 4 片桨叶竖直地合围在机身的隔框四周（相当于处于箭身收折状态），以检查桨叶之间左右接触处有无重叠、较大间隙或翘起变形等情况，并及时给予修正。再用砂纸稍打磨桨叶的前后缘，磨去棱角，并适当打磨薄弧面的后缘。

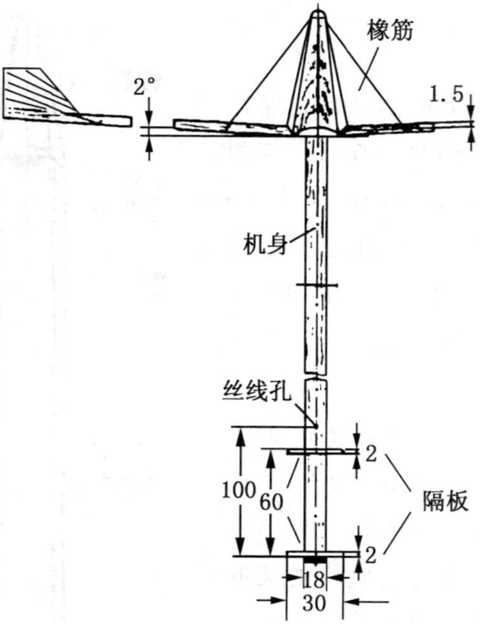

图 8-32　装发动机卡钩

（6）在每个桨叶片的底部后缘上的一端，黏结 4 片 1.5 毫米厚的轻木片制作的尾翼。收折时，箭体末端 4 片相互垂直的尾翼，在动力爬升阶段起稳定作用；而当桨叶展开，模型进入自旋下降阶段时，由于尾翼增大了桨叶的旋转面积，因此使模型的下沉速度减小。尾翼应与桨叶柱面翼弦线黏结成 90°安装角，尾翼根部与桨叶连接的黏合部位，其两面各粘贴一片长纤维的薄纸条（如棉纸），用以加强尾翼的抗风能力，如图 8-33 所示。

（7）在 4 片桨叶的另一端，即根部的凹面上粘贴一块长 15 毫米横向木纹软木片加强。而后在加强片上粘一条宽 20 毫米的尼龙布，布的另一端粘在头锥的底部，构成在机身上桨叶上下动作的铰链。它可处于收折或展开的两种状态。

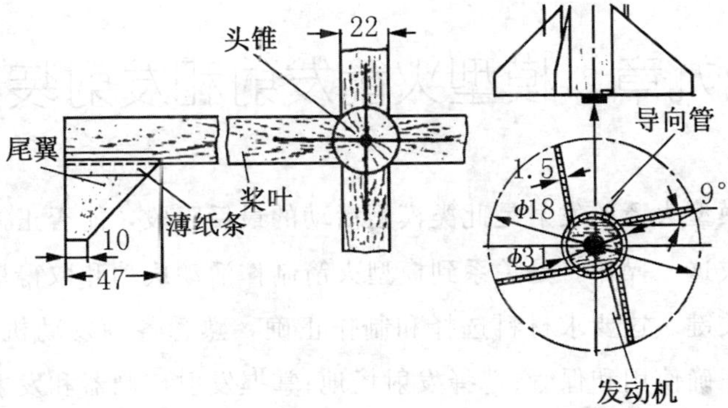

图 8-33

(8) 在桨叶上沿纵轴线从铰链轴向下 30 毫米位置，见图 8-31。钻一个直径 1 毫米的孔，把桨叶复位橡筋拉索的一端插入；切割一小段松木条作为卡销嵌粘入孔内，使拉索的一端固定在桨叶上，另一端则通过头锥后，连接另一片桨叶。应使桨叶展开时，具有水平线以上 2°的上反角，如图 8-32 所示。为此切削和修正头锥端面，使 4 个接触面应配合良好。

(9) 模型火箭发射前首先将桨叶向下折转，并顺着机身，紧靠着下部的圆形隔框；此时，4 片桨叶在机身外围构成了箭体。下一步再用细棉线穿过桨叶和机身下部对应的孔，绕住桨叶以定位，并把已拉伸的 4 根橡筋拉索置入头锥顶部上的细槽内，然后将发动机插装入机身尾部。模型火箭也可用导轨式发射架发射。

第九章　模型火箭发射和发射装置

模型火箭的发射是此类模型活动的最后阶段，能否正常而安全完成这一操作，是关系到模型火箭制作活动成功和取得最好效果的关键。这要求材料选择和制作正确，熟悉各种发动机，对它能够正确使用和保管；选择发射场地；掌握发射控制器和发射架等装置。本章将对这些情况做一些基本介绍。

一、发动机

发动机是模型火箭中最为重要的一部分，它工作的可靠性和安全性是至关重要。第二章已介绍了模型火箭发动机的工作原理，这里着重介绍有关它的知识和使用中需注意的问题。

1. 发动机类别

模型火箭的类别目前国际上以美国 NAR 标准分类，有关商品系列发动机性能参数指标可以从技术说明书上的详细介绍得知，也可以从发动机的壳体上得到了解。表 9-1 是发动机 NAR 的分类。

表 9-1　发动机 NAR 分类

发动机类别	总冲量（牛顿·秒）	发动机类别	总冲量（牛顿·秒）
1/4A	0～0.625	C	5.01～10.00
1/2A	0.626～1.250	D	10.01～20.00
A	1.251～2.50	E	20.01～40.00
B	2.51～5.00	F	40.01～80.00

例如某一只发动机壳体上有B3-7的字样，其中B表示类别，同时表示发动机的总冲量；3表示它的平均推力；7表示从发动机动力结束，到开伞剂工作的延时时间。总的表述，此发动机是B类，平均推力是3牛顿，延时时间（惯性飞行）为7秒。另外从以上参数并根据表9-1所述可推算出该发动机的工作时间（推进剂燃烧）为5.00/3=1.66（秒）。

模型火箭发动机的外形都是圆柱体，它的尺寸都已标准化，尽可能能够互换。A、B、C型发动机长为70毫米，直径为18毫米；D型发动机长为70毫米，直径为24毫米。

表9-2是国产模型火箭发动机的有关参数。

表9-2 国产模型火箭发动机参数

型号	总冲量（牛顿·秒）	工作时间（秒）	延时时间（秒）	平均推力（牛顿）	外形尺寸（毫米）
AG-3	2.50	0.42	3	5.95	17.5×70
A6-0	2.50	0.42	0	5.05	17.5×70
B6-4	5.00	0.84	4	5.95	17.5×70
B6-0	5.00	0.84	0	5.05	17.5×70
C6-4	10.00	1.67	4	5.98	17.5×70
C6-0	10.00	1.67	0	5.95	17.5×70

2. 发动机的推力

推力是发动机工作时，所产生的推动模型火箭前进的力，单位为牛顿。

发动机技术说明书所讲的推力为平均推力。它的数值大小为发动机总冲量除以工作时间（t）。产生推力的持续时间称为发动机的工作时间，单位为秒。例如，某发动机的工作时间为2秒（这对于模型火箭发动机来讲，已是相当长了），即是推进剂的燃烧时间为2秒。一般来讲发动机的推力是变化的，从点火到达到最大推力的时间称为最大的推力工作时间 t_{max}。在模型火箭性能计算中，这是一个重要参数。图9-1所示的是推力与工作时间关系曲线，描述了在发动机工作过程中，任一个时间对应的推力值，曲线所围的面积就是总冲量。由图可知总冲与推力和工作时间的关系，在设计和制作模型火箭时，正确选用发动机。

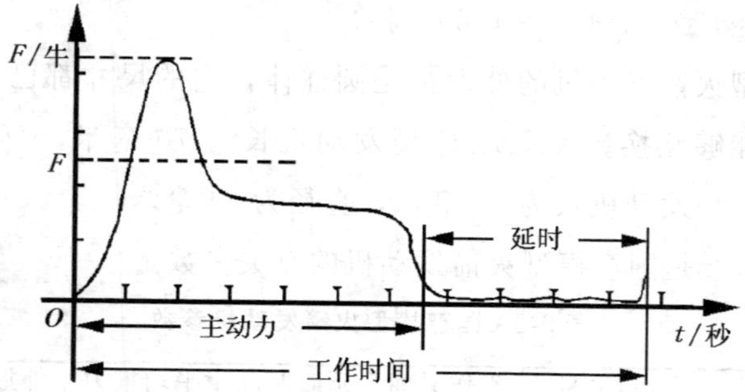

图 9-1 发动机推力与工作时间关系曲线

3. 发动机的保管与使用

模型火箭发动机以固体化学燃料为推进剂，随着科学技术的发展，发动机的推进剂的稳定和可靠性越来越好，但是化学物总有它的特性，保管不当就会使之变质和失效。因此在使用和保管中应注意以下事项：

（1）购置的发动机一般都有塑料袋封装，使用前不轻易拆开塑料袋，不要长期放在有光线的地方，更不能放在容易受潮的地方，可以用黑色不透明的塑料袋包装，放在铁皮盒或罐里；或储存在比较干燥地方。否则发动机在使用中会出现推力不足、窜火甚至爆炸的现象。

（2）使用前要检查发动机的生产厂家、型号和出厂日期。一般发动机在出厂一年内使用为好，出厂时间一长，发动机失效的概率就越高，当然还要取决于储存的方法。

（3）发动机不能严重受压变形，不能出现破损、裂缝等现象，严禁这类发动机再进行发射使用。

（4）发动机要与发射的模型火箭的种类、质量和飞行方式相匹配，不能混淆使用，否则会出现不安全事故。

二、发射架

模型火箭应该由特定发射台架来发射。道理很简单，其一，在模型火箭没有达到使空气翼面起作用，形成箭体气动稳定的速度以前，必须由发射架来提供支撑；其二，发射架能够起引导方向的作用，使模型火箭准确飞向预定方位空域。

发射架由发射导向杆、导火板和基座组成，如图 9-2 所示。首先要根据火箭发动机总冲量及模型火箭的起飞质量设计发射导向杆。最常用的 B 级发动机（总冲量 5 牛顿·秒），其相应的导向杆称为标准发射导向杆，直径为 3 毫米，长度 1 米，由金属制成。模型火箭总冲量和起飞质量与发射杆直径值对应，一般总冲量和起飞质量越大其对应发射杆直径就越大。如 C 型发动机总冲量为 10 牛顿·秒，起飞质量为 140 克，其导向杆直径为 3.2 毫米，杆长为 1～1.5 米。

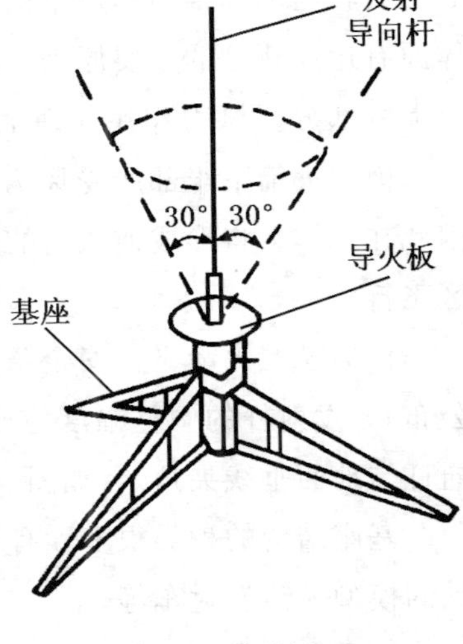

图 9-2　发射架

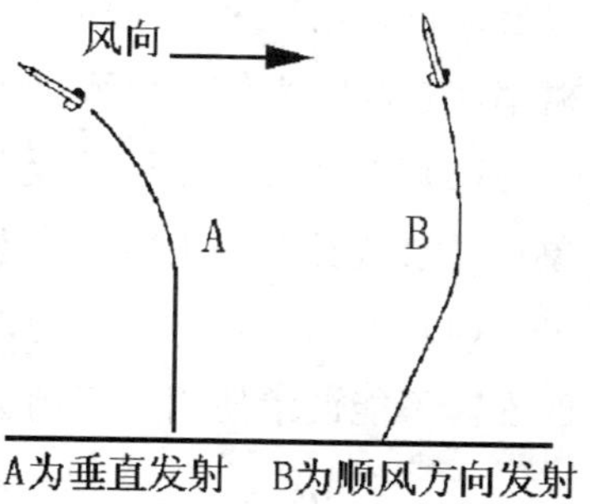

图 9-3　飞行轨迹

通常发射杆由活动铰链与坚固且较重的基座连接，以便根据风向及风速调整发射角（发射导向杆与水平面的夹角），发射角调整方式及调整后飞行轨迹如图 9-3 所示。顺风向倾斜发射，能在有风情况下，达到最大升空高度，同时也便于回收。这个问题有不少人提出异议，认为模型火箭应当是逆风方向发射，这样模型火箭起飞后，风会把其飞行轨迹吹直，且提高爬升高度，这是一个错误的认识。这个问题可以作如下简单分析：模型火箭在空中的运动可以简化为以重心为中心的旋转运动和推力作用下的直线运动的合成，而前者是改变物体原有运动轨迹的主要原因。我们可以通过重心将模型火箭分为上下两部分，风力作用于垂直模型火箭，显然，由于尾翼的存在，模型火箭下半部所受风力的影响，要明显地大于其上半部，因此在箭体上将形成逆风向的旋转力矩，使模型火箭会转向上风区飞行。

根据模型火箭飞行安全条例（美国国家火箭技术学会 NAR 公布），发射杆的调整幅度应限制在＋30°～－30°之间（发射导向杆与地面垂线夹角），如图 9-2 所示。

基座结构的种类很多，有导杆式、导轨式，有固定架、可移动的模型火箭发射车等。

原则上基座要求有两点，一要稳固牢靠，二是基座上必须要有钢制导火板，它可使发动机喷出的火焰远离基座和模型，不致直接喷射到基座上，也可避免火焰热气回弹，烧坏火箭，同时对燃气施加反作用。

模型火箭箭体通过导向管插入发射导向杆或直接插入导轨，固定在发射台架上。导向管通常由硬卡纸或塑料管制成，呈短棒状，直径微大于导向杆，导向管安装在靠近模型火箭重心（平衡点）的位置。安装导向管要求与箭体水平排列，并尽量同心，以使发射过程中，摩擦阻力最小，减少能量损失。

下面介绍几种发射架的制作。

1. 简易导杆式发射架

最简单的导杆式发射架，就是一根直径为 4 毫米、长 1000 毫米的钢丝条，要求其表面光洁、杆身笔直。把它插入硬质土层 150 毫米左右，如图 9-4 所示，就成了发射架。使用时最好在钢丝上抹一层薄薄的润滑油，保证模型火箭在发射导向杆里阻力很小的情况下，能够顺利发射。

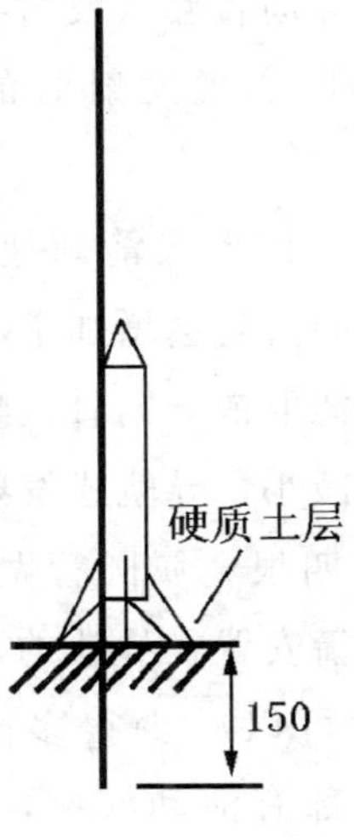

图 9-4　简易导杆式发射架

模型火箭也可以自制一个铁质甚至用水泥浇注的发射架基座，如图 9-5 所示。最好在钢丝的根部铰 4 毫米长的公制螺纹，在基座上同样要有 4 毫米的螺孔，使用时只需把钢丝拧紧就可。这方法特别适合制作十几枚模型火箭齐射或在连续发射的场合的发射架。

也可以做一个便携发射箱，在有盖的木盒内置一块木板，上铺一层薄铝皮。在各发射点安装固定螺孔，点火夹具和导线也可在箱体内安装好，在每一根钢丝的一头绞上螺纹，使用时把钢丝拧上木板即可。点火控制导线用航空插座将控制箱与发射箱连接起来，导线长于5米。此箱子可以便携。

2. 导轨式发射架

目前大多数轻小型普及模型火箭，都采用单根金属杆式的简易发射架。模型箭体的外壁黏结了1～2只导向管，发射时，导向管套入发射架上导向杆，可实现发射时的定向引导。

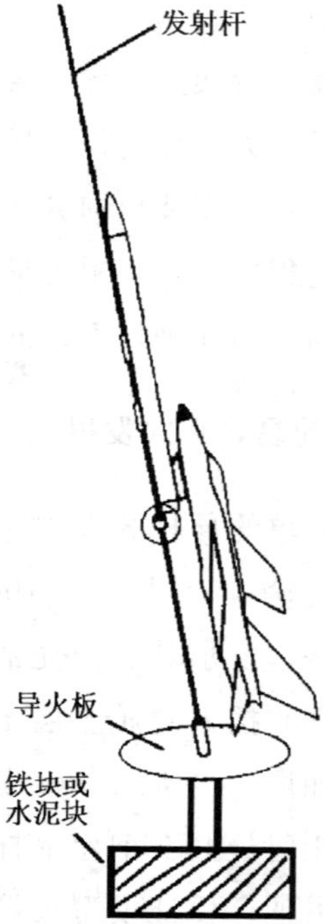

图9-5 自制发射架机座

由于模型火箭高速飞行，因此有导向管会增加了不少阻力。若能取消导向管，将使箭体阻力减小。导轨式发射架采用三或四根金属圆管做导轨，模型火箭安置在导轨的内侧，发射时可以减少很多阻力。导轨下部有活动底座，可以固定或收缩，用来调节发射角度。如用照相机的三脚架做底座，再在支架上做一个发射平台，在平台上安装导轨发射架，如图9-6所示。这里介绍一种导轨式发射架的制作。

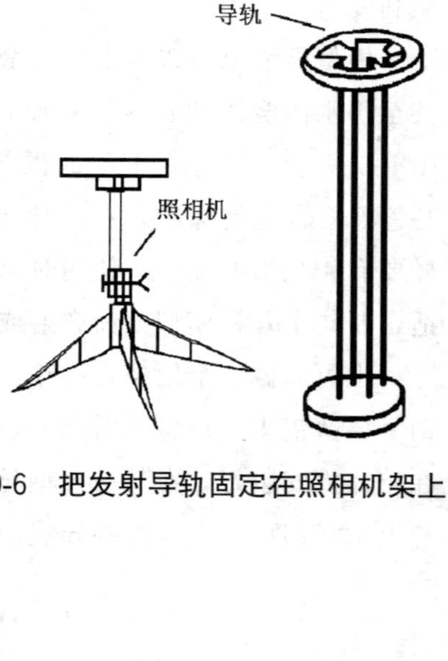

图9-6 把发射导轨固定在照相机架上

（1）制作材料：

2 块 12 厘米×12 厘米×0.6 厘米胶木板，4 根直径 13 毫米、长 100 厘米不锈钢管；4 只长 20 厘米 M5 螺丝，4 只长 60 厘米 M4 螺丝，4 根 3 厘米×3 厘米×25 厘米铝合金；6 根 3 厘米×3 厘米×20 厘米的铝合金，4 只 3 厘米×3 厘米×16 厘米的铝合金，M5 和 M4 螺帽若干。

（2）制作过程：

A. 在两块胶木板上钻 8 个直径 13 毫米的孔，如图 9-7 所示。要求 1、2、3、4 孔两两相对。各孔之间留下 22 毫米空隙，用来发射东风模型火箭。5、6、7、8 孔是按图示的正方形对角相对，各孔之间留下 35 毫米空隙，这用来发射长征三号模型火箭。这样发射架可以适应不同直径的模型火箭，使用的范围则更大。

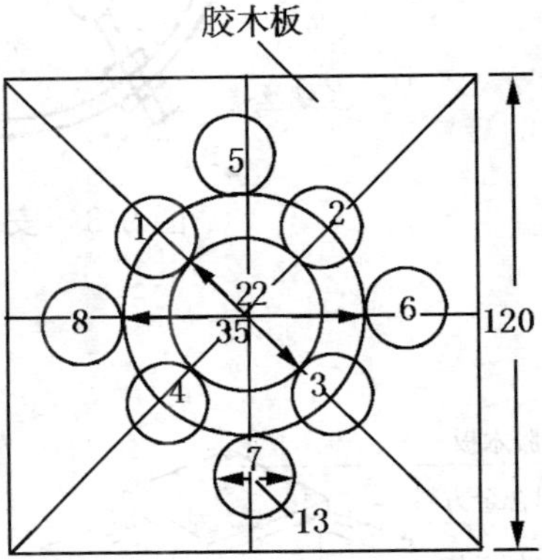

图 9-7 钻孔

上下胶木板安置在两块宽 12 厘米、长 20 厘米的铝板上，组成可转动框架，铝板正中钻一个 5 毫米孔。

B. 在距不锈钢管顶端 2 厘米处各钻一个直径 4 毫米的小孔，作为定位圈用。用宽 2 厘米、厚 2 毫米的钢皮条弯一个直径 12 厘米的圆环作为定位圈，圆环上每隔 90°钻一个直径 4 毫米的小孔，安插 4 根长 6 厘米、M_4 的螺丝，如图 9-8 所示。

C. 用 12 根铝合金方料做成一个长方体框，在上部两根铝方料平行钻一个 5 毫米的孔，与转动框铝板上的孔对应，然后用 M_5 螺丝固定，使转动框转动，调节发射方向。下方有固定 M5 螺铨，如图 9-9 所示。

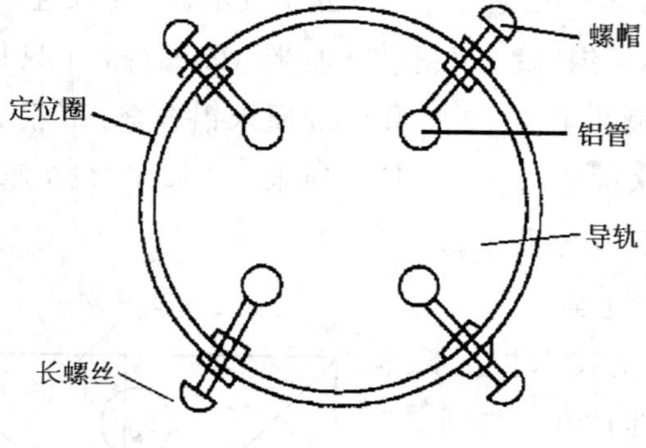

图 9-8　安插 4 根螺丝

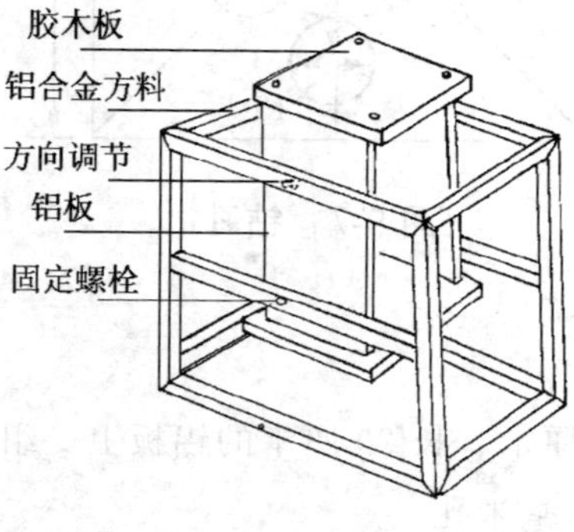

图 9-9

使用时，根据模型火箭不同的类型，调节定位圈的位置和螺丝的距离。调节发射方向可转动下部转动框。

再介绍一种导轨模型火箭发射架的制作。

这是一种构架式发射架。它使用 3 根平行导轨形成发射“通道”，支持三尾翼的模型火箭定向升空。导轨长 1 米，和多数杆式发射架长度相仿。导轨可调节，可供箭体直径为 19～45 毫米的模型火箭发射。从实际发射情况来看，这种发射架工作稳定、安全，外形更富于真实感，可为将来发射大型模型火箭打下基础。

该发射架由 10 毫米×10 毫米角铝、M_3 螺栓及一些金属板制作而成，图 9-10、9-11、9-12 分别是外框架、导轨和底座的立体图。导轨安装在外框架内部，支杆上的 A_1、A_2、B_1、B_2、

C_1、C_2 分别和外框架上相应代号的直径为 3 毫米的孔用 M_3 螺栓紧固。外框架下部的 D_1、D_2、E_1、E_2 也分别和底座相应代号的部分用 M_3 螺栓紧固。

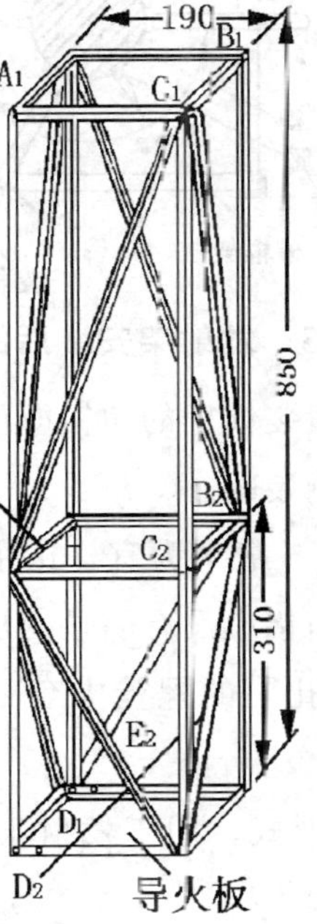

图 9-10　外框架立体图

图 9-11　导轨立体图

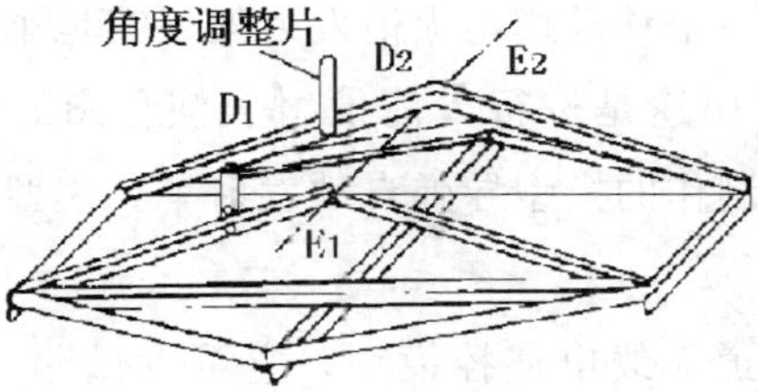

图 9-12　底座立体图

E1、E2 为旋转轴线，使用角度调节片上的孔位，能有 0°、5°、10° 三档角度调节。图 9-13 是发射架安装箭体后的横截面（为了表达简明，图中未画出外框架上的斜撑条），从图中可以看到导轨支持箭体的方式。每根导轨由两条角铝支杆和外框连接。支杆上加工有长形孔，可使导轨做左右摆动和进退调节，以满足不同箭体的要求。从实际使用来看，这样的调节方式还是稳定、安全的。发射架底部放置了一块 185 毫米×185 毫米、厚 1 毫米的金属板作为火箭导火板。

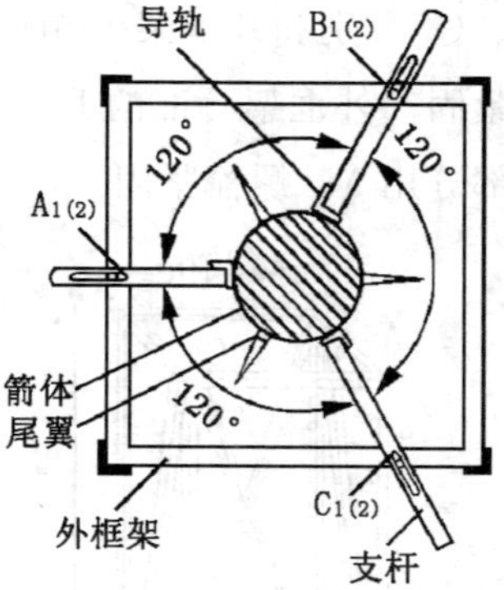

图 9-13　发射架安装后的横截面

该发射架取材、制作容易，用一般装饰用的角铝即可。加工时公差尽量不超过 0.5 毫米，以免影响装配。

导轨和箭体的配合间隙以 0.5～2.5 毫米为宜，这主要是受导轨平直度的影响。因此，导轨用的角铝应没有明显变形。发射前，导轨要紧固。我们在支杆长方形孔中的螺栓中套一个小垫圈，拧紧后其稳定程度已能满足要求。

这个发射架也可改制成 4 导轨的形式，用于发射不小于 38 毫米、有 4 片尾翼的模型火箭。

3. 移动模型火箭发射车

模型火箭发射车模型是一个移动模型火箭发射架。它是车模和航天模型的结合体，主要用途是进行火箭发射表演。图 9-14 所示的是上海一个学校自己制作的模型导弹自动发射车，模型爱好者可以一试。

模型火箭发射车是多通道无线电遥控模型，它可以做起动、前进、加速、后退、右转、左转、导弹发射架上升、下降，以及左、右模型火箭点火发射等多个动作。发射车上部位外形如图 9-15 所示。

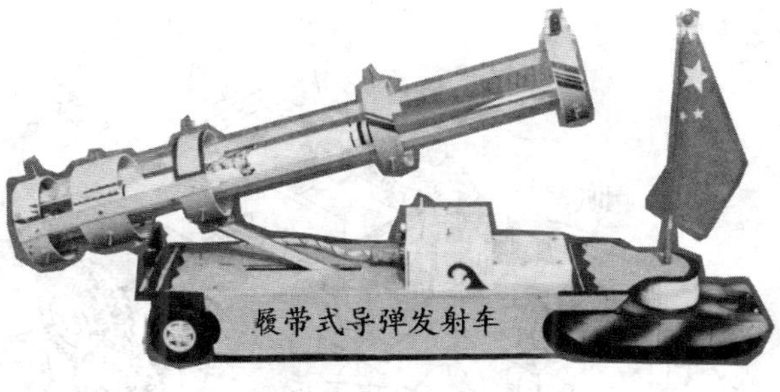

图 9-14　模型导弹自动发射车

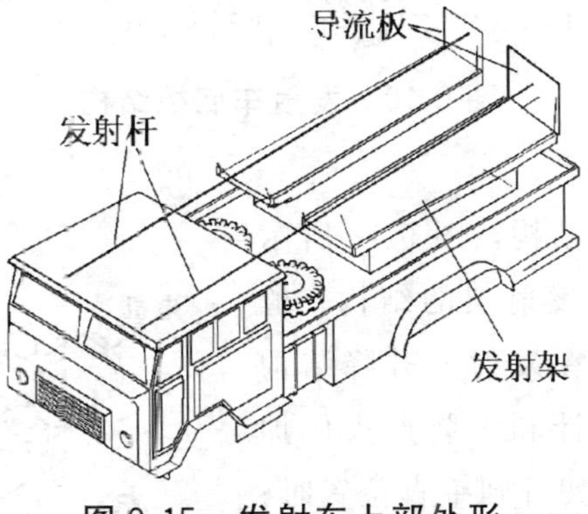

图 9-15　发射车上部外形

整个模型分底板和壳体两大部分，可以用马口铁皮焊接而成的，模型的动力传动、转弯及控制机构全都装在底板上，模型火箭升降机构设在壳体中。模型车轮采用市场销售的直径 50 毫米的玩具车轮。前轮装有摇臂用来控制转弯；主动轮上装有差速器，转弯灵活，半径小；后轮轴上装有弹簧减震器，用以减小车体振动；转弯机构有专用 131 电动机，速比 1∶90，模型动力电机以 1∶72 速比减速后，带动车轮。图 9-16 所示的是它的结构。

发射架升降也是通过齿轮减速（速比 1∶170）装置带动顶杆，顶杆在轨道内移动，升降发射架。图 9-17 所示的是发射升

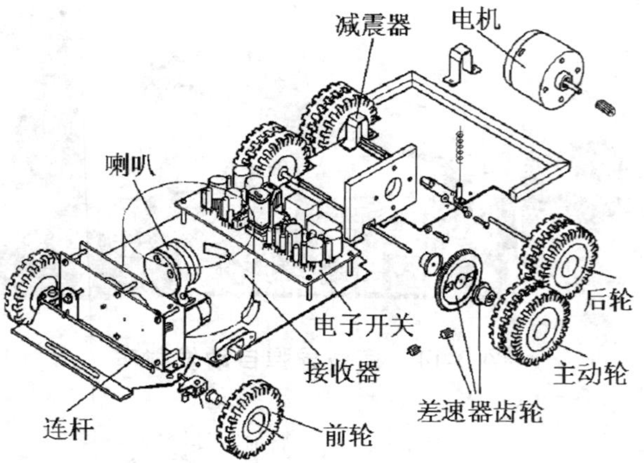

图 9-16　发射车底板结构

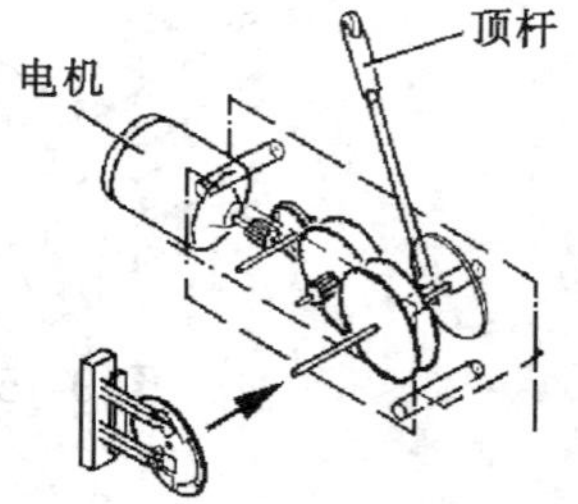

图 9-17　导弹架升降机构减速器

降机的减速器结构，图 9-18 所示的是模型火箭发射架的结构。值得注意的是，在发射架升降结构中，一定要设计和安装点火保护电路。当发射架升到垂直位置时，压动微动开关，点火电路处于接通状态，等待遥控发射信号。否则发射架没有垂直到位，模型火

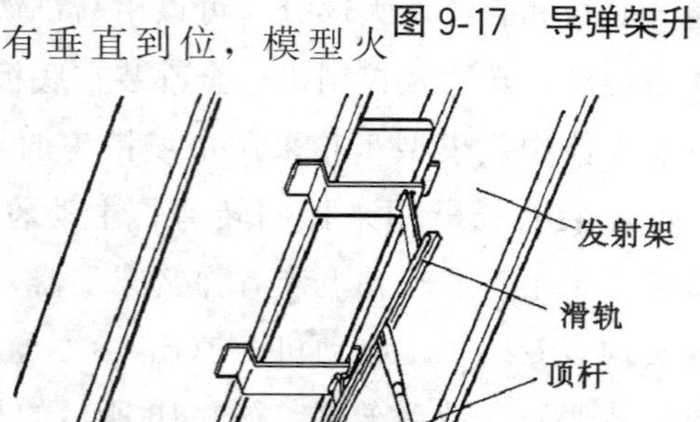

图 9-18　导弹发射架升降顶杆及轨道

箭点火电路不通，火箭也就不能发射。

三、点火控制装置

根据国际航空联合会“模型火箭竞赛规则”及“飞行安全条例”规定，模型火箭必须采用电点火方式发射。电点火发射不仅方便，而且安全可靠，同时也是国际比赛中唯一认可的点火方式。

最为常见的电点火方式为电热丝（点火头）电热引燃。点火头引燃温度一般可达 550°，甚至更高，一旦推进剂被点燃，就可以依靠燃料内部化学反应产生的热量维持燃烧。电热丝一般采用镍丝，这是一种电阻材料，当电流流过时，就可以因阻抗而产生足够的热量，引燃推进剂。

图 9-19 所示为典型的镍丝点火头。整段镍丝长 50 毫米，在其中部绕两圈，直径为 1.6 毫米。点火头要尽量与推进剂接触。

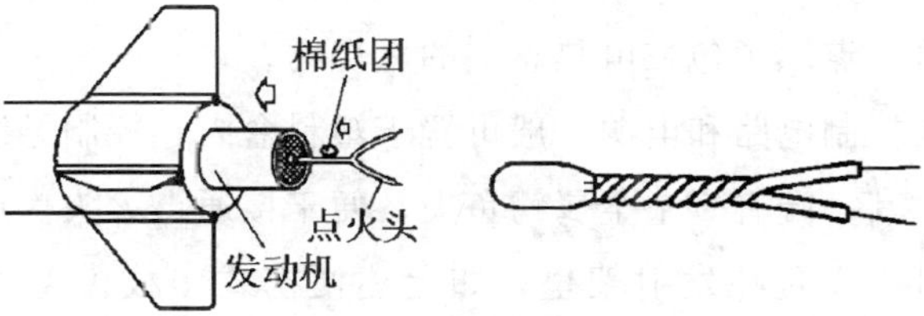

图 9-19　镍丝点火头

适合做模型火箭发动机点火头的镍丝直径为 0.2～0.3 毫米，直径越大，电阻越小。直径 0.25 毫米的镍丝，每米电阻为 20Ω。

最基本的点火控制电路如图 9-20 所示，有按钮开关、保险杆插座、电阻器和发光二极管，其电源一般为 3～12 伏。发光二极管主要指示点火头的状态，如接好了没有，点火头好不好等，电阻器有限流和保护发光二极管作用。该电路工作过程如下：鳄

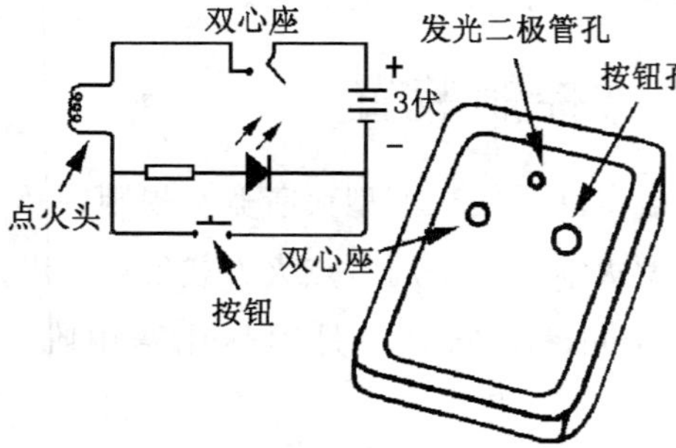

图 9-20　点火控制电路

鱼夹子夹住点火头的两端，在双心座插上保险杆后，电路形成了回路，在电阻器的作用下，只有小电流（10 毫安左右）流经发光二极管以及导火头。发光二极管发光指示电路已经接通。点火头流过小电流不能点燃，但显示状况基本良好。按上按钮后，电源的电压全部加在点火头两端，大电流（几安培）使电热丝迅速产生热量，点燃了包在电热丝上的燃烧物。

点火控制电路和电源一般可置于塑料盒内，控制导线一般长于 5 米，其一端有 2 个金属鳄鱼夹，便于接通点火头。点火控制电路也可以安置在发射架里，如上述便携式多枚模型火箭发射架。这样不仅可使结构更加紧凑，而且可以增加基座质量，以利稳固。多路点火电路是单路电路的并联组合，它们共用一个电源。

能够连发、点发 5 枚发射模型火箭的控制电路如图 9-21 所示。它是全电子控制电路，集成电路 CD4017 是个十分配器电路。使用时要安排这样的程序：首先要按动清零开关 S_1，然后接上一个个点火头连线，合上保险开关，最后按动发射按钮S_2～S_6，模型火箭按照自己的选择，一个个点火发射出去。

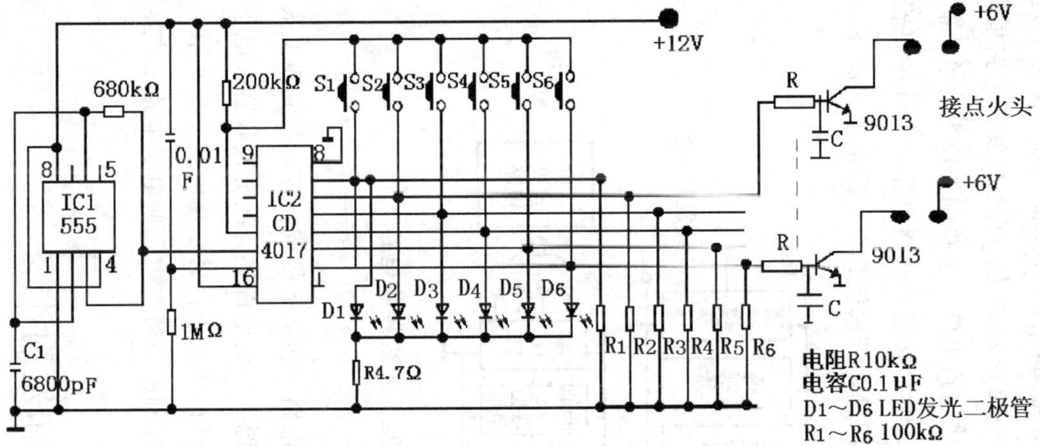

图9-21

注：图中Ω为电阻单位欧，F为电容单位法，R为千，M为兆，P为10^{-6}

点火控制电路也可采用无线电遥控方式，前提是安全可靠。最好采用编码的无线电遥控电路，它抗干扰能力强，又可选择任意一枚模型火箭发射。图 9-22 所示的是常见遥控发射电路框图。发射器和接收器都采用集成电路组件，电路制作较为简单，制作者可以购置成品电路组件，然后按需要连接电路，设计中要着重考虑安全、保险和可靠性问题，设法使其在电路中得到保证。

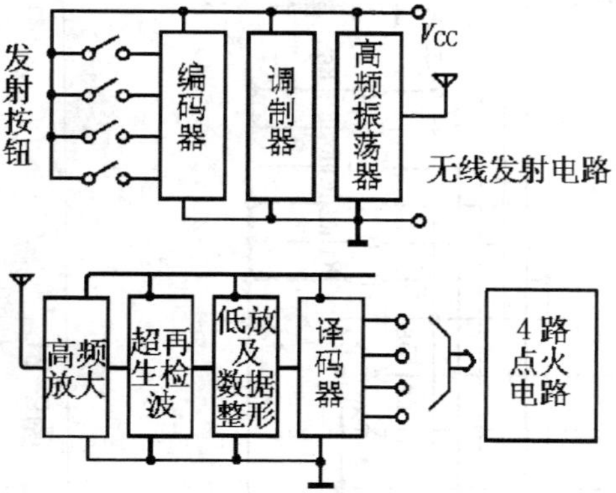

图 9-22　无线接收电路

这里强调的是用电子电路（包括遥控或自控）控制模型火箭发射器均要求采用两套电源。一套电源供无线电接收器或电子控制电路工作之用，保证电路正常工作；另一套供点火头使用，否则点火头的点火电流会使控制器短暂失电，使电子电路工作紊乱而失控。

四、发射场地和发射准备

模型火箭发射要用认真的态度，科学的方法，一丝不苟的精神来对待。发射前要充分做好准备工作，包括发射场地的选择，发射架和点火控制器架设和检查，模型火箭的回收装置发射前的检查，以及及时排除发射故障。

1. 发射场地的选择

模型火箭发射场地选择，必须完全符合 FAI 所颁布的有关技术准则和安全准则要求。不管模型火箭发射是竞赛还是临时发射，其选择场地的基本原则应为：

（1）发射场地上应该相对较为空旷。

（2）四周无高大树木和建筑物。

（3）远离各种类型的机场，并尽可能避开经常有飞行物出现的空域。

（4）地面无干燥植被和堆积的易燃物等。

（5）远离高压线路走廊。

（6）尊重当地政府的有关空域和场地的管理制度和特殊规定。

所谓空旷场地是相对而言的，具体大小可根据模型火箭发动机的功率和回收方式而定。在一般情况下，使用 A、B 和 C 级别的发动机的模型火箭，可以利用学校足球场和大型操场作为发射场地。通常，发射场地的大小与发动机推力和当时的环境风速成正比。飘带类型回收方式所用场地最小，伞降回收方式次之，滑翔机水平回收（自由飞，非遥控类）所用场地最大，否则滑翔机（除遥控类）不能全部回收。因此，发射场地有限制的地方，不应该使用 C 级以上大推力的发动机。在无风或者微风的晴朗天气中飞行，应尽量采用飘带或伞降的回收方式回收。

2. 模型火箭发射前的准备

模型火箭发射前，要作充分的准备工作，回收装置检查，准备应急维修器具和材料，发射装置的准备，以及及时排除发射故障。

（1）通常回收装置在制作过程中都已经完成，并且把它们安装到位，似乎可以不必再拿出装置重新安装。但事实上并非如此。以降落伞为例，大多数降落伞是塑料薄膜制作的，如果降落伞放在箭体里很久，塑料薄膜长时间受挤压，容易相互粘贴，到时候可能不能正常打开。在放置降落伞时，放了滑石粉之类润滑物，但时间一长受潮后效果会变差。另外要检查伞绳与伞面的连接是否可靠，如图 9-23 所示伞绳在伞面穿孔后打结，比较可靠。降落伞折叠的方法也要正确，发射前要重新检查或再折叠一遍，使模型火箭发射的成功率进一步提高。

图 9-23　伞绳打结

（2）发射现场应常备的工具和材料都要备齐，包括设备工具箱，各种型号规格的降落伞和飘带备件，点火控制器和电池，各种级别的发动机备件，502 胶水，美工刀，尖嘴钳，胶带，电线，剪刀，砂纸等。如遇导向管脱落，可以用快干胶或 502 胶水临时黏结。

（3）发射架的准备与调整，要根据有风的天气中，为使模型火箭尽可能地提高爬升高度，同时，尽量使模型火箭降落于回收场地内。因此要根据具体情况，随时调整模型火箭的发射角度。

3. 模型火箭起飞

在模型火箭起飞后，要立即拔出保险销，否则，在下一次使用中会造成模型火箭在安装中意外启动点火的故障。

在发射现场如遇到发射失败，要立即拔出保险销，断开电路，且一定要稍等一会儿后，再接近发射架，然后更换点火头或发动机，再重新发射，防止点火失败假象。事后要找出发射失败的原因，一般有以下几种原因：第一，点火器电池电压不足，没法点燃点火头；第二，推进剂与点火头之间间隙过大，点火头没有伸到发动机喷口底处；第三，点火头引线与控制电路之间的接触不当或点火控制器内部电池或电路接触不良，这种情况发生最多，需修理后重新发射；第四，发动机失效。

附录一　国内航天模型竞赛有关规则

（1）S4A 助推升空模型滑翔机最小飞行质量（不包括发动机及其回收部分）20 克。发动机回收的飘带不小于 25 毫米×30 毫米或使用面积不小于 4 平方厘米的降落伞。第一轮最大测定时间为 120 秒；第二轮为 150 秒；第三轮为 180 秒。

（2）S4A 助推升空模型滑翔机在火箭发动机推动下起飞升空的过程中，不允许利用升力面来克服重力；但在回收时要能利用升力面产生的空气动力克服重力，使其能稳滑翔着陆。凡在火箭动力下依靠机翼而盘旋上升的模型航空器、任何符合柔软翼要求的模型不得参加此项比赛。模型助推部分的降落伞回收装置不得认为是空气动力支持面。模型主体必须由非金属部件组成。

（3）S6A 伞降留空模型最大质量 100 克。箭体总长度不得小于 350 毫米，其总长度 60%以上的箭体最小直径为 30 毫米。第一轮测定时间为 60 秒；第二轮为 90 秒；第三轮为 120 秒。

（4）在 S6A 伞降留空模型飞行过程中，除了飘带的保护罩或小块填料外不得从模型上分离或抛弃任何物件。模型可有一条供回收用的飘带。飘带必须使用均匀、无孔、单一的柔软材料，如：纺织品、薄纸或塑料膜。其长宽比至少为 10∶1。飘带通过一个最大断面为 2 毫米×2 毫米，两端缚有线环的硬连接件与模型的一根伞绳相接。飘带在下降飞行中必须完全展开。运动员在比赛中可随时更换飘带。

（5）S3A/2 伞降留空模型，最大质量 100 克，箭体最小直径 30 毫米，箭体最小长度 350 毫米，其中箭体长度的 50%以上为直径不小于 30 毫米的直筒段，第一轮最大测量时间为 120 秒；第二轮为 150 秒；第三轮为 180 秒。

（6）伞降留空模型在飞行过程中，除了少量的降落伞保护物以外，不得从箭体上分离任何物件，降落伞必须使用塑料膜、涤纶膜等柔性材料制作，最小面积 4 平方厘米，降落伞伞绳不得少于 3 根。

（7）S8E 无线电遥控模型火箭滑翔机，最小飞行质量 90 克，最大飞行质量 300 克，模型在飞行过程中，不得抛弃任何物件（包括发动机壳体或舱本），第一轮最大测量时间为 180 秒；第二轮为 240 秒；第三轮为 300 秒。

（8）S8E 无线电遥控火箭滑翔机，其他要求参考本规则第 1、2 条。

（9）模型在火箭动力作用下，在垂直于发射架呈 60°角的锥体范围内发射升空并稳定回收。模型的飞行时间从它在发射架上的第一个动作开始到模型触地为止。发射架不得使模型产生加速或改变动量，不允许使用带有助推机械装置的发射架。

（10）参赛模型必须符合技术要求，可以采用自审和抽查方法审核模型，合格后做上标志。取得名次的模型要进行复审，复审不合格者成绩无效。每名运动员在一次竞赛中可有两架模型。发动机必须是 A 级及 A/2 级发动机，经审验后由裁判员保管，运动员在赛场随用随取。

（11）模型或模型上的任何一部分在点火后离开发射装置和发射装置脱离联系或在空中飞行都认为是正式飞行。

（12）每次竞赛飞行三轮，三轮成绩之和为正式竞赛成绩。如出现相同成绩立即进行附加赛，并记录全部飞行时间。附加赛成绩只决定名次。

（13）每轮竞赛时间根据实际情况由组委会于赛前决定并公布。

（14）发射和点火必须在离模型火箭 5 米远以外采用电点火的方式进行。裁判员掌管点火装置的安全销，确认模型火箭的点火和发射是安全的才能将安全销插入点火装置听令发射。模型火箭发射前，发令员要通知发射场附近所有人员即将点火发射，并给出 5 秒以上的倒计时，运动员申请发射后按组委会命令依次在竞赛时间内完成飞行，同一时间里只能有一架模型发射。除运动员和助手（限 2 名）外，其他人员不得进入发射区。

附录二　国际航空联合会运动规则

（航天模型部分摘要）

有关航天模型比赛、锦标赛和记录飞行时的总则和具体规定如下：

一、总定义

1. 模型火箭（航天模型）

“模型火箭”是指不利用空气动力产生升力去克服重力，而靠模型火箭发动机推动并升上天空的一种航天模型；它装有能使它安全回到地面以便再次飞行的回收装置；它须由非金属部件组成。

2. 模型火箭发动机

“模型火箭发动机”是指一种采用固体推进剂火箭的反作用式发动机。其中所有带燃烧性质的化学成分均已预先混合并可立即使用。

3. 航天模型的分类

航天模型可分为下列 10 个主要类别：

S1　高度模型；

S2　载重模型；

S3　伞降留空模型；

S4　助推升空模型滑翔机；

S5　仿真高度模型；

S6　带降留空模型；

S7　仿真模型；

S8　火箭升空模型滑翔机；

S9　自转旋翼机留空模型；

S10　柔性翼留空模型。

除 S7 类外，每类均按照发动机的大小分级。参见各类的具体规定。

二、模型火箭的技术要求

每个模型火箭在发射、运转和飞行前必须符合下列要求：

1. 质量

总质量，即最大质量，包括模型火箭发动机（1 个或多个）在内，不得超过 500 克。S7 类的不得超过 750 克。

2. 推进剂

模型火箭发动机（1 台或多台）所含的推进剂材料质量不得超过 125 克。

3. 工作级

工作级不得超过 3 级。如模型箭体的某一部分含有 1 个或几个模型火箭发动机，在设计时该部分在飞行中将与模型箭体分离，实际飞行也如此，则称之为 1 级。不含动力部分的模型箭体不得作为1级。模型的布局形式根据模型在发射前第一个操作时刻的状态而决定。如几个发动机同时点火，不论有多少个分离部件，均作为1级。

4. 结构要求

（1）模型火箭的结构应能允许不止一次的飞行，并应有一种下降着陆时能减速的装置，以便其结构不致有实质性的损坏，也不会对地面人员和财产造成危险。

（2）模型火箭不得在飞行中抛出它的发动机（1个或几个），除非这些发动机包含在一个箭体内，且能按照上面（1）所述要求下降。在助推升空模型滑翔机上，其发动机外壳不在箭体或发动机舱内，则在下降时需连有一条尺寸不小于25毫米×300毫米并展开的飘带，或是一个面积不小于400平方厘米的降落伞。

多级模型上的初级部分采用滚翻方式回收时，允许不用回收装置，但需符合下述条件：

A. 初级部分带有3个以上的尾翼；

B. 其长度不超过发动机长度的1.5倍；

C. 场地安全官员认为该下降属于安全范围。

（3）结构中应采用木材、纸张、橡胶、易碎的塑料或类似材料，不得采用实质性的金属部件。S1、S2、S3、S6、S9和S10类模型必须带有最小直径为30毫米、长度至少为箭体全长50%的封闭壳体。S5类必须有最小直径为40毫米、长度至少为箭体全长20%的封闭壳体。S1、S2、S3、S6、S9、和S10箭体长度不得小于350毫米。S5类箭体长度不得小于500毫米。

（4）模型在设计和制作时应有附加的安定面，以产生用于平衡和恢复的空气动力，并保持预定的正确飞行路线。在安全官员或裁判员认为需要时，模型制作者应提供模型的重心位置，压力中心位置、总质量、推进剂燃尽时质量以及飞行性能的计算数据和实测数据。

（5）模型火箭不得含有任何爆炸性或烟火类的物质。

（6）S4、S8 和 S10 类模型依靠产生空气动力的升力面克服重力，并能以稳定的滑翔飞行回到地面。它们的最小发射总质量（包括发动机和发动机舱）不得少于各有关级别规定的最大质量的 30%。

三、模型火箭发动机的标准要求

为模型火箭提供推进力的模型火箭发动机必须符合下述标准要求：

1. 说明

模型火箭发动机是采用固体推进剂的反作用力发动机（喷气式反作用力发动机）。所有推进剂成分均已预先装入壳体中，并且不能容易地取出。延时剂和弹射剂可以先混合并分开填装，但此附属件应是一个预先装好的单件，并包含其余的燃烧成分。

所有航天模型项目应根据总冲量而分成下述级别：

级别	总冲量	单 位
A	0～2.5	牛顿·秒（Ns）
B	2.51～5.00	牛顿·秒（Ns）
C	5.01～10.00	牛顿·秒（Ns）
D	10.01～20.00	牛顿·秒（Ns）
E	20.01～40.00	牛顿·秒（Ns）
F	40.01～80.00	牛顿·秒（Ns）

2. 壳体

模型火箭发动机的壳体应由热传导较差的非金属材料制成。

壳体外表面的温度在工作中或工作后，均不得超过200℃。壳体的最小直径不得少于10毫米。

3. 内部超压

在设计和制作模型火箭发动机时，应使它的壳体在内部超压的情况下不致破裂。应将任何故障引起的内部超压力量沿发动机纵轴方向散出。

4. 自燃点火

在设计和制作模型火箭发动机时，应使它在空气中、水中，或是在运输、储存和使用中遇到有可能发生的外力冲击、挤压、碰撞和运动时，或是处于80℃以下的温度时，均不能自燃点火。

5. 装填、推力和冲量

一个模型火箭发动机所装填的推进剂应少于125克。它所产生的总冲量不得超过100牛顿·秒，其推力持续时间（发动机工作时间）必须超过0.050秒。

6. 储存和运输

模型火箭发动机在储存和运输中，不得装入点火元件，以免在碰到明火和150℃以上的高温，或是在储运和应用时容易碰到无线电波辐射等情况下引起点火。

7. 封口

凡是装填推进剂在20克以上的模型火箭发动机，应在出厂前用不能燃烧的非金属封口物在喷口和前端处予以封口。这种封口物应能容易地被使用者取掉，除非该发动机在设计时就可在封口物不除去的情况下工作。

8. 燃烧

模型火箭发动机在工作时，不得从喷口处喷出正在燃烧的推进剂，并且不能点燃离发动机喷口 1 米以外的一张干燥的纸或草。

9. 更改

不得用任何方式去改变模型火箭发动机的已经公布和确定的性能、技术要求或尺寸。

10. 参加国际航联比赛的证明书

凡用于参加国际航联比赛或是建立、打破国际航联航天模型纪录的航天模型上的模型火箭发动机，应由一个国家航空俱乐部预先测试并发给证明书。

（1）运动员或领队必须在比赛前，将所有要在比赛中使用的发动机的国家航空俱乐部证明书，呈交给比赛组织者。这些证明书上必须包括发动机的尺寸、加推进剂后的质量、推进剂的质量、总冲量，推力一时间曲线和延迟时间。证明书中必须有一份宣誓书，说明这种模型火箭发动机符合国际航联规则中提出的一切要求。

（2）如有一名领队提出要求，比赛组织者必须在每种发动机中任抽一个样品进行静力测试，以检查该国家航空俱乐部提供的数据。

11. 静态测试

静态测试可由国家航空俱乐部或是它所指定的单位进行。在所有情况下，国家航空俱乐部要对一切测试数据的精密度和正确性负责。

如参赛国领队有此要求时，可将测试结果的复制件交给领队。凡是多级工作的发动机必须同时呈交2组或3组作为一个单元进行测试。如其中的任何一个发动机出现故障，或是总冲量超过这个级别的规定值，则将认为全部不合格。

12. 静态测试设备

凡用于为模型火箭发动机做出国际航联证明书的静态测试设备必须符合下列技术要求：

（1）测试和记录推力的精密度应为±0.2牛顿。

（2）测试和记录推力持续时间的精密度应为±0.01秒。

（3）该设备的频率应至少为100赫兹。而该设备的自然频率至少为上述数值的5倍，即500赫兹。

（4）测试和记录延迟时间的精密度应为±0.1秒。

13. 模型火箭发动机的分级

如某一个任意选择的样品符合下述要求，则国家航空俱乐部可给予证明：

（1）任何一个被测试的单个发动机的总冲量，应与该级发动机规定的平均值相差不大于±10%。

（2）任何一个被测试的单个发动机的延迟时间，应与该级发动机规定的平均值相差不大于±20%。而且，任何发动机的这个差值不得超过±3秒。

（3）被测试的发动机不得出现任何故障。

（4）进行静态测试时，被测发动机的温度应为20±5℃。

14. 级别标志

所有合乎用于国际航联比赛的模型火箭发动机，应由制造厂在生产时就在壳体外表清楚地做上记号。该记号或编码即表示该发动机的级别和（或）性能。建议在壳体的喷口端用彩色的编码来表示级别。

四、国际比赛的总则

具体细节参阅本规则的上述部分，但需增加下述要求：

1. 航天模型的世界锦标赛项目

下述项目被认可为航天模型的世界锦标赛项目：

a. 高度模型——SIB 级
b. 载重模型——2B 级
c. 伞降留空模型——S3A 级
d. 助推升空模型滑翔机——S4B 级
e. 仿真高度模型——S5 级
f. 带降留空模型——S6 级
g. 仿真模型——S7 级
h. 火箭升空模型滑翔机——S8E 级

2. 模型的数量

允许参赛的模型数量如下：

S1A，B，C，D 级	限 2 架
S2A，B，C 级	限 2 架
S3A，B，C，D 级	限 2 架
S4A，B，C，D，F 级	限 2 架

S5A，U，C，D，F 级	限 1 架
S7 级	限 1 架
S8A，B，C，D，E，F 级	限 2 架
S6A，B，C，D 级	限 2 架
S9A，B，C，D 级	限 2 架
S10A，B，C，D 级	限 2 架

在 S3、S4、S6、S8、S9 和 S10 类的比赛中，在小组第一名同分的情况，则可补审 1 架模型，并由运动员在第 3 轮最后发射。

3. 发射

（1）组织。在所有发射过程和模型火箭飞行期间，飞行场地上一切有关安全和实施过程的权力都授予场地安全指挥员。他必须是年满 18 岁以上的国际航联内某国家航空俱乐部的成员。场地安全指挥员可任命合乎上述条件的人员担任副手。但是这个领导组织不能解除场地安全指挥员在飞行场地上的全部责任和权力。

要提供足够的机会和设施，以便参加每个比赛项目的所有运动员能在官员的监视下，同时获得发动机并准备模型放飞。

（2）飞行许可。场地安全指挥员或他授权的副手有权根据该架待飞模型的安全程度，对场地上的所有航天模型作出同意或不同意飞行的判断。

（3）发射装置。必须采用能够限制模型在水平方向运动，直到它获得足够的速度以达到安全飞行的发射架或装置。如以水平线为准，发射角必须大于 60°。

（4）带助推的发射。发射架不得使模型产生加速或改变动量。只能让模型自身装载的模型火箭发动机来达到这个目的。不允许使用带有助推机械装置的发射架。

(5) 发射程序。发射和点火动作必须通过离开模型至少 5 米距离的电气装置进行，而且必须全部由模型放飞者掌握。场地安全指挥员或他的副手应该掌握点火机构中的一个联锁插销，它可阻止模型的点火和发射。只有在联锁插销插入点火机构后才可有效点火。当场地安全指挥员或他的副手在确认这架模型属于安全和满意的状态并可以点火和发射时，他可将安全销插入点火机构以允许点火和发射。在模型火箭将要点火和发射前，必须将发射已临近的情况通知发射点附近的人员。在模型火箭点火和发射前，必须发出至少大 5 秒的倒数计时。

(6) 气象条件。在任何模型火箭点火和发射前，当时的风速必须小于 35 千米/小时（合 9.72 米/秒），能见度应大于 500 米。

(7) 危险性。模型火箭飞行时，不得对在空中飞行的航空器造成危险，也不能用来作为对地或对空的武器。

(8) 热气流的人为造成和探测。不允许用机械的或间接的方法去造成热气流。例如利用挥动外衣、散布反射片、热空气吹风机、摩托车等做法。

允许在地面或用线系留的方法探测热气流，但不得影响比赛进行。具体由国际航联仲裁做出决定。

4. 正式报名

(1) 报名。在任何项目的比赛，对所有要飞行的模型，均需由裁判员在它第一次飞行前予以检查并作出记号。同一架模型不得同时在两个或两个以上的比赛项目中飞行。

(2) 模型的标记和识别。参赛的每架模型必须在它的外壳、尾翼或其他外表面上，清楚地标上运动员的国际航联执照号码，包括字母和数字，字体高度 10 毫米。此外，必须在模型的外表面标上运动员所属国家的名称、国徽或国际民航的代号。

要留有一块最小尺寸为10毫米×30毫米的淡色表面供组织者做审核标记用。

（3）模型的制作者。裁判员要尽力了解参赛的模型是否全部为该运动员制作而成，允许采用一般套材和其中的一些预制件。全部做好的模型，或是只需几分钟无需技巧的工作就能完成的模型均不许参加比赛。器材和设计资料的来源不受限制，包括套材在内。

5. 正式飞行

（1）一次正式飞行的定义。如点火后，模型或它的任何部分即离开发射架，不再和发射架接触，或是已升入空中，这就作为一次正式飞行。如出现大事故，则根据规则，该飞行不能作为正式飞行。

（2）飞行次数。除仿真模型（S7）外，只要时间和气象条件允许，每名运动员在各种比赛中，应有机会完成3次正式飞行。仿真模型（S7）比赛时，如时间和气象条件允许，可完成2次正式飞行。

6. 取消比赛资格

（1）裁判员可在任何时候，对他们认为不符合比赛规则的任何模型，或是场地安全指挥员或他的副手认为操作时不甚安全的模型，可以取消比赛资格。

（2）裁判员可取消有下列行为的任何运动员的比赛资格：在地面试验时失败；发现有不安全的因素；低劣的体育道德；没能遵守场地安全指挥员或他的副手的命令；其他不端行为。

（3）在一架模型因出现大事故而失败时，如裁判员认为并非由于模型设计不当，制作不佳或是飞行前准备不足，则可不取消比赛资格。遇到大事故而不能再次飞行的模型，可以用另一架模型代替。对出现大事故的仿真模型 S5 和 S7 的处理，取消比赛资格。

（4）由于飞行性能的原因，可取消该模型某次飞行的资格，但不必取消全部比赛资格。

7. 遥控航天模型

（1）有关发射机和频率的管理，参见规则航空模型部分有关规则。

（2）至少应在运动员进入起飞区前 5 分钟就先点名。

（3）在运动员接到开始的命令后，他应在 1 分钟内进行发射。

8. 计时和成绩评定

（1）参见航空模型规则部分。

（2）飞行计时将根据不同级别和不同的发动机规格而决定最大测定时间。总的飞行时间从模型在发射斜轨上的第 1 个动作开始，直到该次飞行终了。

（3）每次飞行的最大测定时间要比上一次增加 60 秒。3 次飞行时间的总和，即作为该运动员的最后成绩。

（4）如出现第 1 名同分，应在该项目最后一次飞行后立即进行决赛飞行。每次决赛飞行的最大测定时间应比上一次飞行增加 1 分钟。每次决赛飞行只允许有一次试飞，决定的成绩仅用来决定冠军和颁发相应的奖品，不得用以计算团体成绩。组织者可指定某个时间，并规定所有运动员必须在该时间内发射他们的模型。

用以决定冠军的决赛不得超过两轮。决赛第 2 轮的飞行记时将记到该飞行终止，以决定最后结果。

（5）在进行世界或洲际锦标赛时，每轮飞行的时间由组织者决定，要使每个国家队的每名运动员能有时间准备并发射他的模型以完成一次正式飞行（建议为 1 小时）。

9. 高度数据

（1）跟踪。对所有参加高度项目比赛的模型，至少应有两台位于测量基线上的测量设备进行飞行跟踪。基线长度至少 300 米，离开发射台的最短距离应为目前世界纪录值的 2/3。计算时，可将世界纪录值降低到最接近的百米值。

在世界锦标赛上，采用双跟踪方法，即准备 4 台测量设备（经纬仪），在每个跟踪点放两台。取测得的平均高度作为成绩（见下述（4）条高度计算）。

如模型上装有大于 20 牛顿·秒的发动机，基线的长度至少为 450 米。从发射台到基线中心线的距离应为基线长度的一半。

如模型发动机的总冲量在 2.5 牛顿·秒以下，则离发射台的距离至少为 300 米，并应能从测量设备处看到发射台。

（2）跟踪精密度。测量装置必须能测出水平方向（方位角）和垂直（仰角）方向的角度，在两个方向上的测量最低精密度为 ±0.5°。

（3）跟踪程序。测量设备的操作员应使每个仪器都跟踪着在空中飞行并需要测定高度的模型，直到模型达到这次飞行的最高点。然后记下和基线所夹的方位角以及和水平线间的仰角，应读到最近的弧度数值并立即向发射台报告。然后用三角测量方法将弧度数据化为高度数据。

（4）高度计算。从每个跟踪高度数据中获得的计算高度值，必须和从两个跟踪点数据中获得的平均高度值相差不到 10%。如跟踪点的计算高度和平均高度的差值不在 10%以内，将使模型出现“跟踪损失”。在采用这“10%规定”前，所有高度值应化成最近的整数米。由计算获得的平均高度即作为正式的高度成绩。

(5) 模型的能见度。所有需要跟踪测定高度的模型应在弹射回收时散布带颜色的粉末，以便于跟踪。如果模型携带的粉末太少或是在空中对照不明显，均会造成测量设备操作员失去对模型的跟踪。组织者应为运动员准备跟踪用粉末。

(6) 电子或雷达跟踪。如能提供合理的计算和修正数据，用电子或雷达设备获得的高度数据可作为有效数据。

五、高度比赛（S1 类）

1. 定义

在任何高度比赛项目中，通过跟踪和修正后获得最高高度的模型将被认为是冠军。

2. 高度数据

规则四点 9 条（高度数据）将适用于此项比赛。

3. 分级

高度比赛将根据模型的最大发射总质量和用作动力的发动机的最大总冲量分成若干级别。发动机的数量和布置方法均不加限制，但各个发动机总冲量之和，不得超过该级比赛的规定值。

高度比赛可有下述级别：

级　别	总冲量（牛顿・秒）	最大质量（克）

S1A	0～2.50	30
S1B	2.51～5.00	60
S1C	5.01～10.00	120
S1D	10.01～20.00	240
S1E	20.01～40.00	300
S1F	40.01～80.00	500

六、载重比赛（S2类）

1. 定义

凡能携带1个或几个FAI航天模型标准载重并能被跟踪和争取最大高度的模型均属于此类。

2. FAI航天模型标准载重（以下简称FAI标准载重）的技术要求

FAI标准载重是一个由铅或含铅质量在60%以上的铅合金做成的圆柱体，其质量不得少于28克，圆柱体直径应为19.1±0.1毫米，不得在上面钻孔或冲孔，也不得附有其他材料。

3. 携带载重的要求

由模型携带的FAI标准载重应全部封闭并放在模型内部，可从模型中取出，但不能够在模型飞行时从中脱离。

4. 模型回收要求

参赛模型必须具有供回收用的尺寸足够大的降落伞，以便安全着陆并符合规则二点4中（1）条的要求。

5. 取消资格

如果载重在模型飞行中脱落，或在模型着陆时从模型中分离，则该模型的正式飞行应予以取消。

6. 高度数据

规则四点 9 条（高度数据）将适用于此项比赛。

7. 分级

载重比赛将根据模型的最大发射总质量，能携带升空的 FAI 标准载重的数量，以及所用发动机的总冲量而分成若干级别。FAI 航天模型标准载重比赛分为下列级别：

级别	总冲量（牛顿·秒）	最大质量（克）	携带载重（个）
S2A	0.00～10.00	90	1（单个）
S2B	10.01～40.00	180	2（两个）
S2C	40.01～80.00	500	4（多个）

七、降落伞留空比赛（S3 类）和飘带留空比赛（S6 类）

1. 定义

降落伞或飘带留空比赛，以模型火箭在空中所能滞留的时间作为比赛成绩。

2. 成绩

每位选手可进行 3 轮正式飞行，3 轮比赛中模型火箭在空中停留的时间之和为运动员最终比赛成绩。该比赛只允许模型火箭进行单级飞行。

3. 留空时间

降落伞和飘带留空比赛的级别及其相应的最大飞行（测定）时间

级别	总冲量（牛顿·秒）	最大质量（克）		最大测定时间（秒）	模型数量
		伞降	带降		
S3A/S6A	0～2.5	100	300	180	2
S3B/S6B	2.51～5.00	100	420	240	2
S3C/S6C	5.01～10.00	200	540	300	2
S3D/S6D	10.01～20.00	500	660	360	2

八、助推/滑翔机留空比赛（S4类）

1. 定义

此类比赛是指任一模型在模型火箭发动机推进加速升空时，无须利用升力面去克服飞行过程中的重力，但在回收时则能利用气动升力面去克服重力，使模型的滑翔机部分能平稳的滑翔着陆的比赛项目。此类模型的比赛的意图是，为模型火箭采用滑翔回收提供一项体育比赛项目。模型的助推器材用降落伞回收装置不算气动面支撑，降落伞也可用于模型其他部分的有效回收。

2. 比赛目的

比赛目的是要确定哪个模型在火箭动力作用下，在垂直于发射架且与地面呈 60°的锥体范围内，以垂直或近乎垂直自由弹道飞行方式飞行，能获得最长的飞行时间，并能稳定的滑翔回收。

3. 成绩评定

此项比赛以模型在空中所能滞留的时间作为比赛成绩。每位选手可进行 3 轮正式飞行，3 轮比赛中模型在空中停留的时间之和，即为运动员的最终比赛成绩。每一模型的飞行时间从它在发射架上出现的一个动作开始，到滑翔机任一部分触地为止。助推/滑翔机在飞行过程中允许发动机或发动机舱体与滑翔机主体分离，但必须带有回收装置（降落伞或飘带）。

助推/滑翔机留空比赛的级别及其相应的最大飞行（测定）时间。

级别	总冲量（牛顿·秒）	最大质量（克）	最大测定时间（秒）	模型数量
S4A	0～2.5	60	180	2
S4B	2.51～5.00	90	240	2
S4C	5.01～10.00	120	300	2
S4D	10.01～20.00	240	360	2
S4E	20.01～40.00	300	360	2
S4F	40.01～80.00	500	360	2

九、火箭/滑翔机留空比赛（S8 类）

1. 定义

火箭/滑翔机留空比赛是指利用任一单级模型火箭升空后，靠气动升力面克服重力进行滑翔飞行，然后稳定地返回地面的比赛项目。模型上升是必须采用垂直或接近垂直的弹道飞行，然后转入稳定的滑翔并回收，在整个飞行过程中不得有任何部件与滑翔机分离或抛弃发动机壳体。

2. 目的

该比赛的目的是获得最长的飞行留空时间。从模型在发射架上第一个动作开始计时，直到模型触地时刻为止。

3. 取消比赛资格

出现下列情况之一时，将被取消比赛资格：

(1) 参赛模型在任何情况下或以任何方式分离成两个不相连的物体，或抛弃它的发动机壳体；

(2) 在动力飞行阶段，模型有气动升力存在或飞行弹道超过与发射架垂线为轴线的 60°倒锥体以外；

(3) 模型利用降落伞或飘带回收；

(4) 在动力飞行阶段，模型做翻筋斗、滚转动作。

4. 级别

S8E 和 S8F 必须采用无线电遥控操纵模型，且运动员必须在组织者指定的区域内操纵。否则，取消比赛资格。S8E 为世界锦标赛设定项目。火箭/滑翔机的级别及其相应的最大飞行（测定）时间。

级别	总冲量（牛顿·秒）	最大质量（克）	最大测定时间（秒）
自由飞行			
S8A	0～2.5	60	180
S8B	2.51～5.00	90	240
S8C	5.01～10.00	120	300
无线电控制			
S8D	10.01～20.00	300	360
S8E	20.01～40.00	300	360

S8F	40.01～80.00	300	360

十、仿真比赛（S7类）

1. 定义

参加比赛的仿真模型仅限于现有的或历史上曾经有过的导弹、运载火箭或宇宙飞船的真正缩比模型火箭。若仿真模型的原型为多级火箭，其上级（第二级及其以上）可设计成不工作的模型。有关仿真原型的选择、资料收集、比例确定，以及评分标准，可参考FAL运动规则。

2. 限制

允许发射的最大质量限制在1000克以内;允许最大总冲量为160牛顿·秒,单个发动机的最大冲量为80牛顿·秒。

3. 要求

每个参赛者必须完成一次稳定的飞行，在时间和气象条件允许的情况下，可给参赛者两次飞行机会。

4. 仿真评分

仿真品质分按以下几方面评定：

（1）技术资料。最高分50分，其中包括资料的完整性及准确性；原型的真实性并经审定的图纸，至少有10个尺寸和3个剖面图；1∶1的仿真模型工作图；至少一张整个原型的彩照，能看清颜色和标记的细节；至少3张零件和组合件的照片；一把能直接对仿真模型和原型图纸进行比较的比例尺。

（2）仿真精确度。最高300分，包括部件尺寸准确性，颜色和标记的仿真程度等，尺寸误差不超过10%。

（3）工艺品质。最高300分，包括模型的整洁程度、结构的细致程度和外表面的光滑程度。但是，再好的工艺，失真也要扣分。

（4）难度。最高200分，根据模型结构方面的难度而评定。考虑的因素有模型的对称性、外部零部件数量、着色图案的复杂性、细致程度及模型进入飞行状态的难度。

（5）飞行特性。最高300分。根据发射、飞行稳定性、火箭级间分离及回收情况进行评定。运动员必须预先说明自己的模型在飞行中要完成哪些动作（如级间分离、弹道的无线电遥控、载重物的弹射分离等）。

十一、仿真高度比赛（S5类）

1. 定义

仿真高度模型比赛是指利用仿真模型火箭进行的高度比赛，目的是获得最大高度。这种比赛是仿真比赛和高度比赛的结合。

2. 要求

所有参赛模型必须遵守仿真模型比赛规则，采用同样的比赛规则和获得同样的仿真品质最高分；只允许3次飞行，但不给飞行成绩分。

3. 名次

将每名参赛者模型的仿真品质总分和模型在比赛中达到的最大高度（以米为单位计算）相加，即为运动员最终成绩，分数最高者为胜。如出现同分，以仿真品质分的高低决定名次。

级别	总冲量（牛顿·秒）	最大质量（克）	模型数量
S5A	0～2.5	90	1
S5B	2.51～5.00	120	1
S5C	5.01～10.00	150	1
S5D	10.01～20.00	180	1
S5E	20.01～40.00	240	1
S5F	40.01～80.00	500	1

附录三　准则摘要

——美国国家火箭技术协会(NAR)常规模型火箭技术安全

1. 结构材料

模型火箭的全部构件必须采用轻质材料制造，诸如纸张、木材、橡胶、塑料及其他适合总体设计要求的类似非金属材料。特别强调的是，在模型火箭的头锥构壳体以及尾翼等部件，严格禁止使用金属材料。

2. 发动机

经过NAR标准生产的商品化标准模型火箭发动机，是唯一标准在各种场合下使用的模型火箭动力装置。在商品化标准模型火箭发动机的使用过程中，必须严格按照产品说明程序进行操作，不得对发动机的各个组件及其装药成分进行任何方式和任何程度的改动。

3. 回收系统

模型火箭必须装备有回收系统，以使其能够安全地返回地面，并可进行多次重复使用。根据设计要求，如果需要加装填充材料，用于回收系统的启动，必须确认所用填充物均为防火材料。

4. 质量及功率的限制

常规模型火箭总体起飞质量不得超过 1500 克(53 盎司)，其发动机总冲量不得超过 320 牛顿·秒(71.9 磅·秒)。同时，必须严格按照产品配套说明，根据模型的设计要求，选配相应的发动机进行使用。

5. 稳定性

模型火箭在首次发射试验之前，必须对其稳定性能进行核定检验。

6. 载荷

常规模型火箭不得搭载任何活体动物（昆虫除外）进行发射，不得有意搭载任何易燃、易爆及污染性载荷。

7. 发射场地

模型火箭必须在室外净空条件下发射，要求无高大树木，无高压输电线路，无高层建筑物及地面无易燃物堆放。

8. 发射台架

模型火箭的发射，必须在稳固的专用发射台架上进行，以确保模型火箭在达到稳定飞行轨迹所必须的安全速度之前，提供有效的刚性支撑和引导。为避免在操作过程中，对眼睛造成意外的伤害，应调整发射台架的放置高度，以保证其发射杆的末端位于操作员眼睛水平线之上（站立姿态），或者在发射杆的末端装上

图书在版编目（CIP）数据

青少年航天模型制作/葛介康编著．—福州：福建科学技术出版社，2012.7（2019.4 重印）
（动手动脑快乐学习丛书）
ISBN 978-7-5335-4029-6

Ⅰ.①青…　Ⅱ.①葛…Ⅲ.①航模—制作—青年读物②航模－制作－少年读物　Ⅳ.①G875.3－49

中国版本图书馆 CIP 数据核字（2012）第 103982 号

书　　名	**青少年航天模型制作** 动手动脑快乐学习丛书
编　　著	葛介康
出版发行	海峡出版发行集团 福建科学技术出版社
社　　址	福州市东水路 76 号（邮编 350001）
网　　址	www.fjstp.com
经　　销	福建新华发行（集团）有限责任公司
排　　版	福建科学技术出版社排版室
印　　刷	日照教科印刷有限公司
开　　本	889 毫米×1194 毫米　1/32
印　　张	7
字　　数	163 千字
版　　次	2012 年 7 月第 1 版
印　　次	2019 年 4 月第 3 次印刷
书　　号	ISBN 978-7-5335-4029-6
定　　价	21.00 元

书中如有印装质量问题，可直接向本社调换

不得发射模型火箭。

12. 发射前测试

对于任何未经过验证的模型火箭结构设计及试飞方案，必须要通过发射前测试进行论证，在此之前，应绝对禁止任何目的的实际发射活动。

13. 发射角度

模型火箭地面发射的方向，应在与垂直方向夹角−30°～+30°的范围之内。禁止任何型号模型火箭在地面进行水平发射试验活动。

14. 回收过程中的危险性

如果发生回收的模型火箭系统与高压电线缠绕，或是降落在其他危险区域内的情况，应立即放弃回收。

防护帽，或者将发射杆分解装置，直至发射前再进行安装。发射台架应该安装喷射火焰导流器，以防止模型火箭的灼热喷射火焰直接烧蚀地面。模型火箭的发射台架附近应保持清洁，并不得有任何易燃物品堆。

9. 点火控制系统

模型火箭的点火控制装置应为电子控制系统，并必须具备遥控（有线或无线方式）功能。控制系统的发射开关应为常闭自动回复开关，常见为自弹开式按键。另外，系统中必须设置有抽插式的专用安全锁（插销）。在模型火箭的发射过程中，对于总冲量小于 30 牛顿·秒的模型火箭，全部人员必须撤离发射台架 15 英尺（合 5 米左右）以外；对于总冲量大于 30 牛顿·秒的模型火箭，全部人员必撤离 20 英尺（合 7 米左右）以外。建议使用商品化的标准模型火箭点火控制系统。

10. 发射安全性

确保在发射区域内的所有人员注意到该模型火箭的升空发射，及听到即将发射前的 5 秒倒计时。模型火箭不得用于针对任一地面或是空中的目标进行打靶。在模型火箭发生意外熄火的情况下，应首先关闭安全锁（拔下插销），并立即断开发射控制系统电源，一分钟后，由专业人员进入发射现场排除故障。

11. 飞行条件

模型火箭发射场区的地表风速不得超过 20 英里/小时（32 公里/小时左右）。另外，在发射场区上空有过于浓厚的低空云层时，建议不要进行模型火箭的发射活动。在对发射场区上空穿越的飞机及其他任一空中或地面的物体和人员有可能构成威胁时，